INA FREIWALD

Können Sie strippen?

Aus dem Alltag einer Jobvermittlerin

Umwelthinweis:
Das für dieses Buch aus 100 % Recyclingfasern hergestellte
und mit dem blauen Engel ausgezeichnete Papier *Top Recycling Pure*
von Lenzing Papier, Austria, liefert Carl Berberich.
Die Einschrumpffolie (zum Schutz vor Verschmutzung)
ist aus umweltfreundlicher und recyclingfähiger PE-Folie.

1. Auflage
Originalausgabe
© 2011 Riemann Verlag, München
in der Verlagsgruppe Random House GmbH
Lektorat: Susanne Aeckerle
Satz: Barbara Rabus
Druck und Bindung: GGP Media GmbH, Pößneck
Printed in Germany
ISBN 978-3-570-50135-1

www.riemann-verlag.de

Das Heiligste, das der Deutsche hat, ist die Arbeit.

KURT TUCHOLSKY
deutscher Journalist und Schriftsteller, 1890-1935

Inhalt

Was sagt ein arbeitsloser Physiker zu einem, der Arbeit hat?
»Eine Tüte Pommes, bitte!«

Jaja, haha. Nicht wirklich komisch. Dass Akademiker Taxi fahren oder Kinotickets abreißen, ist schließlich nichts Neues.

Seit ich aber als Dozentin und Jobvermittlerin auch Physiker bei ihrer Jobsuche begleite, so wie auch zahlreiche Metaller und Schweißer, Lageristen oder Büro- und Einzelhandelskaufleute, seitdem weiß ich mit Sicherheit: Kein arbeitsloser Physiker würde einen so begehrten Job wie Pommesverkäufer bekommen.

Unsere Auftraggeber sind in erster Linie die Arbeitsagenturen und Jobcenter (ARGEN). Für die Glücklichen, die noch nie mit solchen Institutionen zu tun hatten: Die Agenturen für Arbeit kümmern sich um Leute, die direkt aus dem Job heraus Arbeit suchen und das noch nicht länger als ein Jahr. Die ARGE (Abkürzung für Arbeitsgemeinschaften nach dem SGB II, auch bekannt als »Jobcenter«) sind für die angehenden oder bereits etablierten Langzeitarbeitslosen zuständig. Während Erstgenannte das klassische Arbeitslosen-

geld zahlen, beziehen die Betreuten der Jobcenter Hartz IV. Da die staatlichen Arbeitsvermittler unter Erfolgsdruck stehen, weisen sie uns gerne sogenannte »Karteileichen« zu – Teilnehmer, die aus unterschiedlichen Gründen äußerst schwer zu vermitteln sind. Der Vorteil für unsere Auftraggeber: Sie müssen sich einige Wochen oder Monate nicht um diese arbeitslosen Kunden kümmern und haben sie gleichzeitig aus der Statistik. Denn komplett alle an Bildungsträger vermittelten Arbeitslosen wie Ein-Euro-Jobber, Kurzarbeiter oder mit Jobcenter-Geldern unterstützte sozialversicherte Geringverdiener sind offiziell in Arbeit.

Obwohl sich viele Teilnehmer (vor allem Langzeitarbeitslose) zu uns Bildungsträgern abgeschoben fühlen und nicht freiwillig mitmachen, haben sie meist etwas von unserer Arbeit. Wenn sie wollen, können wir viel erreichen, wenn sie nicht wollen, können sie mir das Leben zur Hölle machen. Und sich selbst übrigens auch.

KAPITEL 1

Ich bin alt, und ich brauche das Geld

Wie ich mich selbst in einen neuen Job vermittle

Angstvoll starre ich in meinen Kleiderschrank. Sind das wirklich meine Sachen? Graue Blazer, schwarze Blazer, Blazer mit dunkelblauen Nadelstreifen. Als ob ich mein halbes Leben im diplomatischen Dienst verbracht hätte.

Die andere Fraktion: verwaschene Gammelklamotten mit ausgebeulten Knien und ausgefransten Ärmeln. Äußerst bequem beim Telefonieren, Zeitunglesen und In-die-Tasten-Hacken.

Mein Kleiderschrank verweigert sich. Er versteht meine neuen Ansprüche nicht. Ich brauche ein Aussehen, das mich sicher und gleichzeitig sympathisch macht. Nicht zu überheblich wirkend und dennoch tough und souverän. Empathisch und verständnisvoll. Mit einer Riesenschulter zum Anlehnen, vielleicht auch zum Ausweinen. Etwas *wirklich Soziales*. Knuffiges, Aufmunterndes. Ein Outfit, das zu Arbeitslosen passt.

Denn heute ist mein erster Tag als Jobvermittlerin. Acht Wochen plus fünfwöchiger Erprobungsphase werde ich eine Gruppe Arbeitsloser coachen, mit ihnen ihre Bewerbungsunterlagen erstellen, sie mental aufbauen und dann ins Praktikum bringen, bzw. am besten gleich in einen sozialversicherten Job.

Was Arbeitslose wohl selbst so tragen? Gibt es für sie interne »No-gos«? Oder andersherum: Klamotten mit Wiedererkennungseffekt? Mit heimlichen Codes? Nach dem Motto: »Ey, guck mal, die mit dem braunen Rolli, das ist ja eine von uns! Hey, Mensch, seit wann bist du denn ohne Job? Lass mich raten – drei Jahre? Siehst du, da lag ich richtig. Habe ich einzig und allein an deinem Rolli erkannt ...«

Auf jeden Fall müssen Arbeitslose bestimmt ziemlich sparen. Sieht man ihnen das an, oder wirken sie äußerlich noch perfekt angepasst?

Einige von akuter Arbeitslosigkeit Betroffene kenne ich zwar auch, aber das sind gut situierte Akademiker aus meinem Freundeskreis. Die tragen ihre Wollpullis mit Kaschmiranteil einfach weiter und antworten auf die Frage »Wie geht's dir denn so?« entspannt, fast gelangweilt: »So eine Zwangspause ist wie eine kleine Flucht, herrlich!«

Die richtigen Arbeitslosen haben in meiner Vorstellung etwas bedrückend Hoffnungsloses. Weil sie rauchen, ständig Cola trinken und sich schlecht ernähren, sind sie schwammig oder viel zu mager, und von ihren Rucksäcken baumeln zum Trost gegen die Alltagstristesse ausgeblichene Diddl-Mäuse.

Wahrscheinlich sind sie wütend und hassen mich. Hassen den Unterricht und dass sie da sein müssen. Statt auszuschlafen, Nutella direkt aus dem Glas zu löffeln, Hotlines abzutelefonieren, Gerichtsshows zu gucken. Ihre Blicke auf mich und meine Mission werde ich ab heute aushalten müssen. Dumpfe Blicke, schwer und hassgeladen.

Tatsächlich ahne ich bereits, was mich erwartet. Habe erst »Bildungsträger« gegoogelt, dann »Bildungsträger gute Erfahrung«, am Ende »Bildungsträger Kritik«, »Bildungsträger genervt«, »Bildungsmaßnahmen Schrott«. So entdeckte ich unter anderem auf Arbeitslosenhilfe online e.V. diesen (etwas gekürzten) Beitrag:

Hallo, wollte mal meinen Unmut über die Vergabe von Trainingsmaßnahmen der ARGE loswerden. Meine Freundin (hat im Januar ihre Ausbildung erfolgreich absolviert, die wurde sogar aufgrund guter Leistungen verkürzt) hatte vorletzte Woche ihr monatliches Beratungsgespräch bei ihrer PaP (persönliche Ansprechpartnerin).

Um sie »besser kennenzulernen«, wurde gleich in der Eingliederungsvereinbarung ein Coaching vereinbart. Heute war der erste Tag dort. Der Kurs ist 14 Personen stark, alles Teilnehmer unter 25 Jahren. Dabei sind so Persönlichkeiten wie ein Marinesoldat, der aufgrund eines Bandscheibenvorfalles jetzt auf seine Reha wartet und erst mal so lange dorthin geschickt wurde, oder (mein persönlicher Favorit) eine 24-jährige schwangere Tschechin, die in fünf Monaten mit ihrem deutschen Ehemann nach Tschechien zu ihrer Familie zurückgeht (er hat dort eine feste Arbeitszusage).

Die Maßnahme ist eigentlich nur für Jugendliche gedacht, die bisher keine Ausbildung bekommen haben. Sie soll zur Analyse ihrer Stärken und Schwächen und zur Optimierung ihrer Bewerbungsunterlagen dienen. Nächste Woche sollen dann alle an drei Tagen zu anderen Bildungsträgern und dort in einer Holzwerkstatt einen Tag arbeiten, einen weiteren Tag irgendwas mit Haushalt usw. Spätestens Montag ist meine Freundin beim Arzt und holt sich eine Krankschreibung, das steht schon fest.

Sie ist gelernte Einzelhandelskauffrau. Wenn sie jetzt wenigstens ein Kassentraining oder ein umfassendes Bewerbungstraining erhalten würde. Aber diese Maßnahme ist absolut sinnlos für sie. Auch wenn sie nur 14 Tage läuft, kostet sie doch Geld und soll ei-

gentlich vorrangig dazu dienen, die Teilnehmer in ihrem berufli-
chen Streben weiterzubringen. Hier aber werden Steuergelder bloß
sinnlos verpulvert.

Steuergelder verpulvern ist immerhin noch besser, als selbst arbeitslos zu sein, sage ich mir und greife nach einem Paar Röhren-
jeans und einer Blümchenbluse. Richtig Arbeit suchend war ich
übrigens nie. Nur selbständig. Erfolglos selbständig.

Tatsächlich verlief mein Leben die letzten sieben Jahre nicht
gerade staatstragend. Tag für Tag hockte ich schon frühmorgens
an meinem Rechner. Nach ungefähr einer Stunde Tippen waren
meine Finger auch bei sonnigem Wetter und hochgedrehter Hei-
zung Mini-Eiszapfen, mein Gesicht halb abgefroren. Diese absurde Körperreaktion nennt man »Schreibkälte«. Dann griff ich
meine beige, von Wollknubbeln übersäte Strickjacke und zog
meine grauen Armstulpen mit dem Zopfmuster über.

Vormittags so gegen zehn und nachmittags gegen drei ergänz-
te ich meine Erscheinung einer obdachlosen Depressiven mit lila
gepunkteten (damals absolut unhippen) Gummistiefeln, weil unsere Hündin Gwendolyn dringend rausmusste. Da ich sowieso
draußen war, fuhr ich vom Wald aus häufig bei unserem Dorf-
Edeka vorbei. Dort habe ich dann oft bemerkt, dass ich anders
aussah als die anderen Frauen mit ihrem strahlenden Teint unter
den akkuraten Helmfrisuren. Ich war zwar nicht arbeitslos, aber
ich sah so aus. Und sie, das ist das Schlimmste, bemerkten es
auch.

Eifrig und unermüdlich schrieb ich Texte für Frauenzeitschrif-
ten, Politmagazine und Tageszeitungen. Verarbeitete einen verkorksten Dänemarkurlaub mit einem anderen Pärchen in einem
Artikel mit dem Titel »Psychofalle Ferienhaus«, berichtete von

der gruseligen Renaissance der Bogenjagd in deutschen Wäldern und recherchierte nach dem Errichten eines Funkmastes in unserer Straße über die Strahlenbelastung in den Zügen der Deutschen Bahn.

Arbeitslos war ich nicht, aber mein Stundenlohn entsprach nicht mal dem meiner babysittenden älteren Tochter. Bis zu einer Woche brauchte ich im Durchschnitt für eine ausgebuffte Idee, die anschließende Recherche und das Verfassen des Artikels. Die schlecht zahlende Tagespresse ließ dafür 150 Euro springen, gut zahlende Zeitschriften höchstens 800.

Wer sich das Schreiben im heimischen Arbeitszimmer ungefähr so kuschelig vorstellt wie den Buchladenalltag von Meg Ryan in »E-Mail für dich«, irrt sich leider gewaltig. Vergleichbar mit einem Rollbraten im eigenen Saft schmort man vor sich hin. Trinkt fünf doppelte Espresso pro Tag, duscht sich nur noch ungern. Schon bald beginnt man mit sich selbst zu reden: »Gurken aus dem Spreewald … leckerer geht's nicht. Die kleinen Einlegegurken waschen, abspülen und trocknen. Eingelegte Gurken schmecken klasse. Die Ware aus dem Supermarkt ist relativ süß. Wer sie anders mag, kann die Gurken selber einlegen …«

Mein Karriereknick ist jetzt elf, tanzt und singt gerne und heißt Leona. Bei ihrer Entstehung war ich Ende dreißig, hatte bereits zwei deutlich ältere Kinder und gerade einen unbefristeten Vertrag bei einer auflagenstarken TV-Zeitschrift abgeschlossen (die dritte Redaktion in sechs Jahren). Die Unterschrift des Chefredakteurs war noch nicht trocken, zack, war ich wieder schwanger. Nicht von langer Hand geplant, aber kurzfristig gewollt. Der arme Kerl dachte wahrscheinlich auch: Lieber Himmel, ist die blöd, die alte Kuh.

Während besagter sechs Jahre bestand mein Alltag primär aus Prominenten-Interviews und Medien-Reportagen. Morgens frühstücken mit Uschi Glas in München, abends Drehortbesuch mit Sit-in beim Mexikaner mit Iris Berben in Hamburg. Und am Wochenende jettete ich, in ein Glitzerkleidchen gequetscht, zur Goldenen Kamera nach Berlin.

Das klingt deutlich entspannter, als es war, denn der Druck ist enorm. Jeder Redakteur ist ein Einzelkämpfer, der sich unentwegt gegen Konkurrenz und böse Branchenmächte behaupten muss. Konkurrenz und böse Mächte bedeuten in diesem Fall keinesfalls Reporter anderer Magazine, die einem die Stars und Storys wegschnappen, sondern in erster Linie die Kollegen und Vorgesetzten auf demselben Flur.

Ein Beispiel: Eine gute Stunde telefonierte ich mit dem Schlagerbarden Rex Gildo, mit bürgerlichem Namen Ludwig Franz Hirtreiter. Das Interview erschien in der Rubrik »Was macht eigentlich …«, in der Prominente, von denen man schon lange nichts mehr hörte, für einen Moment aus der Mottenkiste zurück ans Licht der Öffentlichkeit geholt wurden. Ich habe die rund 90 Minuten noch auf Band zu Hause in meiner Interview-Kassettenbox. Der inzwischen 63-Jährige klingt anfangs stark verunsichert. Er schien von der panischen Angst besessen, man könnte ihn öffentlich als Homosexuellen entlarven und schreiben, er trage ein Toupet, wäre solariumsüchtig und seine Karriere ginge immer mehr den Bach runter. Ohne diese Punkte weiter zu kommentieren, führte er sie im Vorfeld selbst an und beschwerte sich über die erniedrigenden Fragen vieler Reporter.

»Ich bin anders«, beteuerte ich und meinte es auch so. »Ich schreibe fair über Sie und Ihr Leben. Erzählen Sie einfach ganz entspannt von Ihrem Alltag dort im schönen Oberbayern.«

So plauderte er los, sprach von früheren Erfolgen, von heutigen Auftritten, bei denen seine Fans unermüdlich seinen größten Hit »Fiesta Mexicana« fordern, von den freien Tagen mit Cousine Marion im Rosenheimer Bauernhaus.

Aus diesen Anekdötchen konzipierte ich meinen Artikel. Unspektakulär, aber an den Fakten und Aussagen orientiert, die mir mein Gesprächspartner über sein inzwischen eben auch unspektakuläres Leben verriet.

»Was'n das für'n Müll?«, lautete das vernichtende Urteil meines Textchefs. »Der alte Hossa singt doch nur noch bei Möbelhauseröffnungen, und außerdem ist der Süße ja nur pro forma mit seiner Cousine verheiratet. Schick den Text rüber, ich schreib ihn um.«

Heraus kam der übliche Springer-Vernichtungsschlag (»Hier spricht der wahre Gildo!«), nach dessen Konsum beim Leser das Bild entstehen musste, der einst so erfolgreiche Entertainer wäre alkoholabhängig und hätte auch sonst einen ziemlichen Knall (»Ich bin so eine Art heller Roberto Blanco«).

Einige Monate später sprang der Unglückliche aus dem zweiten Stock eines Münchener Appartementhauses in den Tod. Typischerweise begann die Meldung seines Selbstmordes in einem anderen Blatt desselben Verlags mit den plastischen Worten: »Die Schminke des letzten Auftritts ist noch auf seinem Gesicht …«

Eine feste Bank bilden im Rahmen meiner journalistischen Selbständigkeit die monatlich fünf bis zehn Artikel für die örtliche Tageszeitung. Statt früher im Bayerischen Hof mit Heinz Hoenig Whisky zu gluckern, sitze ich jetzt auf Jahreshauptversammlungen der Feuerwehren und Proklamationen der örtlichen Schützenvereine. Ich porträtiere Paare, die seit 75 Jahren verheiratet sind, und auf der klischeebeladenen Kaninchenzuchtausstellung habe ich mich auch schon getummelt. Vorteil: Ich ärgere mich nicht mehr über schwulenfeindliche Textchefs, und meine Texte werden genau so abgedruckt, wie ich sie schreibe. Nachteil: Ich bin wieder genau auf dem Karriere-Niveau, auf dem ich vor zwanzig Jahren meine journalistische Laufbahn startete.

In besagter Zeitung entdeckte ich eines Tages die Anzeige: »Bildungsträger sucht Dozent/in«. Flugs stellte ich meine Bewerbungsunterlagen zusammen und ließ mich von meinem Ehemann in günstigem Licht fotografieren.

Das Vorstellungsgespräch mit dem Bildungszentrumsleiter dauerte ungefähr dreißig Minuten und war gänzlich unproblematisch. Er bot mir einen Kaffee an, blätterte in meinen Unterlagen, nickte, freute sich über mein abgeschlossenes Studium, meine drei Bücher sowie meine zwölf Jahre Erfahrung mit Rhetorik- und Schreibkursen bei regionalen Volkshochschulen. Nach dieser Hürde durfte ich quasi von heute auf morgen als Jobvermittlerin durchstarten.

Es regnet. Ist das ein gutes oder schlechtes Omen?

Auf der halbstündigen Strecke kommt mir ein rauchender Mann im Wollmantel mit einem knapp über dem Boden hinter ihm herschleichenden Hund entgegen. Er starrt mich böse an und zeigt mir den Scheibenwischer. Wahrscheinlich fahre ich ihm mit meinen siebzig Stundenkilometern in der Dreißiger-Zone zu schnell. Was er vielleicht nicht weiß: Diese Schilder sind nur aufgestellt worden, weil dort eine Grund- und Hauptschule ist. Spinner, denke ich. Es ist noch nicht mal sieben – da liegen die Schüler allesamt noch im Bett. Trotzdem drossele ich das Tempo auf fünfzig.

Gut so, denn ein Stück weiter schlendern drei blonde Grundschülerinnen mit Pferdeschwänzen und pinkfarbenen Rucksäcken vor mir den Bürgersteig entlang.

All diese Menschen werden künftig zu meinem Leben gehören. Denn da sich unsere Alltagswelten begegnen und sozusagen räumliche Schnittmengen bilden, können wir uns in Zukunft ausgezeichnet aneinander orientieren. Hat der Hundebesitzer schon aufgeraucht, und ist das Trio nicht mehr auf der Hauptstraße unterwegs, sondern schon in die nächste Seitenstraße abgebogen? Dann bin ich später dran als sonst und muss mich sputen.

Am ersten Tag komme ich eine gute Stunde früher. So war es ausgemacht. Denn die telefonische Vorbesprechung mit der Standortleiterin Vera Twesten verlief recht knapp: »Du coachst eine Gruppe von 13 Teilnehmern plus Begleitperson. Sechs Nationalitäten, darunter ein Ehepaar – das wird anstrengend. Der Kurs beginnt am 19. April und endet am 23. Juli. Mitte Juni dürfen alle ins fünfwöchige Praktikum.«

Wie sie wohl aussieht? Am Telefon klang sie mit ihrer rauen Stimme ziemlich mondän, so als ob sie große Augenlider und riesige Hände hätte, in ihrer Freizeit Börsenkurse studiert und haustierlos in einer Eigentumswohnung am Stadtrand lebt. Eine Zahlenfrau und ein eher robustes Alphatier stelle ich mir vor. Linke Gehirnhäfte vom Scheitel bis zur Sohle.

Das Schulungsgebäude sieht aus, als hätte ein Riese mit haltlosem Spieltrieb drei weiß verputzte Siebziger-Jahre-Bungalows gepackt und übereinandergestapelt. Unter den vier großen Fenstern pro Stockwerk haben sich wohl aufgrund von Wasserablagerungen dunkle Schatten in den Putz gegraben, wodurch es auf Neuankömmlinge müde, ja geradezu versoffen wirkt.

Zwei Kunststoffschilder hängen rechts neben dem Eingang, das kleinere zeigt das Logo meines neuen Arbeitgebers (ein blauer Daumen mit zwinkerndem Smiley), das zweite gehört zur Modelcasting-Agentur »Mega Face«. Ganz schön praktisch, so können sie sich die arbeitslosen Schönlinge gleich abgreifen und für lau direkt von der ARGE auf den Laufsteg schicken.

Unter den Schildern prangt ein an die Wand montiertes Rohrstück mit Boden, das als Aschenbecher dient und bereits hoffnungslos überquillt. Arbeitslose eben, denke ich. Die haben Zeit, die rauchen viel.

Die Räume des Bildungsträgers liegen im zweiten und dritten Stock. Schon das kurze Treppenstück schafft mich. Keuchend kämpfe ich mich nach oben. Selbst schuld, das muss man sagen. Habe Sport bereits in der Schule vermieden. Bekam deshalb mit elf meine Tage, quasi. In den frühen Siebzigern galt das bei Sportlehrern noch als Entschuldigungsgrund. Hatte trotzdem immer eine Vier, und das, obwohl ich nicht mal übergewichtig war.

Mit letzter Kraft stemme ich die schwere Korridortür auf; von drinnen springt mich der künstlich-würzige Duft einer Maggi-Tütensuppe an. Gestern gab's Rindfleischsuppe mit Fleischklößchen. Keine Diskussion. Diesen Geruch kenne ich, ein alter Bekannter aus früheren WG-Zeiten.

Der Flur ist breit und mit einigen Stühlen um zwei runde Tischchen bestückt, auf denen wiederum Zeitungen liegen. Diese müssen die armen Arbeitslosen unter Frau Twestens strenger Aufsicht garantiert jeden Tag nach Stellenanzeigen durchforsten.

»Herr Schneider und Frau Asumang, haben Sie noch immer nichts gefunden? Sie suchen doch beide Verkaufsjobs, mein Gott, das kann so schwer nicht sein. Also wieder von vorne blättern, aber zack! Sonst müssen Sie sich als Putzhilfen bewerben oder alte, kranke Menschen waschen. Wollen Sie das etwa? Wasss?«

Auch die Türen sind mit winzigen Strahle-Däumchen auf Kunststoffschildchen versehen. Dahinter scheinen sich die Schulungsräume zu verbergen. Sie tragen Namen europäischer Hauptstädte, »Brüssel«, »Budapest«, »Wilna«, »Vaduz«.

Auf der linken Seite am Ende des Flurs steht ein mannshoher Gummibaum. Spontan greife ich nach einem Blatt. Das Ding scheint echt zu sein. Schwer rauszufinden bei Gummibäumen. Verstehe sowieso nie, warum man Topfpflanzen aufstellt. Mich deprimieren sie.

An der letzten Tür steht hinter Plastik in verblichener, scheinbar noch auf Schreibmaschine getippter Schrift: »V. Twesten – Geschäftsstellenleiter«. Klingt ganz schön männlich. Interessant. Vorsichtig klopfe ich.

»Jupp«, bellt eine Stimme.

Ob ich noch schnell abhauen könnte? Wenn ich jetzt losrenne, habe ich einen Vorsprung von mindestens zehn Metern, und da es bergab geht, kann ich den eine so kurze Strecke auch halten. Ich habe direkt vor dem Haus geparkt. Ist der Wagen abgeschlossen? Wenn nicht, könnte das Türöffnen noch kostbare drei bis fünf Sekunden in Anspruch nehmen. Wo ist mein Schlüssel?

»Jupp!«, tönt es ein weiteres Mal von innen.

Den Bruchteil einer Sekunde später wird die Tür aufgerissen, und eine sehr große, sehr breite, sehr, unter geometrischen Gesichtspunkten, tiefe Frau mit kurzem Haar und grauer Ponytolle steht vor mir. Ein Monument der Antisinnlichkeit. Eine Erscheinung aus der griechischen Tragödie. Teils Frau, teils Mann, teils Schrankwand.

»Sind Sie's?«, knurrt sie lächelnd, blinzelt mich mit wachen

Schweinchenaugen an und streckt mir ihre Pranke hin. Wenigstens mit den großen Händen hatte ich recht. »Ich bin's«, springe ich brav auf ihre Frage an.

Etwas in ihrem Gesicht sagt, dass sie gut ist. Wirklich gut. So gut wie Menschen nur gut sein können, wenn sie schlimme Phasen hatten. Wenn sie deutlich zu groß, zu klein, zu fett, zu mager, zu schwul, zu anders waren und – denn darauf kommt's an – die Kurve kriegten. Diese Ex-Freaks erkennen einander. Sie mögen sich – meist auf Anhieb. Etwas im Gesicht dieser Frau sagt mir, dass ich sie leiden kann.

»Komm rein«, sagt sie und geht müden Schritts vor mir her auf ihren mit Akten, Blättern und Büchern überladenen Schreibtisch zu. Ihre breite Hand zeigt auf einen Stuhl voll aufgehäufter Aktenordner. »Stell sie einfach auf den Boden.«

Beim Abstapeln entdecke ich unter ihrem Tisch eine Wärmflasche, Riesen-Hauspuschen mit Hasenohren und einen zusammengerollten Dackel. Ob sie hier vielleicht wohnt?

»Mach dich darauf gefasst«, erklärt sie unvermittelt, sobald ich Platz genommen habe, »dass die Leute, die hierherkommen, ziemlich lange Zähne haben.« Sie spricht langsam und schleppend, wirkt dabei aber hellwach.

»Sie verachten dich stellvertretend für ihre Fallmanager, die sie zwingen, jeden Tag hier aufzuschlagen. Für ihre Scheißsituation machen sie dich auch verantwortlich, und unterm Strich finden sie dich eh abstrus, weil du ihnen Wissen eintrichtern willst, das sie gar nicht haben wollen. Sie haben nämlich Bock darauf, sich ihr Wissen selbst auszusuchen. Gourmet-Wissen, wenn du weißt, was ich meine. Nichts Aufgezwungenes, das fanden die schon in der Grundschule gruselig. Kapiert?«

Ich nicke, jetzt noch eingeschüchterter.

»Natürlich gibt es Ausnahmen«, fährt sie fort, während sie mit dem Zeigefinger in der Latztasche ihrer dunkelblauen Monteurhose herumkramt und schließlich umständlich eine Büroklammer herauszieht, mit der sie dann ächzend unterm Tisch ihren Rechner startet.

»Diese Ausnahmen erkennst du sofort daran, dass sie in der Gruppe nicht richtig klarkommen. Weil sie Input wollen, werden sie von den anderen abgelehnt, und sie wiederum nervt der Krach, das Gemecker und Gejammer, die geballten Disziplinlosigkeiten im Raum. Klar so weit?«

Krach? Gemecker? Disziplinlosigkeiten? Was hier auf mich zukommt, erscheint mir wie ein Tsunami aus Selbsterniedrigung und Frustration. »Tsunami« ist vielleicht ein geschmackloses Modewort, aber der Vorgänger »Lawine« musste unbedingt abgelöst werden.

»Hat man hier denn gar keine Erfolgserlebnisse?«, frage ich leise. Ich habe noch immer die Jacke an, wüsste aber auch nicht, wo ich sie in diesem Chaos hinlegen sollte.

Die Erscheinung lächelt zum ersten Mal. Im Gegensatz zu ihrem restlichen Körper scheint ihr Kiefer für die vielen Zähne etwas zu klein geraten. Wie zur Ablenkung bilden sich auf ihrem runden Opagesicht zwei niedliche Grübchen.

»Gut, dass du fragst, Ina.« Sie lächelt wieder, aber ihre hellblauen Augen mit den Mini-Pupillen bleiben hart.

Ich wage einen Blick auf die Uhr. Noch 35 Minuten Galgenfrist.

»Immer wieder wird es dir passieren, dass du einen ›Sleeper‹, so nenne ich Teilnehmer mit verborgenem Potential, in deiner Gruppe entdeckst. Wenn du es schaffst, dass der sich entwickelt, dass dieser eine unter allen wieder eine Perspektive bekommt, sich qualifiziert, sich einen für ihn bis dato unerreichbaren Job angelt – dann hast du deinen Break-even-Point erreicht. Damit wir unsere gute bis hervorragende Vermittlungsquote halten können, lege ich dir ans Herz: Tu bitte alles dafür, deine Leutchen in Jobs zu bringen. Ob Zeitarbeit oder vom Jobcenter mitfinanzierter 400-Euro-Job, ist wurscht. Toll wär's natürlich, wenn die Tätigkeit zum Teilnehmer passt und er fair für sie bezahlt wird. Aber in unserer Jobvermittler-Welt kommt das nur noch selten vor. Du nennst dich hier übrigens ›pädagogische Mitarbeiterin‹.«

Wer auf die Uhr sieht, bewirkt häufig, dass Gesprächspartner sich plötzlich beeilen. Auch Vera scheint meine Zeitkontrolle bemerkt zu haben. Geschäftig wühlt sie in einem bis zur oberen Bildschirmkante reichenden Papierhaufen.

»Letztendlich sind die Gruppen ziemlich verschieden. Die Teilnehmer unter 25 Jahren in unseren U25-Maßnahmen sind oft die Pest, als Schulungsgruppe das Schlimmste, was du dir vorstellen kannst. Allesamt liebenswert, echt zum Knuddeln, aber komplett verkorkst. In der Masse unerträglich. Die meisten haben mit 25 Jahren keinen Schulabschluss, zwei bis drei abgebrochene Lehren und genauso viele Schulungsprogramme bei Bildungsträgern hinter sich. Wenn die ihre Bewerbungsunterlagen zum vierten Mal erstellen oder überarbeiten sollen, bekommen die Pickel auf dem Arsch. Viele haben Schulden, einige massive Alkoholprobleme, Drogen kommen seltener vor – diese User werden von der ARGE aussortiert. Ach ja, hinzu kommen Piercings und Mega-Tatoos …«

Sie streckt mir mit ihren fleischigen Händen eine Packung Werthers Echte entgegen. Ich verneine schweigend und biete ihr meinerseits ein einzelnes Wick-Blau an. Am Ende bleiben wir beide bei unserer Marke.

»Was ist eine ARGE?«, frage ich. Das will ich schon lange fragen und fühle mich dabei wie eine Repräsentantin der neuen Bundesländer im November 1989, die im westdeutschen Lebensmittelmarkt befremdet in eine Avocado beißt.

Vera zerkaut ihr Werthers Echte. Ich kann es nicht fassen.

»ARGE steht in der griechischen Mythologie für eine mythische Jägerin, eine kretische Nymphe, die Geliebte des Zeus.«

Meine Augenbrauen ziehen sich zusammen. Soll ich doch lieber gehen?

Die Dicke lacht.

»Ein Joke, das wollte ich nur mal ausprobieren. Nein, ARGE heißt einfach nur Arbeitsgemeinschaft und meint die Jobcenter, die sich um SGB-II-Kunden kümmern. Hartz IV – verstehst du? Der alte Schmuddelkram.«

Klar verstehe ich.

»Die Arbeitsagenturen sind dagegen wie Fünf-Sterne-Hotels gegenüber Jugendherbergen. Hier werden die SGB III betreut, die erst seit maximal einem Jahr auf der Straße sitzen.«

Ich nicke mit meinem hintergründigsten Gesichtsausdruck. »Und warum gehören die Längerarbeitslosen zu SGB II und die anderen zu SGB III – wenn doch viele von einem Zustand in den anderen wechseln und sich somit bezüglich ihrer Arbeitslosenkarriere quasi weiterentwickeln?«

»Mein ich ja.« Ihre Hand fährt wieder in die braune Tüte. »Das ist wie mit den Hotelsternen – je höher in der Zahlenskala, desto kuscheliger das Gefühl. Mein Gott, das ist so schlau, das müsste ich eigentlich aufschreiben …«

Ihr Blick kurvt auf der Suche nach einem Kuli über ihren Schreibtisch. Sie entdeckt keinen und gibt auf.

»Die Migrationsklassen, meistens Projekte in Kooperation mit dem Bundesamt für Migration und Flüchtlinge, kurz BAMF, sind dagegen gut drauf und für alles dankbar. Viele Teilnehmer sind für Helferjobs überqualifiziert, bekommen ihre Ausbildung von zuhause hierzulande aber nicht anerkannt. Die sozialen Strukturen sind häufig sehr stabil, allerdings kann es dir hier passieren, dass dich einige Leutchen einfach nicht verstehen. Sie haben zwar allesamt einen drei bis sechs Monate dauernden Integrationskurs hinter sich und werden vor Projektstart bezüglich ihrer Sprachkenntnisse getestet, dennoch rutschen welche mit rein, die unsere Sprache weder sprechen noch verstehen, weil wir ja den Kurs vollbekommen müssen.«

Während sie redet, wippt ihr zweites Kinn im Takt mit. Hätten Ottfried Fischer und Hella von Sinnen einen sexuellen Versuch gewagt und diesen mit Nachwuchs gekrönt, dann wäre die Frau vor mir dabei herausgekommen. Ich selbst wiege bei 1 Meter 63 nur knapp über 50 Kilo und war als Kind eher spindelig. Vielleicht fühle ich mich deshalb schon immer ein wenig zu mopsigen Menschen hingezogen. Sie wirken auf mich beruhigend wie eine warme Kartoffelsuppe, wenn man richtig Hunger hat.

»Unter den Akademikern und Kaufmännischen hast du einige durchgeknallte Streber, die meinen, sie könnten deinen Job gleich mitmachen. Die sägen an deinem Stuhl, bevor du zum ersten Mal den Mund aufmachst. Bei den Lagerleuten oder Metallern gibt's die ganze Bannbreite – von kooperativ bis grundgenervt. Die Langzeitarbeitslosen sind meist bockig und daher schwerer zu händeln, du kannst aber auch mit Agenturkunden Probleme kriegen – zum Beispiel mit Berufsrückkehrern, die gar nicht wirklich zurückkehren wollen.« Ihren Papierstapel hat sie inzwischen in viele kleine aufgeteilt.

»Irgendwo hier liegt er, verdammt«, murmelt sie. »Tja, und am meisten nehmen mich immer die Teilnehmer mit, die sich bei ihrem letzten Knochenjob den Rücken vermurkst haben und jetzt mit vierzig oder fünfzig keine Chance mehr kriegen. Da könnt ich manchmal heulen, ehrlich.«

Tatsächlich sammelt sich in ihren Augen etwas Flüssigkeit. Vor Schreck zerbeiße auch ich meinen Bonbonrest.

»Durch die bei uns erworbenen Kenntnisse und Zertifikate plus professionell erstellter Bewerbungsmappen kriegt so mancher von denen wieder Mut, sich noch einmal ins Getümmel zu stürzen.«

Es dauert eine Weile, dann zieht sie aus dem Chaos meinen bereits vorbereiteten Vertrag. Während sie ihn mir reicht, mustert sie mich wie ein Kreuzworträtsel, bei dem ihr das entscheidende Wort bereits auf der Zunge liegt, seinen Weg in den Kugelschreiber aber noch nicht gefunden hat.

»Ehrlich gesagt siehst du eher aus wie eine kulturell Interessierte von Mitte vierzig, die mit der Transsibirischen Eisenbahn an den Baikalsee reist, dort voll investigativ mit Einheimischen Wodka säuft und Aale fängt und dann darüber berichtet.«

Ich fühle mich geschmeichelt. »Weißt du, Vera, das würde ich auch glatt mal machen.«

Entgeistert glotzt sie mich an. Dann lacht sie, dass ihre großen Brüste wie Rettungsbojen auf einem wilden Meer über ihren Körper schaukeln. Was habe ich Falsches gesagt?

»Ich bin nicht Vera«, platzt es aus ihr heraus.

»Aaaber …«, stottere ich und deute zur Tür.

»Jaja, Vera hockte mal hier. Jetzt ist sie sechs Wochen zur Kur. Burn-out. Und ich muss ihren ganzen Kram erledigen.«

Die zahlreichen Akten, losen Blätter und gelben Zettel an der Wand geben mir das Gefühl, Vera zwei könnte mit dieser Aufgabe etwas überfordert sein.

»Vera ist so eine Hundertprozentige, die sich mit dem ganzen Verwaltungsaufwand hoffnungslos überfordert hat. Diese Masse ...«, sie macht eine Geste, als wollte sie die Ordner segnen, »... hat sie fabriziert, weil sie alles *richtig* ordnen wollte. Es soll nämlich eine Prüfung geben, von der FinanzBank. Diese Leute sind, wie soll ich sagen? Jedenfalls hat sie seitdem einen Frosch im Ohr.«

»Einen ... was?«

»Einen Frosch mit einer Hupe. Einen quakenden, hupenden Frosch.«

Lassen wir es dabei. »Und wie heißt du?«

»Ach so, ja, richtig – Bridge.«

»Bridge wie ›Brücke‹?«

»Hmmm«, die Frage scheint sie zu langweilen. Dennoch antwortet sie: »Mein Vater ist Amerikaner, früher GI, jetzt arbeitslos. Der saß übrigens auch schon hier. Im BAMF-Kurs, weil er so mies deutsch spricht.«

Unvermittelt grinst sie breit. »Du hast Glück. Du hast in deiner Trainingsmaßnahme von allem was. Unter 25, über 25, Migrationshintergrund, Handwerker, Akademiker, aber ausschließlich ARGE-Kunden. Pro Unterrichtsstunde kriegst du, wie ausgemacht, 18 Euro.«

Sie streckt mir einen dunkelblauen Kugelschreiber mit dem Bildungsträger-Logo entgegen. »Benzin ist inklusive.«

Nachdem wir die Formalitäten erledigt haben, führt mich meine neue Vorgesetzte durch die Räumlichkeiten. Während sich unten die klassischen Unterrichtsräume sowie das Dozentenbüro mit drei PC-Plätzen plus einiger zusammengewürfelter Sitzgelegenheiten befinden, liegen im oberen Stock zwei EDV-Räume, die Toiletten und eine Teeküche.

»Auf die Sauberkeit müsst ihr selber achten«, knurrt Bridge. Eine Ansage, die mich nicht besonders erstaunt. Etwas überrascht bin ich dagegen vom handgeschriebenen Reim über der Spülmaschine:

Wer das lesen kann, Arme hat und aufrecht steht, sollte auch wissen, wie Geschirr einzuräumen geht.

Wie ist das jetzt wieder gemeint? Wahrscheinlich bitterernst, da der Bildungsträger laut seiner aktuellen Homepage auch REHA-Projekte durchführt. Wer weiß, wie viele Teilnehmer – mit ohne Arm und noch anderem ab – hier unterrichtet werden?

»Die EDV-Räume sind übrigens heiß umkämpft«, informierte mich Bridge mit Blick auf die eng mit Computerplätzen ausgerüsteten Räume »Berlin« und »Minsk«. »Belegungsfragen müsst ihr untereinander klären.«

Sie macht einen Schritt zurück und guckt ein bisschen mitleidig. »Du bist hier in der Hierarchie das letzte Licht.«

Das letzte Licht? Ich schweige eisern.

»Nimm's nicht persönlich, das geht vielen Freien so. Die anderen sind nämlich allesamt fest angestellt und halten sich deshalb für was Besseres.« Ein kurzer, harter, wohl aufmunternd gemeinter Schulterklaps. »Mach dir nichts draus.«

Qualvolle Stunden ohne Verschnaufpause mit Feinden an allen Fronten. Was sollte ich mir daraus schon machen? »Wie viele Kollegen sind hier denn so unterwegs?«

Bridge rechnet leise vor sich hin. »Zurzeit ist die Bude voll. Das bedeutet, ihr seid, je nach Praktikumszeiten, drei bis fünf Dozenten. Hinzu kommt Cindy im ›Zwergen-Gulag‹ …«

Sie öffnet eine schmale Tür zwischen Toiletten und Teeküche

und deutet in einen spartanisch mit einigen Plastikbaggern, Puzzles, Stoffteddys, Blättern und Buntstiften sowie einem Uralt-Kassettenrecorder bestückten Raum.

»Unser Kinderbetreuungsangebot«, erklärt sie stolz. »Aber nur für Teilnehmerinnen.«

»Ich habe keine Zwerge«, sage ich schnell.

Stimmen und Schritte hallen aus dem Treppenhaus nach oben. Mein Herz klopft gegen die Geräusche an. Ein weiterer Blick zur Uhr. Noch zwanzig Minuten. »Mach dir keinen Stress«, beruhigt mich Bridge. »Die meisten Teilnehmer kommen am ersten Tag sowieso später als acht.«

In diesem Moment biegt eine Frau in hellen Jeans um die Ecke. Auf ihren ausgestreckten Armen balanciert sie mehrere bunte Kissen und Nackenrollen.

Ihre langen blonden Haare sind unordentlich, aber äußerst dekorativ hochgesteckt, ihr schmales Gesicht wird von dichten dunklen, möglicherweise aufgeklebten Wimpern dominiert. Solche sehr blonden Frauen betreiben üblicherweise einen Kiosk auf Campingplätzen. Ich würde sie auf Mitte zwanzig schätzen, sie könnte aber genauso gut zehn Jahre älter sein.

»Hey, Cindy«, bellt Bridge. »Guck mal, das ist die Ina, eine neue Freie, die sich ab heute um die Trainingsmaßnahme kümmert.«

»Hi«, antwortet Cindy und nickt mir mit angestrengtem Lächeln zu. »Habe leider keine Zeit, mit euch zu quatschen. Wir wollen heute die Kuschelecke einweihen, da muss ich noch ein bisschen Schimmel von der Wand kratzen.«

Sie verschwindet im Zwergen-Gulag.

»Das war natürlich ein Witz mit dem Schimmel«, sagt Bridge

in einem Ton, in dem man kleinen Kindern erklärt, warum sie ihre Finger nicht in Steckdosen stecken sollten. »Cindy stammt aus dem Erzgebirge, da sind sie noch unverdorben. Vor zwei Wochen hat sie in den Schulungsräumen Pupskissen verteilt und sich über die künstlichen Fürze gefreut wie ihre Zwulche an Weihnachten.«

Der mir und meinen »Zwulchen« zugewiesene Schulungsraum heißt »Wilna« (Hauptstadt Litauens, 548 816 Einwohner, wegen seiner jüdischen Kultur auch das »Jerusalem des Nordens« genannt und gleichzeitig wegen seiner vier Kirchtürme das »Rom des Ostens«). Er ist schmal geschnitten. Hellgraue Tische und hellgraue Stühle stehen in der klassischen U-Form. Hinter meinem hellgrauen Pult hängt statt der früheren grünen Tafel ein hellgraues Whiteboard, rechts daneben steht ein mit weißen Blättern bestücktes Flipchart – in Dunkelgrau.

Die Fensterfront geht auf einen kleinen Raucherhof hinaus, auf dem sich zwischen zwei alten Eichen inzwischen um die dreißig Raucher tummeln. Welche von denen wohl zu mir gehören?

Noch bin ich allein im Raum, vor der Tür herrscht jedoch schon hektisches Treiben. Schnell prüfe ich die auf dem Pult für mich deponierten Unterlagen: Teilnehmerliste, Unterrichtsnachweise, Fahrtkostenbögen. Ein scheinbar von Vera oder Bridge persönlich getippter Stundenplan legt das Programm der ersten vier Wochen fest: Rahmenbedingungen klären, Stärken-/Schwächenanalyse mit individueller Kenntnisstabilisierung, Bewerbungstraining, Praktikumsrecherche.

Als sich die Tür plötzlich öffnet, schrecke ich zusammen. Zwei ältere Herren betreten vorsichtig den Raum. Sie tragen beide schwarze Anzüge und je einen beigen Stoffbeutel in der rechten Hand. Mit ihrem dunklen, zur Seite gescheitelten Haar und den

Oberlippenbärten erinnern sie mich an die Detektive Schulze und Schultze im Comic Tim & Struppi.

Sie setzen sich nebeneinander rechts von mir hin und lächeln mich aus ihren Mundgebüschen heraus schweigend an.

»Hallöchen«, sage ich blöd. »Ähm, schön, dass Sie schon da sind.«

Schon? Ich sehe wieder auf meine Uhr. Fünf Minuten nach acht. Von wegen »schon«. Wo bleiben bloß die anderen Teilnehmer?

»Ich hoffe, Sie haben gut hergefunden. Ich komme aus, nun ja, von weiter weg und brauche eine halbe Stunde. Die Strecke ist abwechslungsreich, die niedersächsische Architektur sagt mir zu. Roter Backstein, Sie verstehen. Ursprünglich komme ich aus Gießen. Alles zerbombt und scheußlich wiederaufgebaut …« Reden, ohne etwas zu sagen, fällt mir leicht. Schließlich gebe ich bei der Volkshochschule seit Jahren Smalltalk-Kurse.

»Wir müssen leider noch auf die anderen warten. Mich lernen Sie dann auch besser kennen. Na ja, ich kann Ihnen schon mal verraten: Ich heiße Ina Freiwald, und das hier ist mein erster Kurs. Und wie heißen Sie?«

Die beiden lächeln freundlich, antworten aber nicht. Vielleicht habe ich zu leise gesprochen. Ich wiederhole lauter: »Und wie heißen *Sie*?«

Der Jüngere macht Kopfbewegungen, als hätte er sich den Nacken verknackst, schweigt aber nach wie vor beharrlich. Der Ältere lässt seinen Blick zum Fenster wandern, wieder zu mir, dann wieder zum Fenster.

Plötzlich ist mir klar: Die beiden haben kein Wort verstanden.

»Name?«, frage ich schwach.

Erleichtertes Nicken. »Fjodor Sviridov, Michael Michajlo-

witsch«, antwortet der Ältere und legt einen goldenen Schneide-
zahn in der oberen Reihe frei.

»Vielen Dank.«

Als ich die Namensliste aufschlage, um die beiden abzuhaken,
wird die Tür ein zweites Mal von außen geöffnet. Doch statt dem
behutsamen Eintreten der beiden russischen Herren folgt jetzt eine Art Entern des Schulungsraums.

»Hab ich euch nicht gleich gesagt, dass es hier ist?«

Die Vorhut bildet eine korpulente Frau von schätzungsweise
Anfang zwanzig mit schulterlangen, blondierten Haaren und
hellrosa Strähnchen. Ihre Arme sind mit Schmetterlingen tätowiert, auf ihrer linken Halsseite prangt ein eingestochener Ster-
nenschweif.

»Tach«, sagt sie kurz und wirft ihre schwarze Lacktasche auf
einen Tisch an der Fensterfront.

»Tachchen«, sagt der ihr auf den Fuß folgende junge Mann.
Ein Schönling, würde meine Mutter sagen. Fein geschnittenes
Gesicht, Marderaugen, fransige Frisur, schlaksig. Latent rothaa-
rig, das sind die besonders Zähen. Kämpfen eine Gruppe Blonder, Dunkelhaariger und Rothaariger gegeneinander, gewinnen
immer die Rothaarigen – solange sie echt sind. Meine These.
Könnte Soapstar sein, Hip-Hopper oder Anführer einer Straßen-
gang. Er scheint die Vorhut-Frau bereits zu kennen und setzt sich
ganz selbstverständlich neben sie.

»Moin Moin.« Ein laschblonder, runder Mensch schlurft an
den beiden vorbei, zögert, lässt dann bewusst einen Platz frei und
platziert sich auf den leeren Stuhl um die Ecke. »Ich bin der
Björn.«

Durch seine ungelenken Bewegungen fällt es mir schwer, ihn
mir in einem Erwachsenenberuf vorzustellen. Viel zu sehr erin-

nert er an ein Riesenbaby mit einem am Rücken festgewachsenen Rucksack. Ein passionierter Zoobesucher, ein Kakaotrinker, ein Dauerlispler.

Während ich noch überlege, hat die Vorhut-Frau bereits einen Namen für ihn kreiert: »Hey, Bamm-Bamm«, ruft sie ihm zu. Tatsächlich werden wir bei Björn noch oft an »Bamm-Bamm« denken, den keulenschwingenden Adoptivsohn der Geröllheimers aus der »Familie Feuerstein«.

Der nächste Teilnehmer hat ungefähr mein Alter und trägt ein blaues Sakko. Sein dunkles, leicht gegeltes Haar lichtet sich bereits. Unschlüssig verharrt er im Türrahmen.

»Guten Tag. Könnte ich Sie kurz …?«

Beim Sprechen hält er konsequent die Zähne zusammen, die Folge sind angestrengt herauskatapultierte, aber dennoch überraschend gut verständliche Zischlaute.

Wir gehen auf den inzwischen wieder leeren Flur. Der Blick des im hanseatischen Unternehmerlook Gestylten wirkt herablassend bis angeekelt. Als wäre ich nicht mehr als eine Fruchtfliege in seinem Chardonnay.

»Sie sind Frau …?«

»… Freiwald!«

»Frau Freiwald, ich habe diese Einladung meiner Fallmanagerin Frau Huber vor fünf Tagen erhalten. Ich hatte also nicht mal eine Woche Zeit, mich und mein Leben darauf einzustellen, von heute an täglich acht Stunden in Ihrem fragwürdigen Etablissement zu verbringen. Abgesehen davon kann ich Ihnen gleich sagen – ich bin hier so was von definitiv falsch.«

Er verschränkt die Arme. In seinem Blick liegt die erhabene Verzweiflung eines unschuldig zum Tode Verurteilten. »Ich muss jetzt auch gleich wieder weg. Darf ich?« Den letzten Part mit dem devoten Appell hätte ich gar nicht erwartet.

»Wie heißen Sie?«

»Heiko Bloom. Ich bin zwar schon länger Arbeit suchend, habe aber genau jetzt einige vielversprechende Eisen im Feuer. Kontakte, Networking. Was ich gerade gar nicht gebrauchen kann, ist das dumpfe Herumhocken in einem Raum mit …«

Er deutet mit dem Kinn zur Tür.

»Wir erstellen gemeinsam Ihre Bewerbungsunterlagen«, unterbreche ich ihn. »Das würde Sie bei einer Volkshochschule mindestens sechzig Euro kosten.«

Sein angeödeter Blick macht sich nicht mal die Mühe, meine Augen zu treffen.

»Sie können ja nichts dafür …« (ein Satz, den ich die kommenden Wochen und Monate noch häufiger hören sollte), »… aber wir wissen doch beide, warum ich zu dieser Schulung hier verknackt worden bin.«

Diesmal ziehe ich beide Augenbrauen hoch und probiere zum ersten Mal mein neues Fräulein-Rottenmeier-Gesicht (das ist die fiese Privatlehrerin vom Alpenkind Heidi, die zum Beispiel einmal zu der Kleinen sagt: »Zum Lernen sitzt man still auf seinem Sessel und gibt acht. Kannst du das nicht selbst fertigbringen, so muss ich dich an deinen Stuhl festbinden.«)

Teilnehmer Bloom redet sich währenddessen langsam in Rage. »Wer hier seine Zeit verplempert, ist raus aus den Zahlen. Der gilt als Arbeitnehmer, auch wenn er sein restliches Leben nie mehr einen Job bekommt. Das wissen Sie doch, oder?«

Aus den Zahlen? Aus welchen Zahlen? Der Arbeitslosenstatistik? »Hm, was?« Soll Herr Bloom mich ruhig für eine Vollidiotin halten.

»Was glauben Sie denn, warum Bildungsträger wie Sie sich kaum vor Teilnehmern retten können – weil Sie so fulminante Angebote haben?«

»Selbstverständlich ist unsere Arbeit sinnvoll«, antworte ich loyal wie ein nach seinem Irak-Aufenthalt befragter US-Kriegsveteran. Auf eine weitere Diskussion über die Qualität meines mir selbst noch ziemlich unbekannten Arbeitgebers will ich mich auf keinen Fall einlassen. »In welchem Bereich haben Sie bisher gearbeitet, Herr Bloom?«

»Abteilungsleiter.«

»In welcher Branche?«

»Lebensmittel.«

»Unternehmen?«

»Spar und Lidl, wieso?«

»Nur so, für die Statistik.«

Geht diese Runde an mich? Ich meine, ja.

»Stellen wir uns da drinnen doch erst mal offiziell vor, Herr Bloom. Einverstanden?«

Mitleidiges Lächeln. Herr Bloom zückt sein Handy, an dem ein Porschezeichen baumelt. »Gerne, aber ohne mich. Ich telefoniere mit Frau Huber. Wenn ich nicht mehr komme, dann können Sie mich von Ihrer Anwesenheitsliste streichen. Frau …«

»… Freiwald. Es war ein Traum, Sie kennengelernt zu haben, Herr Bloom. Fahren Sie …« Ich deute leicht angeekelt auf den Anhänger. »… Porsche?«

Er guckt gelangweilt. »Oldtimer. Vor zwei Wochen verkauft. Unpraktisch.«

Abschließend sage ich: »Komischerweise habe ich das untrügliche Gefühl, wir sehen uns bald wieder.«

»Vielleicht bewerben Sie sich ja eines Tages bei mir«, tönt er vollmundig, während er bereits eine Nummer tippt. »Sie sind zwar nicht mehr die Jüngste, sehen aber so aus, als ob Sie keine Arbeit scheuen. Haben Sie denn irgendwann mal was Gescheites gelernt?«

»Aber ja, Dekorateurin.« Bei Karstadt, das stimmt sogar.

»Sehen Sie mal an, dann können Sie bestimmt Schilder schreiben und aufhängen. Vielleicht sehen wir uns wirklich eines Tages wieder, Frau …«

»Bis bald.«

Im Schulungsraum haben es sich die fünf restlichen Teilnehmer inzwischen gemütlich gemacht. Das Mädchen mit der rosa Strähne löffelt Suppe aus einer Tupperschüssel, sein Sitznachbar schreibt SMS, Björn malt kleine Monster auf sein Namensschild. Die beiden Russen haben ihre Jacken ausgezogen und dösen mit halb geschlossenen Augen vor sich hin.

»Hallo, erst mal«, entfährt es mir in Rüdiger-Hoffmann-Manier, wofür ich vom hellwachen Hip-Hopper schon den ersten Lacher ernte.

Möglichst deutlich schreibe ich meinen Namen an die Tafel.

»Ina Freiwild«, liest die Göre. Langweilig.

»Wie heißen Sie denn?«, frage ich höflich.

»Na, raten Sie mal«, antwortet sie frech.

Nach zwölf Jahren Erfahrung mit manchmal äußerst schlecht gelaunten VHS-Kursteilnehmern weiß ich: Diesen Lapsus darf ich mir nicht gefallen lassen. Wittern die Hyänen Aas, stürzen sie sich darauf und bringen ihre Meute gleich mit.

»Kann ich Sie bitte draußen sprechen?« Erst mal von der Gruppe trennen, dann einorden, lautet die Devise.

»Nö.« Genüsslich knatscht sie mit ihrem Kaugummi.

»Wie ›Nö‹?« Keine rhetorische Frage – ich will eine Antwort.

»Na nö eben, Sie können ja alleine vor die Tür gehen.«

Björn kichert, malt aber unverdrossen weiter.

»Wenn Sie mir Ihren Namen nicht sagen, fliegen Sie raus.«

»Oh, danke.« Die Teilnehmerin springt auf und greift nach ihrer Tasche.

»Setzen!«, kreische ich. Der kleinere Russe zuckt zusammen und reißt die Augen auf. Der Größere döst weiter.

»Sie haben doch gesagt, ich darf gehen ...«

In diesem Moment öffnet sich die Tür ein weiteres Mal, und eine stämmige und dennoch drahtig wirkende Frau Mitte dreißig mit tiefschwarzen Haaren stürmt den Raum, im Schlepptau einen Mann in ungefähr demselben Alter.

»Hüsnü und Didem Arikan«, ruft sie triumphierend. »Wir sind zusammen da.« Hüsnü trägt einen Strohhut.

»Herein«, begrüße ich sie. »Und auch hinsetzen, bitte.«

Die Teilnehmerin hat inzwischen wieder Platz genommen und tuschelt mit ihrem Sitznachbarn. Scheinbar hat er sie zum Bleiben überredet, denn sie schreibt gelangweilt »Nelly« auf ein leeres Namensschild.

»Schreiben Sie auch Ihre Nachnamen«, lautet meine erste offizielle Ansage, woraufhin sie auf ihrem Schild in Minischrift noch »Bienlein« notiert. Der Schlaksige schreibt derweil in hoher Krakelschrift »Hark Peer ›Hape‹ Studtmann«.

Björn hat keinen Platz mehr auf seinem Schild, auf dem es inzwischen von haarigen Viechern nur so wimmelt. »Ist doch wurscht, ich bin der Björn.«

Wortlos reiche ich ihm ein frisches Schild. Er heißt Klose, und ich muss sofort an »Klößchen« denken. Der Arme hat als Kind sicher einiges aushalten müssen.

»Wie isn das eigentlich hier mit den Fahrtkosten?«

Die Stimme von Frau Arikan klingt wie ein ungeöltes Fahrrad.

»Dazu kommen wir gleich«, flöte ich, hocke mich auf das Pult und greife nach dem Klassenbuch. »Wir checken erst einmal die Anwesenheit.« Mit meinem Blauen-Daumen-Kuli hake ich flugs die Namen ab. Didem Arikan steht nicht auf der Liste.

»Sie stehen nicht auf meiner Liste.«

Hüsnü keckert. Seine Frau nickt heftig. »Jajajaja, ich weiß. Ich bin ja auch nicht hier. Nicht wirklich.«

»Wie meinen Sie das?«

Auch Vera musste über diesen Fall falsch informiert worden sein, schließlich sprach sie im Vorfeld von einem »teilnehmenden Ehepaar«.

»Gucken Sie mal«, befiehlt Didem Arikan und dreht mit einem eingespielten Griff Hüsnüs Kopf in ihre Richtung. »Sag mal was, Hüsnü. Los geht's.«

Hüsnü überlegt. »Istemiyorum.«

»Mann, Hüsnü, nein, auf Deutsch. Sag mal irgendwas auf Deutsch.«

»Nichts zum Danken«, pariert ihr Mann langsam mit stark türkischem Akzent.

»Sehn Sie«, sagt Didem und lässt seinen Kopf wieder los. »Er versteht Ihre Sprache zwar schlecht, spricht sie aber noch schlechter. Deshalb bin ich hier. Ohne mich kann er nichts machen. Nicht mal einkaufen gehen, glauben Sie mir.«

»Weiß das die ARGE?«

Die einzigen rechtlichen Instanzen, die ich zurzeit kenne, sind Bridge und der Auftraggeber. Wenn er nicht einverstanden ist, muss die selbst ernannte Dolmetscherin gehen.

»Fragen Sie sie doch, die ARGE«, antwortet sie kokett. »Aber vorher sprechen wir über Hüsnüs Fahrtkosten.«

Die kommenden zwei Stunden vergehen mit den für Bildungsträger typischen Verwaltungsangelegenheiten: Verträge, Hausordnung, Fahrtkosten.

Die Teilnehmer unterschreiben, dass sie in den EDV-Räumen keine Cola über die Tastatur kippen und keine Pornos oder rechtsradikale Seiten aus dem Internet herunterladen dürfen. Sie erklären sich bereit, auf das Mitführen jedweder Haustiere zu verzichten und im Fall einer Krankheit spätestens am dritten Tag eine ärztliche Bescheinigung vorzulegen.

»Und wenn ich keine zehn Euro Praxisgebühr habe?«, fragt Hape Studtmann in seinem schon jetzt typisch provokanten Ton.

Was soll ich sagen? »Dann bleiben Sie doch einfach gesund.«

Bis zur Pause um halb zwölf finden sich noch der dauergrinsende Herr Yaszni (ein aus Tschetschenien stammender Mittvierziger mit Medizinballbauch) ein und mit Horst Krebs ein nach arischen Gesichtspunkten perfekt geratenes Mannsbild, das meine Mutter ohne böse Hintergedanken als »grobschlächtigen Proleten« bezeichnen würde.

Wie eine Reiseleiterin, die eine bunt gemischte, völlig undisziplinierte Touristengruppe durch ein Kriegsgebiet führt, bugsiere ich uns recht konzeptlos durch den späten Vormittag. Mein Deo versagt, und ich spüre den Schweiß sogar in den Kniekehlen, während Nelly mich leise nachäfft und Hape Studtmann die Augen verdreht. Glücklicherweise spricht der freundliche Tschetschene fließend Russisch, sodass er zwischen mir, Herrn Sviridov und Herrn Michajlowitsch vermitteln kann.

Meine Ansage lautet: Alle Teilnehmer sollen bis morgen, so-

weit vorhanden, ihren Lebenslauf, ein bereits formuliertes An-
schreiben, ihre Zeugnisse und Zertifikate sowie ihr aktuellstes
Lichtbild mitbringen. Für die Speicherung von der heimischen
Festplatte verteile ich an jeden einen Stick.

»Какова?«, fragt Fjodor Sviridov. Sein Gesichtsausdruck ist so
eindeutig, dass Herr Yaszni gar nicht erst zu übersetzen braucht.

»Kann man in Computer stecken«, erkläre ich und mache eine
entsprechende Handbewegung.

»Компьютер«, übersetzt der Tschetschene.

Herr Sviridov nickt.

Sein Double fragt: »Компьютер?«

Jetzt nicke ich. »Bewerbung.«

»Применение«, papageit Herr Yaszni unermüdlich. Die beiden Russen gucken sich fragend an.

»Мы не располагаем документов«, erklärt der Größere,
während der Kleinere synchron mit den Schultern zuckt.

»Nix Unterlagen«, kürzt der Dolmetscher ab, scheinbar langsam des Übersetzens müde. »Müssen Sie selber alles machen.«

Eine halbe Ewigkeit brauchen wir im glücklicherweise unbe-
setzten EDV-Raum allein für die Ermittlung der Fahrtkosten, die
der Bildungsträger mit zwanzig Cent pro Kilometer zahlt. Er-
rechnen lassen wir die Route von der heimischen Adresse bis vor
die Schulungstür vom Internetanbieter Falk – wobei ich angehal-
ten bin, stets die »kürzeste Strecke« als Routenoption einzugeben
und das Ergebnis dann auf die entsprechende Kilometerzahl abzurunden.

Und wenn ich mit dem Fahrrad komme, und wenn ich laufe,
und wenn ich mit dem Zug fahre oder mal den Bus verpasse, und
wenn ich mit einem anderen Teilnehmer eine Fahrgemeinschaft
bilde … Hape und Nelly fragen im Duett alle Varianten der Fahrt-

kostenauszahlungen ab, obwohl ich von Anfang an erklärt habe, der entsprechende Betrag orientiere sich lediglich an den Kilometern.

»Wenn Sie aufgrund zu komplexer Voraussetzungen keine Auszahlung für Ihre Unkosten wünschen, kann ich das natürlich gerne weitergeben«, sage ich spitz.

Nelly verdreht wieder die Augen.

»Haben Sie Hape eigentlich auf dem Kieker?«, fragt sie, wobei sie es schafft, zu sprechen und gleichzeitig laut zu gähnen.

Gerade habe ich alle Schulungsunterlagen wie Kulis und Blöcke mit blauem Daumen sowie die Bewerbungsinfohefte verteilt. Es ist Viertel vor eins.

»Warum sollte ich? Ich kenne Herrn Studtmann ja kaum.«

Schlagfertig. Eine Antwort, mit der ich zufrieden bin. Aber nur kurz.

Denn jetzt klinkt sich Hape selbst ein. »Ich kenne Sie doch auch kaum und kann Sie schon jetzt nicht ausstehen.«

Didem lacht laut, Herr Yaszni übersetzt den Dialog für die beiden Russen. Horst Krebs guckt trübsinnig aus dem Fenster, gerade so, als hätte er eben erfahren, dass er nur noch wenige Tage zu leben hat.

Björn seufzt und hält kurz im Monstermalen inne. »Das ist vielleicht anstrengend hier. So was Anstrengendes habe ich seit der Musterung nicht mehr erlebt.«

»Vielleicht sollten wir eine Pause machen«, verkünde ich sozialdemokratisch. »Kommen Sie aber bitte wieder.«

Die große Pause von dreißig Minuten verbringe ich im Klassenraum. Der Konfrontation mit meinen neuen Kollegen fühle ich mich heute noch nicht gewachsen.

Lustlos kaue ich auf meinem mitgebrachten Käsebrot herum. Es schmeckt nach Klassenfahrt zum Vogelsberg, 1969. Verregnet, muffig. Um durchzuhalten, schlucke ich eine Vitamintablette und trinke ein Glas Leitungswasser.

Bin ich einsam? Ja. Tue ich mir leid? Sicher. Habe ich das verdient? Vielleicht.

Mit meinem Handy rufe meinen Ehemann in der Klinik an. Als Leiter der Physiotherapieabteilung ist er stets erreichbar.

»Alexander …«, sage ich und erschrecke gleichzeitig, wie piepsig meine Stimme klingt.

»Ina?« Er scheint mich nicht zu erkennen. Ich richte mich auf.

»Jawohl, ich bin's.«

»Bin gerade bei der Behandlung«, sagt er und klingt gehetzt. Im Hintergrund höre ich eine männliche Stimme stöhnen.

»Störe ich dich?«

»Schon gut, wie läuft es an deinem großen Tag?«

Als ob ich mit Mitte vierzig gerade die Schule abgeschlossen hätte und jetzt zum ersten Mal arbeiten gehen würde.

»Ganz gut«, antworte ich tapfer. Dann kommen mir die Tränen. »Nein, es ist furchtbar.«

»Wir reden heute Abend, Schätzchen«, tröstet mich der beste Ehemann von allen. »Ich muss meinem Patienten helfen, mit seinem frisch operierten Stumpf klarzukommen. Moment, Herr Hövermann, ich begleite Sie zur Toilette …« Ich lege auf.

Als meine Schäfchen aus der Pause zurück sind und ich denke, es könnte nicht mehr schlimmer werden, lerne ich Frau Schubert kennen. In unserem Bunde ist sie inklusive des noch immer abwesenden Herrn Bloom die Elfte, doch der Raum wirkt durch sie plötzlich voll bis unters Dach.

Falls ich die verspätete Teilnehmerin abends Alexander beschreiben sollte, würde ich sagen: »Die böse Alte aus Disneys ›Rapunzel‹.«

Ihr lippenloser Mund in Form einer violett angestrichenen geschlossenen Schublade über einem Wiederkäuerkiefer kommuniziert angeregt mit ihrem dunkelroten Brillengestell. Leopardenpumps und ein schwarzes Wollcape runden das Bild einer Zeichentrick-Kannibalin ab. Angeblich ist sie Personalleiterin eines Call-Centers gewesen. Erstverkäuferin für Trikotagen. Selbständig mit einem Töpferlädchen auf Ibiza. Dann von solventem Lebenspartner verlassen worden. Jetzt ist sie Single und hat Schulden.

Sie erzählt freimütig, breitet ihr geballtes Leben in knapp fünf Minuten vor uns aus. Keine Geheimnisse, kein Hinter-dem-Berg-Halten. Was könnte ich dagegen haben, dass Frau Schubert hier das verbale Ruder unaufgefordert an sich reißt? Sie sollen sich ja kennenlernen, die Teilnehmer. Wir werden sicher noch viel mehr voneinander erfahren …

»Welche Unterrichtsinhalte wurden heute vermittelt?«

Die raumgreifende Person mit dem kinnlangen, hennaroten Bob hat sich neben den armen Herrn Krebs gesetzt, der jetzt wie ein Karpfen an Land nach Luft schnappt. Ihr letzter Satz ist an mich gerichtet, während sie ihren tadelnden Blick in Brusthöhe auf meiner Blümchenwiese parkt.

Als ich gerade den Mund aufmachen will, antwortet Nelly schon für mich: »Den ersten Tag haben wir mit Unterschriftenkram verdödelt. Wird morgen aber auch nicht besser sein.«

Das Gesagte unkommentiert lassend reiche ich der Schubertschen über das Pult einen Stapel Unterlagen. Diese guckt tadelnd in Richtung Nelly.

»Den Unterrichtsstoff können wir ja mitbestimmen, Fräulein …«

Sie lugt auf Nellys Schild und räuspert sich. »Wir haben doch ein gewisses Mitspracherecht, oder?«

Mit ›oder‹ meint sie wieder mich. Ich denke hektisch nach: Sollen meine Teilnehmer wirklich mitbestimmen, was wir hier an Coaching-Inhalten durchnehmen? Bei meinen bisherigen VHS-Kursen habe ich die Inhalte vorgegeben und bin nur auf Fragen und individuelle Unsicherheiten eingegangen. Abgesehen davon weiß ich selbst noch nicht genau, welchen Unterrichtsstoff ich für angemessen halte.

»Sie können zumindest Vorschläge machen.«

Ulla Schubert mustert mich über ihre Brille hinweg.

»Welche Qualifikation haben Sie, wenn ich fragen darf?«

»Diplomierte Dozentin in der Erwachsenenbildung«, verkünde ich stolz.

»Das ist eine Tätigkeit, aber keine Qualifikation.« Das Verhör ist noch nicht beendet. »Haben Sie Lehramt studiert, oder sind Sie Sozialpädagogin?«

Ich werde bei der Wahrheit bleiben. »Eigentlich habe ich Theaterwissenschaften studiert, bin aber direkt in den Journalismus gewechselt. Habe auch drei Bücher über, ähm, Frauenthematik geschrieben.« Frau Schubert wirkt nicht sehr beeindruckt.

»Und was ist mit Ihrer Lehre als Dekorateurin?«

»Bitte?«

Woher hat sie diese Information? Mir wird ganz komisch.

»Als ich heute Morgen vor der Tür meiner Fallmanagerin Frau Huber wartete, um mich über diese Zwangsmaßnahme hier zu beschweren, habe ich mich ausführlich mit einem sehr netten Herrn Bloom unterhalten.«

Während sie spricht, nimmt sie ihre Brille ab und putzt sie mit einem Seidentuch mit dem Muster einer 70er-Jahre-Tapete. »Der erwähnte so was.«

Fassungslos starre ich sie an. Auch die anderen Teilnehmer lauschen gespannt.

»Herr Bloom hat sich bei Frau Huber darüber beschwert, dass wir hier in Vollzeit von einer Aushilfskraft beschult werden. Frau Huber will sich deshalb morgen mit Ihnen und der Leitung in Verbindung setzen. Herr Bloom und ich müssen bis zur Klärung der Umstände aber trotzdem teilnehmen.«

Sie setzt die Brille wieder auf und lächelt knapp.

»Wir werden das Kind schon schaukeln, was bleibt uns auch anderes übrig. Jetzt kopieren Sie uns mal flugs die Stundenpläne, damit wir über Verbesserungen nachdenken können.«

KAPITEL 2

Teamwork im freien Fall

Neue Kollegen & eine Begegnung der dritten ARGE-Art

»Sag mal, Mama, wo warst du heute?«

Meine Tochter Leona und ich tragen bereits Schlafanzüge, unter unseren Hintern glüht je eine Wärmflasche. Wie jeden Abend sitzen wir bis zu ihrem Schlafengehen gegen acht auf meiner Seite im Doppelbett, der Fernseher läuft.

»Arbeiten, Schatz.«

Ich nippe an meinem Tee. Auf Pro Sieben präsentiert gerade ein Reporter den größten Biber-Damm der Welt in irgendeinem Nationalpark der kanadischen Provinz Alberta. »Hinter dieser Leistung steckt Fleiß, Können und jede Menge Herzblut«, schreit er vor einem rauschenden Fluss in die Kamera.

»Nee, sag mal ehrlich.«

Ich betrachte ihr süßes Gesicht mit der kleinen Zahnlücke.

»Glaubst du mir nicht, dass ich arbeiten war?«

»Hmmm.« Sie denkt nach. »Du warst doch noch nie arbeiten.«

»Was?« Ich bin ehrlich entsetzt. »Ich … nun, ähm, arbeite doch immer.«

»Wo?« Ihre Bambi-Augen zeigen echtes Interesse.

»Leona, hier …« Schon etwas gereizt deute ich auf den Computertisch mit Rechner und Drucker, den ich in einer akuten Einsamkeitsphase aus meinem zugigen Arbeitszimmer ins Schlafzimmer geschoben habe.

»Ach so, du meinst tippen.«

»Exakt, mein Kind. Tippen ist Arbeit.«

Leona massiert mir mit ihren kleinen festen Händen den Nacken und wirft mir einen mitleidigen Blick zu. »Auch wenn man damit gar kein Geld verdient?«

Mein Gesicht wird warm. »Leona, verdammt noch mal, ich *habe* Geld verdient.«

»Ja, das hat sie. Mit Mamas Monatslohn hätten wir glatt ein ganzes Kaninchen halten und ernähren können.«

Meine große Tochter Luzie durchquert den Raum mit einem Berg Wäsche in der Höhe des Himalayas. Sie trägt Cowboystiefel und ein T-Shirt mit einer traurig dreinblickenden Kuh. Von ihrer Schulter baumelt eine Wildleder-Fransentasche. So Gott will macht sie nächstes Jahr Abitur.

Auch sie fragt mit der ihr eigenen, wohl altersbedingten Entrüstung: »Wo warst du heute?«

»Jetzt passt mal auf: Eure Mutter arbeitet als freie Mitarbeiterin bei einer Art Schule für Arbeitslose. Sie versucht, ihnen Sinnvolles beizubringen und sie in einen Job zu vermitteln.«

Luzie grinst nachsichtig. »Seit wann redest du von dir in der dritten Person? Müssen wir uns Sorgen machen?«

Bevor ich antworten kann, springt Leona für mich ein. »Das finde ich toll, was du machst. Diese Arbeitslosen haben so eine Strafe bestimmt verdient.«

»Nein, Leona. Das ist keine Strafe. Die Leute lernen was, sie können sich verbessern, aus ihrem Leben noch etwas machen.«

»Was ist denn das Allerbeste, was ihnen durch diese Sache passieren kann?«

Luzies negativer Ton verwirrt mich.

»Das Ziel ist natürlich, dass sie wieder Arbeit finden.«

»Und was für eine Arbeit bekommen sie?« Inzwischen hat sie das Bügeleisen eingesteckt und kurvt damit lustlos auf einem knittrigen Blazer herum.

»Tja, keine Ahnung. Maurer oder Koch …«

»Auch die Frauen? Also, ich würde das nicht machen.« Während Leona spricht, pikst sie mit ihren Zahnstocher-Fingern in meinen steinharten Nackenmuskeln herum.

»Hach, was weiß ich, die Frauen arbeiten vielleicht als Verkäuferinnen …« Mir fällt tatsächlich nichts Besseres ein.

Luzie stellt das Bügeleisen ab und sieht mich an, als hätte sie mich im Elternkatalog lieber nicht aussuchen sollen. »Ein feiner Laden ist das. Schickt die Leute in Jobs ohne Zukunft.«

Ich trinke einen großen Schluck Ingwertee. Der beruhigt und reinigt von innen.

»Wieso ohne Zukunft?«, protestiert Leona und deutet auf den Fernseher mit einem Biber, der gerade mit seinen Riesenhauern eine marode Parkbank zerlegt. »Tiere arbeiten auch, und sie haben deshalb auch eine Zukunft. Wer viel arbeitet, hat viel Zukunft.«

Während ich noch nach lobenden Worten suche, antwortet Luzie: »Quatsch. Tiere arbeiten instinktiv. Sie haben keine Wahl. Wenn sie auch nur einen Moment darüber nachdenken könnten, dann würden sie bestimmt nur das Nötigste tun.«

»Möchtest du auch einen Tee?« Luzie echauffiert sich nach meinem Geschmack über die Maßen. Das strengt mich an.

»Danke. Die Starken würden die Schwachen für sich arbeiten

lassen. Daher reden wir hier nicht von Arbeit in der freien Wildbahn, sondern von aufgezwungenen Tätigkeiten im Nutztierbe-
reich, wie sie zum Beispiel Packesel oder Legehennen erledigen.«

»Danke ja oder danke nein?«

»Danke nein, Mutter. Es liegt in der Verantwortung der Mächtigen, die Ausbeutung des Proletariats zu verhindern. Von selbst
passiert nämlich gar nichts, weil die Bonzen daran verdienen und
das Volk durch Dauerglotzen blöd gehalten wird.«

Mit einem schnellen Griff schaltet sie den Fernseher aus. Leona protestiert und schaltet ihn wieder an.

Luzie zieht ein Buch aus ihrer Tasche und reicht es mir vom
Fußende aus. »Lies das. Darüber habe ich letzte Woche in Politik
eine Interpretation geschrieben.«

»Arm durch Arbeit« steht auf dem Cover. Und auf der Rück-
seite: »Markus Breitscheidel lebte eineinhalb Jahre von Hartz IV
und Mini-Löhnen. Als Leiharbeiter war er undercover bei nam-
haften Konzernen und in der Landwirtschaft tätig. Trotz Vollzeit-
arbeit reichte sein Lohn nicht zum Leben. In seinem erschüttern-
den Bericht analysiert er die persönlichen und gesellschaftlichen
Auswirkungen der staatlich subventionierten Billiglohnpolitik:
Immer mehr Menschen verlieren den Kampf gegen den sozialen
Abstieg, während Unternehmen sich auf Kosten der Arbeitnehmer gesundschrumpfen.«

»Danke«, sage ich und lege es auf meinen Nachttisch.

Am nächsten Morgen gegen zwanzig vor acht wage ich mich zum
ersten Mal in den Dozentenraum. Vor dem Eintreten überlege ich
kurz, wie ich meine neuen Kollegen begrüßen könnte. Gedank-
lich lege ich mir die Sätze zurecht: »Hallo, ich bin die Neue, ich
heiße Ina, also nennt mich Ina, und falls ich mal eine Frage ha-

be …« Während ich so dastehe und meine Worte sortiere, wird die Tür von innen aufgerissen.

»Da ist sie ja«, ruft die vor mir stehende Person triumphierend. Sie ist klein und korpulent und hat etwas von einer sprechenden Handpuppe mit klassischem Pisspottschnitt. Da sie sehr nah vor mir steht, kann ich ihren schnellen Atem hören. Scheinbar ist sie aufgeregt, denn sie riecht süßlich nach frischem Schweiß und einem Hauch Seniorenheim, vielleicht Kamillentee.

»Hast du gestern in Wilna das Fenster offen gelassen?«

Kann sein, kann aber auch nicht sein. Ich trete einen Schritt zurück.

»Ach, Elke, lass sie doch in Ruhe.« Hinter ihr am Schreibtisch sitzt ein blonder Hüne mit einem rosa Hemd. Er lächelt professionell und winkt mir zu. »Komm rein und keine Angst. Sie hat heute Morgen schon gefressen.«

Elke knurrt leise und dreht ein paar Mal den Kopf von einem zum anderen, wobei ihre auf Nackenhöhe abgeschnittenen Haare streng am Kopf kleben bleiben. Missmutig macht sie mir Platz.

Der Raum ist quadratisch geschnitten und hat zwei Fenster. An beiden klebt je ein DIN-A4-Blatt mit der Aufschrift: *Bitte keine Blätter auf die Fensterbank legen.* Zwei Schreibtische stehen sich gegenüber, einer steht quer im Raum. Die Wände sind fast vollständig von Aktenschränken verdeckt.

»Hallo.« Der Schwiegermuttertraum steht tatsächlich auf und gibt mir die Hand. Sie fühlt sich weich an und warm, und es kommt mir vor, als ob ein Teil ihrer Oberfläche in meine hineinkriechen würde. »Ich bin Robert und quäle mich hier mit den Jugendlichen herum.« Auf seinem Hemdsärmel trägt er ein eingesticktes Monogramm: R. S.

»Bevor du den Unterrichtsraum verlässt, musst du die Fenster kontrollieren«, doziert die Kollegin hinter meinem Rücken. »Hier ist schon zwei Mal eingebrochen worden, außerdem kühlen die Räume aus.«

Die Temperatur im Dozentenraum liegt bei gefühlten zehn bis zwölf Grad. Mein Blick wandert zu den Heizkörpern. Sie stehen beide auf null.

»Kommst du zurecht?«, fragt Robert freundlich, aber ohne echtes Interesse.

»Vielen Dank«, antworte ich ebenso freundlich.

»Kannst du hier mal unterschreiben?« Elke, die mich immer mehr an eine Figur aus der NDR-Sesamstraße erinnert, streckt mir ein Formular entgegen. Es ist die Hausordnung, die ich gestern auch an meine Teilnehmer verteilt habe.

»Ich auch?«, frage ich jetzt, nicht mehr ganz so freundlich.

»Du hast das Fenster offen gelassen.« Ihre wimpernlosen, blassen Augen fixieren mich ausdruckslos. »Vielleicht bringst du morgen dein Meerschweinchen mit oder krümelst im EDV-Raum herum und kippst Cola auf die Tastaturen.«

»Weiß das Bridge?« Wenn sie hier wäre, würde sie mich bestimmt in ihre starken Arme nehmen, fest drücken und vor allen Boshaftigkeiten dieser offensichtlich Konkurrenz witternden Kollegin schützen.

»Bridge?« Robert kichert, als hätte ich mit der puren Namensnennung einen unglaublichen Witz gerissen.

»Unterschreib jetzt. Das ist Vera wichtig, und wenn alles gut geht, ist sie in zwei, spätestens drei Wochen wieder da und schmeißt den Laden, so wie früher.«

Elke scheint ihre Vorgesetzte ja richtiggehend zu verehren. Unsicher starre ich auf den mir entgegengehaltenen, sehr kurzen, sehr spitzen Bleistift, als plötzlich ein betäubender Pfirsichduft den Raum erfüllt und Cindy an uns vorbei zu dem leeren Schreibtisch hastet.

»Lass den Scheiß, Elke. Man lässt Kollegen keine Hausordnungen unterschreiben. Die sind nur für die Teilnehmer.«

»Aber, Vera …«

»Vera ist bei den Massen an Arbeit hier verrückt geworden, das wissen wir alle. Jetzt müssen wir zusammenhalten, okay?«

Ihre blonden Haare trägt sie heute zu einem Pferdeschwanz nach hinten gebunden, was ihr die taufrische Ausstrahlung eines 17-jährigen Cheerleaders gibt.

»Sie hat recht, Elke«, mischt sich jetzt auch Robert ein und zwinkert Cindy über seinen Tisch hinweg zu. »Wir haben hier so viel Stress, da sollten wir uns gegenseitig nicht auch noch das Leben zur Hölle machen.«

Elke verschränkt die Arme vor der Brust. »Du musst gerade von Stress reden, mit deinen zwei lächerlichen Kandidaten.«

Cindy hebt den Kopf und strahlt Robert mit breitem Lächeln an. Während ihre Frontzähne in einwandfreiem Weiß dicht beieinanderstehen, fehlt ihr rechts hinten mindestens ein Backenzahn. Entweder stört sie das nicht weiter oder sie bildet sich ein, man sieht das nicht, weil sie die Lücke beim frontalen Blick in den Spiegel selbst nicht erkennen kann. Eine fatale Fehleinschätzung.

»Ach, doch zwei, so viele?«

Mit lässiger Geste klemmt sich Robert einen gelben Ordner unter den Arm.

»Die kleine Schmieding und Jan, der alte Schmuddel.«

Cindy überlegt. »Ist Schmieding diese Magere, die ihre Jacke immer anbehält?«

»Genau die, Schätzchen. Sie googelt ständig irgendwelche

christlichen Seiten. Sollte lieber dafür beten, dass Jan sich öfter wäscht.«

Cindy bietet uns der Reihe nach einen Kaugummi an. Nur Elke nimmt einen und verzieht sich zum Schrank, um dort nach etwas Unerfindlichem zu wühlen.

»Die Kleine hat ein schweres Leben. Ihre Eltern gehören einer Art Sekte an, bei der man sich ständig für alles entschuldigen und stundenlang beichten muss. Außerdem überschätzen sie ihre Tochter und verlangen zu viel. Und Jan muss mittags zur Tafel, um überhaupt was Warmes zu essen. Habe mich letztens mit den beiden in der Küche unterhalten«, sagt Cindy. »Seine Eltern haben sich getrennt, seine Mutter kümmert sich nicht mehr um ihn, hat ihn rausgeschmissen. Als wollte er sich selbst dafür bestrafen und gleichzeitig um mehr Aufmerksamkeit betteln, lässt er sich hängen. So verkommt er nach und nach …«

Robert nickt zustimmend und nimmt sich einen Kaugummi aus dem auf dem Tisch liegenden Päckchen.

»… kriegt auch seinen Alltag nicht mehr geregelt. Letzte Woche haben sie ihm sogar den Strom abgedreht.«

Je empathischer sich Cindy gibt, desto mieser fühle ich mich. Wieso habe ich kein Mitleid mit meinen Leutchen? Bemerke bei Björn bloß seine äußere Schwerfälligkeit, statt mich mit seiner komplexen inneren Welt auseinanderzusetzen. Aber was macht ihn aus? Sobald ich mir seine Umstände konkreter vorstelle, sehe ich in meiner Phantasie seine noch einen Tick prallere, ihren einzigen Sohn nicht loslassen wollende Mutter, wie sie seine Beschreibungen des ersten Schulungstages kommentiert: »Alles Schikane, mein Junge. Kein Mensch muss sich bewerben. Iss noch ein Stück Bienenstich. Du wirst sehen, die paar Wochen vergehen wie im Flug.«

Wieso kann ich mich nicht wie Cindy mit wirklichem Mitleid in die Situation eines Arbeitsuchenden hineindenken? Bin ich der Freak? Wie steht es mit meinen sozialen Kompetenzen? Meinem Ich-bin-okay-du-bist-okay-Gefühl?

Stelle ich mir nur eine Sekunde vor, ich würde als Teilnehmerin in meiner Maßnahme sitzen, meldet sich sofort meine alte Freundin, die Angst. Sie begleitet mich unentwegt und in mehreren Varianten. Sicher wäre ich eine Traumklientin für alle Psychotherapeuten. Denn ich habe nicht nur die Klassiker wie Höhenangst oder Spinnenphobie zu bieten. Nein, ich leide auch massiv unter der deutlich selteneren »Platzangst«, die ich ganz privat meine »Schleswig-Holstein-Angst« nenne. Real bedeutet das: Sobald ich weiter als fünfhundert Meter in mehrere Richtungen sehen kann, gerate ich in Panik. Aus diesem Grund bin ich sogar einmal am helllichten Tag vor einer Gruppe gleichgültig vor sich hin kauender Kühe auf dem platten Land in Tränen ausgebrochen.

Tiefseetauchen und Klettertouren kommen in meinem Leben genauso wenig vor wie Popkonzerte oder Atlantikflüge. Was sich leider nicht vermeiden lässt, sind meine Existenzängste, denn sie werden täglich an jeder Ecke provoziert.

Sehe ich die aktuellen Nachrichten, wird mir regelmäßig übel. Überschwemmungen, Dürre, Massenentlassungen. Die Gewissheit, innerhalb kürzester Zeit zu verarmen, erreicht mich meistens nachts gegen vier. Zwei Stunden liege ich dann wach und liste mir selbst meine Fehler des Vortages auf: Das, das, das und das. Musste das wieder sein?

Meine tadelnde innere Stimme prophezeit: Du wirst in einem verkommenen Hochhaus enden, und das schon bald. Acht Stockwerke mit defektem Aufzug und überall Türen mit Müll davor.

Und du wirst in einer Fischfabrik arbeiten müssen. Mit einem Haarnetz. Heringe um Gurken wickeln und mit einem Zahnstocher durchbohren. Tag für Tag für Tag.

Auf dem Weg zu meinem früheren Verlag ging ich jeden Morgen und fast jeden Abend an einem Obdachlosen auf einer karierten Wolldecke vorbei. Zwei Jahre, und er sah immer gleich aus: Hut tief im Gesicht, grauer Schnurrbart, Adidas-Turnschuhe. Wenn ich ihn sah, dachte ich stets: Du musst dich mehr anstrengen, sonst endest auch du auf einer karierten Decke.

Eines Tages kam ein neuer Chefredakteur, und nach einer scheinbar mit dem Betriebsrat abgesprochenen Schonfrist von acht Wochen feuerte er mich wie auch elf meiner Kollegen im Fünf-Minuten-Takt.

Als ich einige Monate später einen in der Redaktion verbliebenen Freund zum Mittagessen am Verlagsgebäude abholen wollte, ging ich wieder an dem Mann auf der Wolldecke vorbei und dachte voll Selbstmitleid: Siehst du, Freiwald, der hat seinen Job noch, und du hast deinen verloren.

Aus dem Schrank heraus tönt Elkes Stimme.

»Wo sind sie denn alle, deine vielen ambitionierten Jugendlichen? Offiziell sind doch 24 für diesen Kurs gemeldet, oder?«

Robert nickt. »Ja, das ist traurig, geht aber schon seit zwei Wochen so. Da kam nämlich das neue Spiel von ›World of Warcraft‹ auf den Markt, und sofort waren die meisten meiner jugendlichen Hoffnungsträger krankgeschrieben. Die Restlichen sind schon seit dem Projektstart vor sechs Wochen überfällig und werden wohl nicht mehr zu uns stoßen.«

»Müssen sanktioniert werden«, ruft es aus dem Schrank.

Robert hebt und senkt seine schmalen Schultern.

»Die kriegen so wenig Kohle, da macht das bisschen auch nichts mehr aus. Die Miete und der Regelsatz genügen, und viele verdienen sich schwarz mit Gelegenheitsjobs was dazu.«

»Oder sie dealen.« Als hätte sie, während sie das sagt, tatsächlich Rauschgift gefunden, hält Elke triumphierend einen Doppellocher in die Luft.

Cindy nickt: »Oder gehen auf den Strich. Diese Dunkelhaarige von der letzten Maßnahme, du weißt schon, deren Mutter Kampfhunde oder so was züchtet, die habe ich kurz vor Weihnachten tatsächlich in weißen Lackstiefeln in Hamburg herumstehen sehen. Wer weiß, was die in ihrem kurzen Leben schon alles ertragen musste.«

»Interessant, wo du dich herumtreibst.« Der sprechende Schrank wackelt ein bisschen.

Ich schaue mal wieder auf meine Uhr. Sie ist in der Fremde zu einem engen Freund geworden. »Fünf nach acht«, rufe ich aus. Doch die von mir erwartete Hektik meiner Kollegen bleibt aus.

»Komm nach drei mal hier vorbei«, sagt Cindy ruhig. »Dann erkläre ich dir das elektronische Klassenbuch.«

»Gebongt«, antworte ich und stehe auf. Mein Blick fällt auf das einzige gerahmte Bild im Raum, direkt hinter ihr. Es zeigt ungefähr dreißig sich im freien Fall aneinanderklammernde Fallschirmspringer. Darunter steht in Fettschrift: ›Teamwork‹.

Obwohl ich bis zu meinem neuen Job schon jahrelang Kurse gab, musste ich mich mit Internet und Fachbüchern gezielt auf das Bewerbungstraining vorbereiten. Dabei spürte ich schnell: Lebensläufe sind Eintrittskarten. Sie sind wie ein fremdes Gesicht, das man zum ersten Mal betrachtet. Es wirkt vertrauenswürdig oder abstoßend, weckt bestenfalls spontan den Wunsch nach Nähe. Sie sind magisch oder banal. Man kann sich in sie verlieben. Sie duften nach hochwertiger Seife, geschnittenem Gras, frischer Wäsche. Oder sumpfigen Untiefen, Schlick, Moder, Bracke.

Der eigene Lebenslauf wird leider von vielen Arbeitssuchenden nicht ernst genug genommen, weil sie seine mögliche Strahlkraft unterschätzen. Fatal unterschätzen. Viele meinen, es würde genügen, systematisch alle Daten und wichtigsten Lebensstationen aufzureihen. Entsprechend unmotiviert arbeiten sie am Rechner ihr eigenes Leben ab.

Die Herausforderung eines Dozenten ist daher nicht nur das Sammeln von Fakten, beziehungsweise die Korrektur und Aktualisierung bestehender Vorlagen. Nein, die wahre Kunst liegt im Wachrütteln der schlummernden Impulse der Kursteilnehmer, ihrer Überlebensinstinkte, ihrer noch möglichen Zukunftsvisionen.

Antoine de Saint-Exupéry formulierte einen Satz, der jetzt ausgedruckt in jedem zweiten Büro deutscher Bildungsträger karge Pinnwände ziert: »Wenn du ein Schiff bauen willst, dann trommle nicht Männer zusammen, um Holz zu beschaffen, Aufgaben zu vergeben und die Arbeit einzuteilen, sondern lehre die Männer die Sehnsucht nach dem weiten, endlosen Meer.«

Diese Sehnsucht will ich wecken – um jeden Preis.

»Heute bleiben wir hier im EDV-Raum und widmen uns Ihren Lebensläufen. Wer hat denn noch nie an einem Rechner gearbeitet?«

Es melden sich Mohammed Yaszni, Horst Krebs und Didem Arikan – stellvertretend für ihren Mann Hüsnü. Die beiden Russen lächeln mir wieder aufmunternd zu, haben aber erneut kein Wort verstanden. Außer Björn und noch möglichen Nachzüglern ist die Gruppe vollständig. Im Ganzen sind es also fünf Teilnehmer, um die ich mich besonders kümmern muss.

»Sie haben ja sicher Ihre Unterlagen mitgebracht. Wer seinen Lebenslauf in digitaler Form vorliegen hat, sollte ihn bitte hier ausdrucken.«

Im Gegensatz zu unserem Schulungsraum stehen hier Tische und Stühle in drei breiten Reihen hintereinander. Er wirkt heller und freundlicher, die Fenster gehen zur Straße hinaus.

Kurz checke ich, ob der Drucker mit genug Papier geladen ist. Kaum habe ich die graue Schublade wieder zugeknallt, rattert er auch schon los.

Heraus kommt eine fünfseitige Auflistung der Karriere-Höhepunkte Heiko Blooms.

»Schön, dass Sie wieder da sind«, sage ich und meine es fast ehrlich. Im Vergleich zu den meisten anderen Anwesenden könnte dieser Teilnehmer mit einer positiveren Einstellung viele interessante Impulse bringen. Schließlich kennt er auch die Arbeitgeberseite.

Seine geröteten Augen und der leicht violett schimmernde Teint wie auch sein HB-Männchen-Temperament verraten ihn leider als regelmäßigen Konsumenten von Hochprozentigem. Wenn es sich ergibt, werde ich ihn darauf ansprechen müssen.

Mit Schriftgröße 12 hatte er in Verdana, unterbrochen von großzügig angelegten Absätzen, alle Tätigkeitsbereiche bei zahlreichen früheren Arbeitgebern aufgelistet – auch aus seiner Zeit vor dem Abendgymnasium, in der er noch als Fliesenverkäufer tätig war. Einschlägige Kenntnisse aus dem Modellbau von Segelfliegern sowie sein Vorsitz im örtlichen Porscheclub finden ihre umfangreiche Erwähnung ebenso wie Fortbildungen im Bereich Brandschutz oder der Hackfleischverordnung. Auf Seite fünf endet die Lebensbeichte mit der akribischen Aufzeichnung von zwei Jahren Aufenthalt in der Hamburger Grundschule »Franzosenkoppel« und zwei weiteren in der Grundschule »Hoheluft«.

»Lassen Sie die Grundschule und Ihre, wie ich finde, viel zu detaillierten Beschreibungen aus Ihrer Verkaufshelferzeit im Handwerk weg, und verkleinern Sie die Schrift um eine Größe«, empfehle ich dem gelangweilt auf dem Bürostuhl herumrollenden Teilnehmer. Auf seinem rotweiß gestreiften Hemd galoppiert heute ein Polospieler. »Alles in allem sollte Ihr Lebenslauf maximal zwei, allerhöchstens drei Seiten umfassen.«

Heiko Bloom nickt zwar schweigend, macht ansonsten aber keinerlei Anstalten, seinen Text zu verändern.

Egal. Heute bin ich in Fahrt. Die Sterne stehen günstig. Und ich weiß, wovon ich rede. Ich werde die Massen für unser Vorhaben entzünden.

»Sie wollen einen Schokoriegel verkaufen, und Sie selbst sind der Schokoriegel«, starte ich meinen Vortrag. »Sie schmecken lecker, bestehen aus hochwertigen Zutaten. Sie wecken ein Lebensgefühl. Wenn man Sie nicht kennenlernt, verpasst man was. Beginnen Sie mit Ihren persönlichen Daten: Name, Adresse, Geburtsdatum und -ort, Staatsangehörigkeit, Familienstand. Falls Sie kleine Kinder haben, schreiben Sie bitte in Klammern ›Betreuung gesichert‹. Das beruhigt Arbeitgeber ungemein.«

Während ich rede, skizziere ich die Infos parallel mit einem blauen Filzstift auf einem Whiteboard.

»Kann ja kein Schwein lesen«, blökt Nelly. Was tatsächlich stimmt. Meine Schrift ist legendär unleserlich, da ich das jahrelang trainiert habe. Als Journalistin schreibt man häufig mit, während ein Interviewter seine Ansichten zum Thema äußert.

Schreibt man dann so etwas wie »rümpft die Nase« oder »lügt vielleicht« oder »wirkt gelangweilt«, sollte der Befragte das natürlich nicht entziffern können.

Jetzt strenge ich mich zwar besonders an, mein Prototyp eines Lebenslaufs sieht dennoch aus, als hätte ihn ein blindes, gelähmtes Kind mit dem Mund an die Tafel gemalt.

»Passen Sie einfach gut auf, dann wissen Sie, was ich schreibe.«

Schon wieder ist es passiert – ich bin unhöflich. Nelly lässt den Stift fallen und lehnt sich demonstrativ zurück.

»Das ist meine dritte Scheiß-Maßnahme. Mir kommt es schon sonstwo raus.«

»Dann müssten Sie inzwischen ja über professionelle Unterlagen verfügen.«

Nelly schnauft wie ein Walross und beißt einmal kräftig in ihr Wurstbrot: »Allepf Schrott.«

Ich lasse mich nicht aus der Ruhe bringen und doziere weiter: »Als Nächstes folgt Ihr beruflicher Werdegang. Der ist nämlich für einen möglichen Arbeitgeber am interessantesten. Die Chronologie ist umgedreht, das heißt, Sie beginnen mit Ihrer aktuellen Situation.«

Vereinzeltes Aufstöhnen.

»Dann muss ›arbeitslos‹ ganz oben stehen?« Es ist das erste Mal, dass sich Horst Krebs zu Wort meldet. »Mein Lebenslauf ist handgeschrieben, den kann ich nicht drehen.«

»Sie werden nicht daran vorbeikommen, ihn noch einmal abzutippen«, insistiere ich. »Er muss immer mit einem aktuellen Datum versehen sein, deshalb sollte er für jede Bewerbung frisch ausgedruckt werden.«

Herr Krebs blickt mich waidwund an. »Habe keinen Computer, kann mit dem Ding hier auch nicht schreiben. Meinen Lebenslauf hat meine Tochter gemacht, habe damit immer ein Gespräch bekommen.«

Immer ein Gespräch – da lachen ja die Hühner in den Legebatterien. Diesem bekloppten Argument kann man jederzeit entgegenhalten: »Na Glückwunsch, wenn Ihre Bemühungen bisher so erfolgreich waren, wieso hocken Sie eigentlich noch hier herum?«

Aber ein bisschen Mitleid habe ich schon mit dem armen Krebs, den ich längst insgeheim »Urzeitkrebs« nenne. Tatsächlich kommt er mir vor wie der Vertreter einer stolzen, längst vergessenen Spezies, die früher wenigstens als Gimmick den YPS-Heften beilagen, heute aber nur noch zum Fischfutter taugt.

»Nach der Einweisung verteile ich eine Arbeitsvorlage an Sie und spreche dann Ihre Lebensläufe einzeln mit Ihnen durch.«

Ein Blick in die Runde beweist: Kaum einer der Anwesenden hört mir wirklich zu. Die Rebellenclique aus Hape, Nelly, Bloom und Schubert ist konzentriert im Netz zugange, das Ehepaar Arikan diskutiert in seiner Landessprache über einen Behördenbrief, der Rest scheint sich aufgrund von »Nixverstehn« nur wenig bis gar nicht für meine Ausführungen zu interessieren. Der Einzige, der im angemessenen Tempo mit seinem runden Kopf Nicksignale sendet, so als ob ihn das Thema Lebensläufe mehr fesseln würde als »Rocky« eins bis fünf zusammen, ist Mohammed Yaszni.

Dankbar lächle ich ihm zu und fahre fort: »Stellen Sie längere oder besonders relevante Beschäftigungsverhältnisse ruhig besonders heraus, indem Sie Ihre Aufgaben in drei bis fünf Punkten beschreiben. Führen Sie stets identisch an: Beruf, Firma, Ort. Dann folgen mit Überschriften die ›Schulische und berufliche Ausbildung‹, eventuelle ›Weiterbildungen‹ und ›Besondere Kenntnisse‹. Zu diesen rechnet man neben Sprach- und EDV-

Kenntnissen auch Führerschein und den eigenen PKW. Noch Fragen?«

Hape hält den Arm hoch. Ich sehe ihn an. Obwohl er jetzt loslegen könnte, wartet er ab, als wäre er wie früher in einem Klassenzimmer ein besonders strebsamer Schüler, der sich laut Schulordnung melden und vor dem Reden erst noch die ultimative Aufforderung des Lehrers abwarten müsste. In seinem scheinbar angepassten Verhalten liegt eine perfide Provokation.

»Na los«, sage ich, schon etwas genervt.

»Meine Hobbys sind anspruchsvolle Erotikfilme. Sollen die auch mit aufgelistet werden?«

Anspruchsvolle Pornofilme? Was meint er? David Lynch? Russ Meyer?

»Das überlasse ich Ihnen. Generell sollten unter ›Persönliche Interessen‹ private Neigungen stehen, die sich positiv auf Ihre Tätigkeit auswirken könnten. Ein Hausmeister, der in seiner Freizeit begeistert an Motorrädern herumschraubt, könnte bei einem Arbeitgeber noch zusätzliches Interesse wecken. Gefährliche Sportarten wie Bungeejumping sind dagegen weniger geeignet.«

»Das ist doch nicht Ihr Ernst.« Ulla Schubert meldet sich in einem Ton, der keinen Widerspruch zulässt. »Ich für meinen Teil betreibe seit geraumer Zeit und mit beträchtlichem Erfolg das Hobby ›Kickboxen‹, und ich wüsste nicht, warum ich das in meinem Lebenslauf unter der Rubrik ›Was ich besonders mag‹ verschweigen sollte. Auch auf meiner ›Dritten Seite‹ erwähne ich es noch einmal in einem Halbsatz.«

»Was ich besonders mag« und eine »Dritte Seite«. Von Frau Schubert ist wohl ein episches Werk zu erwarten. Vielleicht trägt es den Titel »Ich, ich, ich und ich – warum ich so schrecklich Schubert bin«.

Unter einer »Dritten Seite« versteht man übrigens einen freiwilligen Zusatz zur gängigen Bewerbungsmappe. Man nimmt sie wahr, um im Plauderton seine Motivation noch einmal besonders herauszustellen, seine fachlichen Fähigkeiten zu beschreiben oder einfach eine Seite von sich zu präsentieren, die sonst keinen Raum fand. Besonders empfehlenswert ist sie, finde ich, für Schüler, die sich um eine Ausbildungsstelle bewerben und in diesem Rahmen erklären können, warum sie denn ausgerechnet bei *diesem* Unternehmen genau *diesen* Beruf erlernen möchten.

Schleimen ist dabei unbedingt erlaubt. So könnte man beispielsweise behaupten: »Schon als Kind war ich mit meiner Mutter häufig in Ihrer Bäckerei einkaufen und habe besonders Ihre qualitativ äußerst hochwertigen Milchbrötchen lieben und schätzen gelernt. ›Solche Milchbrötchen möchte ich auch machen, Mama‹, habe ich immer wieder gesagt. Schließlich war auch mein Großvater väterlicherseits Bäckermeister mit eigenem Betrieb, sodass ein gewisses Backtalent nachweislich in meinen Genen schlummert. Doch ich bin sicher, dass ich heute, nach Abschluss einer guten Mittleren Reife, für das Bäckerhandwerk wie geschaffen bin. Daher wäre ich froh und stolz, Ihr Unternehmen mit meinem hundertprozentigen Einsatz … usw.

»Wie ich bereits sagte: Sie können machen, was Sie wollen. Falls Sie Ihren Lebenslauf völlig verhunzt abschicken, werde ich garantiert nicht in der folgenden Nacht am Fußende Ihres Bettes stehen und Sie schweigend im Schlaf betrachten.«

Nelly kichert: »Mein Bett ist sowieso meistens leer.«

Woraufhin Hape sie mit dem Ellenbogen anstößt und grinst: »Das glaubst du doch selbst nicht, geiles Frettchen.«

»Herr Studtmann!«

»Ach, lassen Sie ihn doch.« Nelly wirkt geschmeichelt. »Habe übrigens heute für alle Streuselkuchen gebacken, steht in der Küche.«

Geschickt genötigt gebe ich nach: »Also schön, zehn Minuten Kaffeepause.«

Auf dem Weg zur Küche begegnet mir Bridge. »Gut, dass ich dich sehe, du sollst die ARGE anrufen.«

»Aber, ähm, die Nummer …«, stammle ich. Jetzt wollen sie mich wegen meiner Inkompetenz rösten. Meine Camouflage ist aufgeflogen, ich bin entlarvt. Des Kaisers neue Kleider. Ja, seht hin, sie hat nichts drunter und nichts drüber. Und absolut nichts drauf.

»Die Nummer von Frau Huber steht im Ordner – sie ist deine Ansprechpartnerin für die Maßnahme. Gib ihre Durchwahl aber nicht an die Teilnehmer weiter – die müssen über die Zentrale gehen und auf einen Rückruf warten.«

»So … so … soll ich gleich?«

Bridge betrachtet mich skeptisch. »Klar, hast doch Pause.«

Kannst du bei mir bleiben und mich beim Telefonieren auf den Schoß nehmen?, möchte ich fragen, beherrsche mich aber.

In Veras Büro wähle ich die achtstellige Nummer. Es klingelt nur ein Mal, dann nimmt Frau Huber ab. Sie muss die Hand schon über dem Hörer gehalten haben.

»Frau Huber? …«

»Frau Freiwald, sche, dass Sie zruckruafa.« Frau Huber spricht einen Dialekt, der mich durch seine Härte immer etwas verunsichert. Andererseits erinnert er mich an die besseren Momente meiner Kindheit, nämlich die vorm Fernseher mit dem »Königlichen Bayerischen Amtsgericht«.

»Jo, san denn alle ogmeldeten Teilnehmer kumma?«

Nein, aber wer fehlt? Ich blättere hektisch im Klassenbuch.

»Ein Adriano Zander steht hier noch auf der Liste, einer ist durchgestrichen, dann noch Frau Petra Bundschuh und …«, deutlich weiter unten, »… eine Vidina Popov.«

Die Stimme am anderen Ende der Leitung klingt heiter und gelassen, während sie sagt: »A geh, der Adriano, soso, i hob ma's glei denkt! Na, den werd i aber aufmischn!«

»Also, kommt er noch?« Insgeheim hatte ich gehofft, dass einige Teilnehmer abspringen und sich die Gruppe so verkleinern würde. Vierzehn permanent Anwesende inklusive Didem erscheinen mir unbeherrschbar wie eine Horde junger Affen.

»Der kimmt, und wenn i mi selber ostrenga muass und eam dahoam ausm Bett raushoin muass.«

Frau Huber ist eine Frau der Tat, Adriano offensichtlich ein legendär fauler Sack. »Von da Frau Popov (knister, knister) hob i da an Brieferl, sie hot an Katarrh. Hernach kimmt se am Mondag.«

»Entschuldigung, wie bitte?«

»Auch de Frau Bundschuh is malad, die is aba oiwei am benzen. A broadzad Bisgurren, wenn's mi frogn. Mit ihrn AUBs, zu Hochdeutsch ›Arbeitsunfähigkeitsbescheinigungen‹, könnt i den nächstn Winter durchhoazn. I schick's, sobald se si wieda meld.«

Habe zwar nur die Hälfte verstanden, werde aber schon von selber sehen, wie sich der Kurs entwickelt. Und der Vorwurf der Inkompetenz? Unkommentiert möchte ich den nicht im Raum stehen lassen.

»Ähm, Frau Huber, möchten Sie vielleicht meinen Lebenslauf sichten?«

Kichern im Hörer. »Awo, basst scho, Frau Freiwald, Ihr Institut is doch an Pfundslodn. Do gibt's nix dran aus'zetzn, is net aso?«

»Doch, doch, dann noch einen schönen Tag, Frau Huber. Wir hören voneinander.«

»Pfüad Eahna!«

Ich hole tief Luft. »Die ist ja drollig.«

»Frau Huber? Ja, die ist eine Marke für sich. Sei froh, dass du mit ihr zu tun hast, bei der ARGE gibt es auch ganz andere Kaliber. Möchtest du einen Tee?«

Bridge steht im Raum, die Tür ist verschlossen. Wie ist sie geräuschlos hier hereingekommen?

»Gerne«, antworte ich dankbar. Mir ist schon den ganzen Morgen kalt. Etwas Warmes kommt mir daher sehr entgegen, am besten in einer großen Wanne, in die ich mich vollständig legen könnte.

»Die von der ARGE haben aber auch ein ziemlich knackiges Leben«, erklärt Bridge, während sie auf einem Beistelltisch in der Ecke eine 70er-Jahre-Tonkanne in grellem Orange von einem gusseisernen Stövchen nimmt und mir eine dampfende, fast durchsichtige Flüssigkeit in eine passende Tasse gießt. »Die sind chronisch unterbesetzt und müssen sich von morgens bis abends mit Beschwerden herumschlagen. Kein Wunder, die Hartz-IV-Bezieher werden aufgrund der schmalen Besetzung ja auch mehr verwaltet als betreut und mit ihren Problemen hängen gelassen – am schlimmsten trifft das die Migranten. Die halten aber meistens die Klappe, dafür ist ihre deutschstämmige Kundschaft manchmal ziemlich geladen. Da gibt es immer wieder Irre, die sie tätlich angreifen, oder es zumindest versuchen.«

»Nicht dein Ernst«, nuschle ich, da ich mir gerade an der völlig geschmacksfreien Brühe den Mund verbrannt habe.

»Das ist Brennnesseltee aus meinem Garten – schmeckt er dir?«

»Vorzüglich«, lüge ich und bin von der umsorgenden Mütterlichkeit der Riesin gleichzeitig schrecklich gerührt.

Noch so eine Macke: Wenn ich etwas erschöpft bin und mich eine Sache innerlich bewegt, muss ich weinen. Vor allem in der Öffentlichkeit, wenn ich das gar nicht möchte, weil mich viel zu viele fremde Menschen dabei beobachten können. Leona singt mit ihrem Chor ein Frühlingslied, ein Paar verabschiedet sich innig vor dem Bahnhof, ein gefällter Baum wartet am Straßenrand auf seinen Abtransport – Momente, die jeder kennt, und über die er sich einfach zwanglos freuen oder ärgern kann, bringen mich in ärgste Bedrängnis. Wer das nicht kennt, kann sich das kaum vorstellen. Kürzlich passierte es mir, dass mir mitten im Kaufhaus die Tränen kamen, weil ein schätzungsweise fünfjähriger Junge einfach nur dastand und einen Stoffhund streichelte.

Auch jetzt möchte ich mir verstohlen die Augen wischen. Brennnesseltee aus dem eigenen Garten. Die Göttlichkeit der einfachen Dinge. Es gibt sie an jedem Ort.

»Wenn du die ARGE betrittst, siehst du unten einen Wachposten stehen, der passt auf, dass keiner gemeuchelt wird«, fährt Bridge fort, während sie bunt beschriftete Aktenordner von einem hohen Regalbrett in eine freigeschaufelte Ecke auf dem Fußboden räumt. Ihre Oberarme sind dicker als meine Oberschenkel. »Mir wurde erzählt, jeder Mitarbeiter hätte einen Knopf unter seinem Schreibtisch, um bei Gefahr sofort Hilfe anzufordern. Da herrscht Krieg, zumindest manchmal.«

Apropos Krieg. »Danke für den Tee, ich muss zurück zu meinen Arbeitslosen.«

Bridge lächelt mich an. »Arbeitssuchende klingt besser.«

»Verstehe. Denn wer suchet, der findet.«

Beim Schließen der Tür höre ich Bridge noch leise sagen: »Schön wär's.«

KAPITEL 3

»Da war ich drei Jahre im ›Ausland‹ …«
Schicksale mit fatalen Lebensläufen

Hüsnüs Lebenslauf ist der erste, den ich mir an meinem Rechner vornehme. Das Paar Arikan platziert sich rechts und links von mir, die anderen Teilnehmer sollen die Zeit mit ersten Korrekturen ihrer Vita und der Sichtung neuer Jobangebote im Internet nutzen.

Wie gerne hätte ich jetzt einen vorformulierten Text bearbeitet, gespeichert auf einen Stick, oder wenigstens eine handschriftliche Vorlage zur Verfügung gehabt. Hüsnü Arikan besitzt jedoch keins von beidem.

»Wir brauchten das nicht«, plärrt mir seine Frau ins Ohr. »Wenn jemand was wissen will, kann er fragen. Bei uns zu Hause hat kein Mensch so ein Dingsbums.«

»Fangen wir vorne an.« Meine Samtstimme hätte ein galoppierendes Pferd zum Stehen gebracht. »Wann und wo wurden Sie geboren?«

Hüsnü zupft unsicher am Ärmel seines hellblauen, bereits etwas dünn gewaschenen Baumwollhemds herum und nuschelt dann: »26. Februar 1972 in Bursa.«

Didems Kopf schnellt nach vorne: »Was erzählst du denn da?

Du bist zu Hause geboren worden, von deiner armen Mutter.« An mich gewandt: »Schreiben Sie Cağlayan.«

»Nun, ähm, ich finde, Ihr Mann müsste ja eigentlich wissen ...«

Jetzt lauter, direkt in mein Ohr: »Schreiben Sie Cağlayan.«

Hüsnü kramt in seiner rechten hinteren Hosentasche und zieht einen Ausweis hervor. Er reicht ihn mir. Darauf steht: 26. Februar 1972, Cağlayan/Bursa.«

Erleichtert tippe ich die Fakten ab. Doch schon beim nächsten Absatz droht ein weiterer Disput.

»Seit wir hier in Deutschland leben, das sind jetzt vier Jahre, hat mein Mann keine Arbeit, und ich muss mich um unsere drei kleinen Kinder kümmern. Wollen Sie das auch da reinschreiben?«

»Selbstverständlich, Herr Arikan, das ist nun einmal ein Teil Ihres Lebens.« Bewusst wende ich mich an ihn, denn es geht mir schwer auf die Nerven, mit Didem Arikan über ihren Ehemann zu sprechen, als wäre er ein Säugling oder gar nicht anwesend.

»Wieso reden Sie immer mit ihm und nicht mit mir?«, beschwert sie sich prompt.

»Es geht doch hier um Ihren Mann, nicht wahr? Oder suchen Sie auch eine Arbeit?«

»Hören Sie nicht zu? Ich muss mich um die Kinder kümmern, das könnte er nämlich auch nicht. Ist doch so, Hüsnü?« Hüsnü nickt ergeben.

In seinem Fall wäre eine Arbeitsaufnahme wahrscheinlich noch wichtiger als bei allen anderen Teilnehmenden. Denn wer weiß, vielleicht hat ihm der Jobverlust das Rückgrat gebrochen. Vielleicht war er früher in seiner Heimat ein echter Draufgänger, ein tollkühner Hund. Das soll es ja geben, dass Menschen erst ihre Arbeit und mit ihr auch völlig die Fassung verlieren, wenn sie schuldlos aus ihrem vertrauten Umfeld herausgerissen werden. Wenn sie ihre Kollegen nicht mehr sehen, die tägliche U-Bahn-Strecke vermissen. Wie muss es dann erst sein, wenn man das Land wechselt und mit ihm Sprache, Essen, Kultur, Alltäglichkeiten?

Ein Seitenblick auf Hüsnüs kindliches Antlitz, während dieser gerade verträumt an einer längeren Haarsträhne kaut, sagt mir jedoch: Auf ihn trifft dieser Fall nicht zwangsläufig zu. Er fühlt und benimmt sich wie Didems viertes Kind, und ihr ist das sicher ganz recht so.

»Gut, machen wir weiter. Mein Vorschlag lautet, und ...«, ich erhebe die Stimme, damit es alle hören können, »... das betrifft alle im Raum: Ganz oben schreiben Sie bitte: April bis Juli plus Jahreszahl ›Fortbildung‹, dann den Namen des Bildungsträgers sowie des Standorts und in Klammern ›u. a. EDV-Training mit integriertem Berufspraktikum‹ – ist das so weit klar?«

Keiner hat mitgeschrieben. Drei gucken mich an, davon sind zwei die beiden Russen, die sich scheinbar vor ihren noch immer ausgeschalteten Computern zu Tode langweilen. Und Nelly, die mal wieder die Augen verdreht, aber wenigstens diesmal die Klappe hält.

Unter die Zeile notiere ich die vier Jahre als eine Phase der »beruflichen Neuorientierung« und darunter das Einreisedatum.

»Welcher Arbeit sind Sie in Cağlayan oder Bursa oder wo auch immer nachgegangen?«

»Er war Lkw-Fahrer«, antwortet Didem schnell.

»Ruhe!«, entfährt es mir. »Ich spreche verdammt noch mal mit Ihrem Mann.«

»Bitte schön!« Didem Arikan steht auf und verlässt türknallend den Raum.

»So, Herr Arikan. Haben Sie mich verstanden?« Erneutes Nicken, aber keine Antwort.

Ich starre ihn schweigend an, er starrt zurück.

»Caliştin eviniz?«, meldet sich Mohammed Yaszni aus der dritten Reihe. »Arabam vardi«, antwortet der Befragte fix wie ein abgeschossener Pfeil.

»Sprechen Sie auch Türkisch?«, frage ich das dickbauchige Multitalent. Mohammed grinst und wackelt vage mit dem Kopf. »Ein bisschen hier, ein bisschen da, aber nix wirklich gut. Hüsnü sagt, er wäre Auto gefahren.«

»Waren Sie Chauffeur oder Taxifahrer?«, wende ich mich jetzt wieder an Hüsnü direkt und mache dabei blödsinnige Drehbewegungen mit einem Luftlenkrad.

Er schüttelt den Kopf und deutet mit den Händen etwas Großes an.

»Lkw, habe ich Ihnen doch gesagt.« Sein liebendes Eheweib muss an der Tür gelauscht haben und kommt pünktlich aufs Stichwort hereingesprungen. »Er hat in der Firma von seinem Papa ausgeholfen.« Unaufgefordert setzt sie sich wieder zwischen uns. Ihr D-Busen schafft eine unüberwindliche Blockade, ich gebe auf.

»Möchte sich Ihr Mann hier in Deutschland auch als Lkw-Fahrer bewerben?«

Mich trifft ein besorgter Mutterblick. »Nichts würde er lieber tun, glauben Sie mir. Aber er hat ja keinen Führerschein.«

Traurige Sache, davon habe ich schon gehört. Im Ausland erworbene Zertifikate werden hierzulande nicht anerkannt. Das kann Fahrerlaubnisse betreffen wie auch berufliche Qualifikationen. Ein Freund von einem Freund meiner Tochter kam als gelernter Optiker aus dem Iran nach Deutschland und musste hier vier Jahre als Küchenhelfer arbeiten, bis er in einem Optikerladen eine neue Lehrstelle fand. Dort konnte er weitere drei Jahre einen Beruf erlernen, den er bereits aus dem Effeff beherrschte. Den Beweis trägt er übrigens auf der Nase – sein im Iran perfekt selbst gefertigtes Brillengestell.

»Gibt es keine Chance, seinen Führerschein hier für wenig Geld auf deutsche Ansprüche umschreiben zu lassen?«, frage ich etwas naiv.

Hüsnü zuckt mit den Schultern, aber Didem schüttelt entschlossen den Kopf.

»Wie soll das denn gehen? Er hat ja noch nie einen Führerschein besessen.«

Während sich Heiko Bloom einer intensiveren Durchsprache seines Lebenslaufs verweigert, ist Ulla Schubert überraschenderweise ganz versessen darauf, mit mir ihren bereits umfangreich zu Papier gebrachten Lebensrückblick zu besprechen. Schnell merke ich, dass sie dabei aber nicht so sehr auf meine Hilfe hofft. Viel mehr zielt ihr Engagement darauf ab, mich bei einem Fehler zu ertappen.

»Und? Wie finden Sie meinen Lebenslauf so im Großen und Ganzen?«, gurrt sie, während ich auf zwei eng beschriebene Seiten mit dem Schrifttyp Calibri starre.

»Nun, zumindest lückenlos.«

Tatsächlich sind offensichtlich alle Stationen der Schubertschen Menschwerdung bis zum heutigen Tag akribisch aufgelistet. Neben der bereits von ihr persönlich erwähnten Personaltanten-Stelle bei einem Call-Center und ihrer fünfjährigen Selbstständigkeit mit einem Keramiklädchen auf der Baleareninsel Ibiza hat sie in jüngerer Vergangenheit noch einen Verkäuferinnenjob für

Trikotagen in einem örtlichen Kaufhaus sowie mehrere wechselnde Anstellungen bei Zeitarbeitsfirmen im Produktionsbereich zu bieten. Alles in allem ist ihre Vita das Dokument eines konsequenten Abstiegs.

Mein Blick fällt auf den unteren Bereich der zweiten Seite. »Sie waren mal Lehrerin?«

»Zweiter Bildungsweg. Förderstufe, Deutsch und Erdkunde. Was dagegen?«

»Nein, ach, überhaupt nicht.« Da sie direkt neben mir sitzt, kann ich nur hoffen, dass ihre nervös herumirrenden Augen nicht meine Gänsehaut auf den Unterarmen erspähen, denn die könnte sie leicht auf sich beziehen.

Lehrerinnen vom Typ der Frau Schubert bringen für mich in der Regel das mit sich, was für große, schnelle Vögel unmarkierte Glasflächen bedeuten – abrupte, schmerzhafte Zusammenstöße.

Meinen ersten blauen Brief erhielt ich in der zweiten Klasse, weil ich immer zu spät kam, da ich unterwegs, wie meine Mathelehrerin Frau Werner meinen Eltern schrieb, «an Kaugummiautomaten spielte«. Beschwerdebriefe in weiteren Fächern folgten, mit meinem Biologielehrer Herrn Lück betrieb meine Mutter eine eifrige Korrespondenz, die sie sorgfältig in einem weißen Ordner abheftete. Wenn meine Kinder die Schule hinter sich haben, werde ich sie ihnen bestimmt einmal zeigen.

Eine mir bis aufs Blut verhasste Lehrerin, an die mich die Teilnehmerin Schubert immer mehr erinnert, schrieb einmal über mich ins Klassenbuch: »Ina ist nervös, steht gern im Mittelpunkt und zählt sich immer zu den Älteren der Klasse.«

Warum war ich die Jüngste? Weil ich mit fünf den Kindergarten geschwänzt und mich in unserer kleinen Vorstadt herumgetrieben hatte. Daraufhin musste ich »auf Antrag« in die Schule, besaß dafür aber noch längst nicht die innere Reife. Wenn ich ernsthaft darüber nachdenke, komme ich rückblickend zu dem Schluss, dass sich diese erst in meinem 36. Lebensjahr einstellte.

Abgesehen davon fühlte ich mich mit meinem von meiner Mutter aufgezwungenen Kurzhaarschnitt, dem Jungsrolli und den karierten Hochwasserhosen abscheulich hässlich und daher nicht wirklich gesellschaftsfähig. Ich fühlte mich wie eine Außenseiterin und benahm mich auch so. Da ich nicht zu den Verzweifelten dieser Spezies gehören wollte, war ich lieber undiszipliniert und hielt mit meiner Unkontrollierbarkeit die Lehrer in Atem. In der heutigen Zeit hätte man mich spätestens ab der ersten Klasse mit Ritalin versorgt.

Wirklich tröstlich ist: Man bekommt in späteren Jahren häufig die Chance, für frühere Sünden zu büßen. Durch Frau Schubert kann ich versuchen, meine Verbrechen an den Seelen des damaligen Bildungspersonals wiedergutzumachen, und das gleichzeitig in der Rolle der bedauernswerten Person, die vorne an der Tafel steht. Betrachte ich meine Kindheit aus der Distanz, muss ich wohl oder übel bekennen: Was mir auch immer in diesem Kurs durch rebellische Teilnehmer passieren wird – ich habe es bestimmt verdient.

»In Ihrem Fall sollten wir tatsächlich überlegen, ob wir die Chronologie wieder drehen«, merke ich vorsichtig an, während ich verstört feststelle, wie unglaublich spitz die Nase meiner Sitznachbarin ist.

»Wieso umdrehen?« Sie wirkt verdattert. »So habe ich mein Leben gestaltet, und das Jetzt steht für mich im Mittelpunkt. Was dagegen?«

Was dagegen, was dagegen – nein!

»Wie ich schon sagte, Sie können sowieso machen, was Sie wollen. Ihre Vita ergibt eine, wie soll ich sagen, interessante, kunterbunte Mischung …«

»Verbesserungsvorschläge haben Sie wohl keine?«

Einen Moment überlege ich, dann schüttele ich den Kopf. Ein Sprichwort, angeblich aus Japan, kommt mir in den Sinn: Man kann aus einem Aquarium eine Fischsuppe machen, aber aus einer Fischsuppe kein Aquarium. Dann fällt mir doch etwas auf.

»Sie haben Ihr Geburtsdatum vergessen.«

Mit gespieltem Entsetzen reagiert die Angesprochene auf meinen Hinweis, hält sich die Hände mit den kurzen schwarzen Nägeln an die Wangen und reißt die hell geschminkten Augen auf. »Hab ich das vergessen? Das ist ja blöd.«

»Frau Schubert, Sie sollten unbedingt …«

»Natürlich, ich kann mich bloß an meine Geburt nicht mehr so recht erinnern. Wissen Sie, ich war da noch so furchtbar klein.«

»Aber wenn Sie kein Datum schreiben, befürchtet man das Schlimmste.«

»Wieso denn das? Ich sende doch ein Foto mit.«

»Eben.«

Dass dies ein Wort zu viel war, bemerke ich erst, als Heiko Bloom losprustet und dann mit Horst Krebs einen Männerblick tauscht. Scheinbar fühlt er sich mit Kollegin Schubert doch nicht so solidarisch, wie sie das gerne hätte.

»Ich sage nur so viel: Es war der Tag der ersten Mondlandung«, erklärt sie schließlich geheimnisvoll.

»Kein Problem«, sage ich und google den entsprechenden Wikipedia-Eintrag. Dort steht: »Die Mannschaft der Apollo 11 bestand aus Neil Armstrong, Edwin ›Buzz‹ Aldrin und Michael Collins, wobei Collins im Mondorbit beim Mutterschiff (dem Kommandomodul) verblieb, während Armstrong und Aldrin am 21. Juli 1969 als erste Menschen den Mond betraten.«

Stimmen ihre Angaben, dann wäre Ulla Schubert sieben Jahre jünger als ich. Keine üble Vorstellung, denn im Vergleich hätte ich mich spektakulär gut gehalten.

»Ohne Ihnen zu nahe treten zu wollen – darf ich mal Ihren Führerschein sehen?«, frage ich mit meinem süßesten Sissi-Lächeln. Ulla Schubert guckt kariert und zögert mit der Herausgabe. »Führerschein, Führerschein«, ruft Nelly fröhlich. Hape fällt ein: »Führerschein, Führerschein«. Der Mob rührt sich, und kurz drauf rufen alle inklusive der beiden enthemmt im Takt auf ihre Tische klopfenden Russen: »Führerschein, Führerschein«.

Mit so viel Interesse an ihrer Person scheint die Teilnehmerin nicht gerechnet zu haben. Geschmeichelt lächelnd zupft sie unter dem tosenden Applaus der Anwesenden aus ihrem Samtbeutel das verknickte Dokument und reicht es mir. Dort steht schwarz auf weiß das wahre Datum von Frau Schuberts Geburt: 13. September 1959.

Ich checke ein weiteres Mal im Netz und siehe da: »Der erste von Menschen konstruierte Raumflugkörper auf dem Mond war die sowjetische Sonde Lunik 2, die am 13. September 1959 gezielt auf den Mond aufschlug.«

»Pünktlich zur ersten Mondlandung, habe ich doch gesagt«, erklärt die Schubert triumphierend. »Kann ich was dafür, wenn die Erfolge der unbemannten Raumfahrt so wenig Beachtung finden?«

Erst als Horst Krebs neben mir sitzt, spüre ich die Kraftlosigkeit, die von ihm ausgeht. Eine Blume ohne Duft.

Allgemein ist es ganz tröstlich festzustellen, dass die körperliche Nähe zu den Teilnehmern auch eine seelische Nähe schafft. Sicher ärgert man sich, regt sich auf, streitet. Doch die rätselhafte Anonymität, die die klassische Unterrichtssituation schafft – einer steht und agiert, alle anderen sitzen und fixieren ihn im 30-Grad-Winkel von unten nach oben – wird aufgehoben und durch den deutlich angenehmeren Kontakt auf Augenhöhe ersetzt.

»Darf ich Ihren Lebenslauf für Sie tippen?« Herr Krebs nickt matt.

Dreißig Jahre war er Maschinenführer und Vorarbeiter in einer örtlichen Strickwarenfabrik, bis das Traditionsunternehmen vor zwei Jahren offiziell Konkurs anmeldete. Hunderte Mitarbeiter waren vom radikalen Aus betroffen, doch man munkelt, die Firma produziere jetzt in der Tschechoslowakei mit Dumpinglöhnen weiter.

In dem ihm eigenen Stakkato-Stil fährt er fort: Sein 1982 selbst erbautes 140-Quadratmeter-Haus mit dem geliebten Garten war nach Hartz-IV-Vorgaben zehn Quadratmeter zu groß – deshalb musste er es verkaufen. Weil er unbedingt arbeiten wollte und in seinem erlernten Beruf nichts mehr bekam, war er auf Jobsuche überall in Deutschland unterwegs. Seine Frau Inge fühlte sich von ihm alleingelassen, ließ sich nach 28 Jahren Ehe scheiden und zog zu ihrer Tochter.

»Wissen Sie, wie das ist, wenn das ganze Leben den Bach runtergeht?«

Ehrlich gesagt, nein. Ich hoffe noch immer, dass ich in meiner Nussschale eines Tages wieder flussaufwärts rudern kann.

Einer der beiden Russen zieht laut den Rotz hoch.

»Sie dürfen nicht aufgeben«, sage ich voll Inbrunst und möchte den einsamen Helden der Arbeit am liebsten umarmen.

»Habe ich schon«, antwortet er, und in seinen Augen sammeln sich Tränen. »Bin 55 und habe zwei Bandscheibenvorfälle gehabt. Worauf soll ich warten? Nur darauf, dass es bald zu Ende geht?«

Mein Hals schnürt sich zu, mein Mund wird trocken. Jetzt bloß nicht mitheulen, befehle ich mir und kneife mir als Gegenmittel einmal fest in den linken Oberschenkel.

»Ich helfe Ihnen, Herr Krebs«, höre ich mich dann sagen und, was das Schlimmste ist, meine es in diesem Moment auch völlig ernst.

Als nächster Kandidat ist Hape an der Reihe. Sein Lebenslauf ist der erste, der nach meiner Einschätzung perfekt gelungen ist: übersichtlich, stimmig, die noch nicht so wahnsinnig zahlreichen Lebensstationen anschaulich beschrieben. Einziger Haken: Nach einem mittelmäßigen Realschulabschluss hat das 25-jährige Juristensöhnchen bereits drei Ausbildungen abgebrochen – als Tischler, Koch und Schäfer.

»Wilde Mischung«, bemerke ich. Ein Kommentar, den Hape sofort gegen mich verwendet.

»Wie hätten Sie es denn gerne, Frau Lehrerin?«, fragt er mich in unüberhörbar sarkastischem Ton. »Selbstverständlich sind wir alle bereit, unsere Voraussetzungen Ihren erlauchten Vorstellungen anzugleichen. Was passt denn nicht ins Bild – der Schäfer? Oder doch eher nicht der Tischler zum Koch? Welche Lehre hätte ich denn abschließen sollen, damit Sie mich heute besser vermitteln könnten? Wenn Sie möchten, hole ich das natürlich unverzüglich nach.«

»Holen Sie nicht!«, gebe ich scharf zurück. »Trotz bester Voraussetzungen steuern Sie direkt in die Langzeitarbeitslosigkeit. Was glauben Sie denn, was Sie da draußen erwartet?« Mit meinem Zeigefinger deute ich auf den Rest der Welt vorm Fenster. »Wenn Sie mich fragen, ich weiß es auch nicht so genau. Aber für Helferberufe wird die Lage immer schlimmer. Ungelernte wie Sie erledigen Ein-Euro-Jobs für die Stadtreinigung oder sortieren im Akkord Mineralwasserflaschen für 5 Euro 50 die Stunde. In zehn Jahren sind Sie kein cooler Rebell mehr, sondern ein langweiliger Versager.«

Im Raum ist es jetzt totenstill. Alle Teilnehmer beobachten uns mit angehaltenem Atem.

Hape mustert mich mit schiefem Grinsen. »Sie reden wie meine Mutter früher, bevor sie ohne uns wegzog, übern großen Teich. Da heiratete sie erneut, diesmal einen Mann mit drei Häusern. Sie haben übrigens ihre Augen, ganz nebenbei. Mein Vater ist jetzt in Frührente, aber vorher hockte er täglich in der Kanzlei, bis nachts, wenn wir alle schliefen. Ich war der Älteste von drei Jungs – und jetzt raten Sie mal, wer sich um die anderen beiden kümmern musste. Da ist nicht viel mit Karriereplanung.«

Kleinlaut lenke ich ein: »Wir sehen, was wir für Sie tun können ...«

Hape unterbricht mich. »Ich habe meine eigenen Pläne, glauben Sie mir.«

Sein Satz klingt wie eine Drohung.

Während der nächsten Pause stopfe ich eine Tafel Vollmilch-Nuss in mich hinein und schaue durch das geöffnete Fenster von »Wilna« hinaus auf den Raucherhof. In Grüppchen von drei bis fünf Personen stehen die Teilnehmer zusammen, getrennt nach Maßnahmen. Männer unterhalten sich mit Männern, Frauen mit Frauen. Die beiden Russen fraternisieren mit Landsleuten aus der Migrationsgruppe. Der Frühling ist heimlich auch in unserer

Stadt angekommen, und die Sonne scheint mit einer Power, ganz so als wollte sie sagen: »Auf mich als lebenspendende Kraft könnt ihr euch immer verlassen, und was ist mit euch?«

Da unten hängen sie herum. Ungenutztes Potential, brachliegende Energiereserven. Welche Verschwendung. Alle jammern über Fachkräftemangel, und hier gieren einsatzfähige oder zumindest in allen möglichen Bereichen von Betrieben umschulbare Arbeitskräfte auf ihren Einsatz.

Ich zähle durch: 28 Personen. Wenn sie, nur einmal angenommen, im Durchschnitt nur 1200 Euro Hartz IV pro Monat beziehen würden, sind das allein schon zusammen 33 600 Euro. Addiert man die Bildungsmaßnahme, dann kostet diese den Steuerzahler pro Nase und Monat zusätzlich schätzungsweise 500 Euro. Zusammengerechnet wären wir jetzt bei 47 600 Euro. Pro Monat.

Im Hof haben sich nur Raucher versammelt. Wie viele Arbeitslose werden darüber hinaus hier unterrichtet, inklusive Praktikum? Mindestens 60. Mit dieser Zahl komme ich auf 102 000 Euro ARGE- oder Agentur-Ausgaben für diesen April.

In unserer Stadt gibt es meines Wissens nach noch sechs weitere Bildungsträger, was die Zahl der Unterstützungsgelder in einem Monat auf 612 000 erhöhen würde. Bloße Schätzung, und diese erweitert aufs gesamte Bundesgebiet lässt mich mit meinen überschaubaren Rechenkünsten kapitulieren.

Nachdenklich gehe ich zurück nach »Berlin«, wo Mohammed als einziger Anwesender in der letzten Reihe konzentriert sein Wörterbuch nach Begriffen durchforstet.

Im Internet recherchiere ich: Über sechs Millionen Erwerbsfähige beziehen laut Monatsbericht der Bundesagentur für Arbeit aktuell Lohnersatzleistungen nach dem SGB III (Arbeitslosengeld) oder Leistungen zur Sicherung des Lebensunterhalts nach dem SGB II (Hartz IV). Eineinhalb Millionen befinden sich in Bildungsmaßnahmen.

Am Beispiel der Hartz-IV-Bezieher wird gemeldet: Von den 5 026 300 erwerbsfähigen Hilfebedürftigen (eHb) sind nur 43 Prozent arbeitslos gemeldet. Entsprechend sind 57 Prozent aller eHb nicht arbeitslos. Von ihnen befinden sich 18,2 Prozent in arbeitsmarktpolitischen Maßnahmen (wie meine Gruppe hier). 17,3 Prozent der nicht arbeitslosen eHb sind erwerbstätig mit einem Einkommen über 400 Euro. 12,6 Prozent der nicht arbeitslosen erwerbsfähigen Hilfebedürftigen sind älter als 58 Jahre und 14,3 Prozent jünger als 20 Jahre. Allesamt gehören diese 57 Prozent zu den so genannten »verdeckten Arbeitslosen«. Im Januar 2005 haben 7 676 457 staatliche Leistungen bezogen, fünf Jahre später sind es nicht weniger, sondern 456 397 mehr.

Eine weitere Statistik auf heute.de fällt mir ins Auge: Die Kurzarbeit hat die Bundesagentur für Arbeit im letzten Monat 173 Millionen Euro gekostet – nach 86 Millionen in den beiden Vormonaten. Im ersten Quartal summierten sich die Ausgaben somit auf 260 Millionen Euro.

Wie gebannt starre ich auf den Bildschirm. Im Augenwinkel bekomme ich dennoch mit: Der größte Teil meiner Teilnehmer ist inzwischen aus der Pause zurück, es fehlen nur noch Heiko Bloom und Nelly.

Unter www.mindestlohn.de stoße ich auf diese Info: In Deutschland existieren über sieben Millionen Beschäftigungsverhältnisse, bei denen die Angestellten maximal 400 Euro pro Monat verdienen. Somit bezieht sich etwa jeder fünfte Arbeitsvertrag auf einen sogenannten Minijob. Das berichtet der Arbeitsmarktexperte des Wirtschafts- und Sozialwissenschaftlichen Instituts (WSI) der Hans-Böckler-Stiftung, Alexander Herzog-

Stein. Wie das WSI ermittelte, ist der Anteil der Minijobber in ländlichen Gebieten höher als in der Stadt und macht teilweise ein Drittel aller privatrechtlichen Beschäftigungsverhältnisse aus. Des Weiteren ist der Anteil der Minijobs in Westdeutschland weitaus höher als im Osten der Republik.

Die Zahl der geringfügig Beschäftigten ist seit der Einführung von Hartz IV im Jahr 2005 um stolze 72 Prozent angestiegen, wie das ZDF-Magazin »Frontal 21« unlängst berichtete. Selbst die Wirtschaftskrise konnte dieser prekären Beschäftigungsform, die sich hauptsächlich im Dienstleistungssektor abspielt, kaum etwas anhaben. Das WSI errechnete, dass zwei der sieben Millionen Minijobs als Nebenjob ausgeübt werden. Somit fördert der Staat Zweitjobs, bei denen an den Sozialkassen vorbeiverdient wird. Zudem seien 614 000 Minijobber auf die zusätzliche Unterstützung des Staates angewiesen.

Hartz-IV-Empfänger, die einen so genannten Ein-Euro-Job annehmen, erreichen nach einem Jahr seltener eine sozialversicherungspflichtige Beschäftigung als vergleichbare Langzeitarbeitslose ohne Ein-Euro-Job. Dies zeigt eine neue Studie des Zentrums für Europäische Wirtschaftsforschung (ZEW), für die die Erwerbsverläufe von 160 000 Empfängern von Arbeitslosengeld II ausgewertet wurden.

Schockierende Werte. Was soll ich davon halten? Mein Eindruck ist: Den Regierungsparteien geht es darum, diese entlarvenden Zahlen zu kaschieren.

Insofern sind Bildungsmaßnahmen eine Win-win-Situation für sie und die Bildungsträger. Und die armen verknackten Arbeitslosen sind »genervt«, wie Bridge es ausdrückt. Nicht ganz unverständlich, wie ich finde.

Dennoch glaube ich fest daran, dass sie von unserem Angebot

profitieren können. Teilnehmer der VHS zahlen für einige Stunden Coaching mit mir freiwillig 60 bis 90 Euro.

Beseelt von meiner Vision, als Florence Nightingale der Jobsuchenden mein Möglichstes dafür zu tun, dass in diesen Räumlichkeiten weder Zeit- noch Geldverschwendung stattfinden möge, bitte ich die inzwischen eingetroffene Nelly in meine unterstützende Obhut … »Die Nächste bitte!«

Ihre Reaktion: »Das ist ja wie beim Schulzahnarzt.«

»Sie heißen mit zweitem Vornamen Sissi?« Das ist die erste Information, die mir Nellys Unterlagen über sie verraten. »Wie die österreichische Kaiserin?«

»Jupp«, lautet Nellys wenig aristokratischer Kommentar.

Aus eigener Erfahrung wage ich zu behaupten: Vornamen verraten nicht die Realität, in die Kinder hineingeboren werden, sondern das Wunschdenken der Eltern. Strebernamen wie Robert oder Alexander zeugen vom Beschluss, mit Hilfe des Neugeborenen materiell und sozial aufzusteigen (meine Schwiegermutter möge mir verzeihen), Namen wie Cindy, Mike oder Doreen die Sehnsucht nach internationaler Präsenz, beziehungsweise bis Ende der 80er Jahre dem Ausreise-Ansinnen der damaligen DDR-Bürger.

Wie soll man in diesem Kontext das Schicksal einer arbeitslosen, 1986 in Chemnitz geborenen »Sissi« mit zwei S einschätzen?

»Sisi kommt von ›Elisabeth‹ und heißt so viel wie ›die Gott verehrt‹«, nutze ich die Gelegenheit, um ein wenig mit meinem Halbwissen zu prahlen.

Nelly scheint unbeeindruckt. »Ich glaube nicht an Gott. Meine Mama ist nur ein schwerer Fan von der Sissi. Hat alle Teile auf DVD.«

Interessant, dass viele Sisi-Begeisterten nicht die wirkliche Kaiserin Elisabeth vor Augen haben, sondern die Schauspielerin Romy Schneider.

»Was ›Nelly‹ bedeutet, weiß ich nicht.«

Hape, der geräuschvoll einen Apfel kaut, freut sich sichtlich über seinen Einfall: »Nelly ist finnisch und heißt ›Flittchen‹.«

»Haha, du mich auch …« Nicht zu fassen, Nelly freut sich schon wieder. Sie giert offensichtlich nach männlicher Aufmerksamkeit.

»Unterlagen?« Schulterzucken. »Okay, erzählen Sie von sich. Wann genau wurden Sie eingeschult? In Ihren jungen Jahren …«, mein Blick streift Heiko Bloom, »schreibt man die Grundschulzeit noch auf.«

Nellys naturgemäß freundliches Mopsgesicht blickt mich wie immer finster an. »Sie wissen genau, dass ich nicht in der Grundschule war.«

Weiß ich das? »Wer soll mir das verraten haben?«

»Keine Ahnung, die ARGE. Sie stecken doch alle unter einer Decke.«

»Was mich wundert …«

»Nehmen Sie Ihre Hand von meinem Knie«, kreischt Frau Schubert den völlig verdatterten Michael Michajlowitsch an. Geistesgegenwärtig krallt er sich unterm Tisch seinen Leinensack und hält sich an ihm fest.

»Könnten Sie sich während der Lebenslauf-Recherche bitte gegenseitig unterstützen?«, rege ich die Gruppe an. Der freundliche, sprachgewandte Mohammed Yaszni soll Schulze und Schultze übernehmen, um ihnen wenigstens den ersten Zugang zum Internet zu ermöglichen. Das mir bereits vertraute Gefühl, dass ich mich am liebsten in mehrere Personen aufsplitten möchte, stellt sich ein. Auf meinem Grabstein könnte stehen: »Sie hatte noch so viel vor.«

»Also, was mich wundert, ist, ähm, hier in Deutschland muss, soweit ich weiß, jedes Kind eine Grundschule besuchen.«

»Ich nicht.« Trotzig glotzt Nelly mich an. Kann es sein, dass sie diese Augenkrankheit hat, die von Heino, wie heißt sie bloß, die, bei der die Augen immer weiter aus den Höhlen quellen, bis die Leute aussehen wie aufgeblasene Frösche?

»Wir waren nie länger als ein paar Tage an einem Ort«, fährt Nelly im Plauderton fort. »Nach dem letzten Auftritt hieß es: Packen und los.«

»Sie sind doch nicht etwa ein Zirkuskind?«, frage ich, und die Bewunderung in meiner Stimme scheint meiner bisher so bockigen Teilnehmerin tatsächlich zu schmeicheln. »Können Sie auch einen Flickflack?«

Die Schmetterlinge auf Nellys Arm scheinen ihre Flügel einzuklappen. »Nö, kann ich nicht«, mault sie. »Ich war für die Lamas, die Esel und die zahmen Enten zuständig.«

»Toll!«, versuche ich die gute Stimmung von eben wieder heraufzubeschwören. »Lamas sind bestimmt äußerst komplexe Tiere.«

»Sind sie nicht«, mischt sich Hape wieder ein. »Das einzig Interessante an Lamas ist ihr Spuckreflex.«

Spontan kommt mir eine Idee: »Wollen wir eine rauchen gehen?«

Vor der Tür zur Straße hin lungern drei hochgewachsene, klapperdürre Mädels in Fußballtrikots herum. Sie gehören offensichtlich zur Modelagentur und sind auch zum Rauchen herausgekommen. Zwar besitzt keine von ihnen ein »Megaface«, ihr Anblick scheint die neben ihnen noch gedrungener wirkende Nelly jedoch ziemlich einzuschüchtern. Abweisend starrt sie sie an, während sie in ihren tiefsitzenden Hosen wie ein kleines Kind, das aufs Klo muss, von einem Fuß auf den anderen tritt. Vom Reißverschluss ihres Anoraks baumelt tatsächlich eine kleine Diddl-Maus im Sportdress. Mit dem Kopf deutete ich nach links die Straße hinunter.

»Sollen wir schnell Zigaretten kaufen gehen?« Sie lächelt dankbar. Einträchtig trotten wir auf dem Bürgersteig nebeneinanderher.

»Besitzen Sie auch Löwen?«

»Nein, wir haben nur zwei Lamas, drei Esel und zwanzig bis dreißig Enten.«

»Zahme Enten.«

»Genau. Es gibt acht Artisten – meine vier Brüder, zwei Schwestern und meine Eltern.«

Gerade will ich sie fragen, warum sie als Einzige nie unter der Zirkuskuppel schwebte, als mein Blick auf ihren rechten Fuß fällt. Trotz Turnschuh wirkt er seltsam angeschwollen. Beim Gehen zieht sie ihn ein klein wenig nach.

»Wie war es für Sie, in einem Wohnwagen zu leben und jede Woche in einer neuen Stadt aufzuwachen?«

»›Circus Bienlein‹, so heißt unser kleiner Betrieb, das war mein Leben. Meine vier Brüder und ich besuchten immer dort die Schule, wo wir gerade waren. Überall gibt es extra Lehrer, die sich um die Kinder von Zirkusleuten und Schaustellern kümmern.«

»Fehlen einem dabei nicht Freunde und ein festes Zuhause?«

»Am meisten fehlt es an Geld. Über jeden Cent diskutierten meine Eltern die halbe Nacht lang. Und wenn wir nichts zu essen hatten, musste auch mal eine Ente dran glauben.«

Wir schweigen eine Minute, und ich denke, Nelly will das Thema wechseln. Doch dann sagt sie: »Wenn ich mal Kinder habe, sind sie bereits die sechste Generation. Sie werden übrigens eine feste Schule besuchen. Seit drei Jahren touren wir nur noch durch Niedersachsen und bieten Projektwochen für Schulklassen an.«

»Gehören Sie nicht mehr zum Zirkusteam?«

»Offiziell? Nein. Bei der ARGE bin ich als Arbeit suchend gemeldet.«

»Und inoffiziell?«

»Wollen Sie mich aushorchen?«

»Sicher nicht. Es ist besser, wenn ich darüber nichts erfahre. Haben Sie denn überhaupt einen Schulabschluss?«

»Letztes Jahr habe ich den Hauptschulabschluss bei der VHS nachgeholt.«

»Und was möchten Sie mal machen?«

Das Mopsgesicht strahlt mich an. »Offiziell oder inoffiziell?«

Inzwischen sind wir vor dem Lebensmittelladen angekommen.

»Mögen Sie Mentholzigaretten?« Die sind wenigstens gesund. Nelly verneint. »Ich rauche nicht.«

»Dann können wir uns den Weg hinein gleich sparen, ich rauche nämlich auch nur in äußerster Not, oder wenn ich betrunken bin.«

Nelly mustert mich kritisch. »Sind Sie betrunken?«

»Noch nicht.«

»Ich möchte trotzdem rein, bisschen Schokolade kaufen.«

Unter ›bisschen‹ versteht Nelly fünf Schokoriegel, eine Marzipanschokolade, zwei XXL-Tüten Gummibärchen und eine Familienpackung Kaugummi. Mir ist von meiner Pausentafel noch schlecht, aber aus Solidarität kaufe ich eine Tüte Hustenbonbons.

Gemeinsam stellen wir uns mit unserem Einkaufskorb an der Kasse an.

Wir haben uns für diese Kasse entschieden, weil die alte Frau im Poncho nur eine Flasche Shampoo zu zahlen hat. Während sie in ihrem Minigeldbeutel mit spitzen Fingern nach Kleingeld wühlt, fragt sie die Kassiererin nach dem aktuellen Shampoo-Sonderangebot. Daraufhin sucht diese engagiert unter ihrer Kasse nach einem Prospekt, findet keins, fragt ihre Kollegin, steht auf, holt es. Inzwischen sind mindestens fünf Minuten vergangen. Jetzt entspinnt sich folgender Dialog:

»Ist das nicht das heruntergesetzte Shampoo?«

»Nein, das ist von Schauma und sieht so ähnlich aus.«

»Wie teuer ist dieses Shampoo denn jetzt?«

»Lassen Sie mich mal nachsehen … 2,49 Euro.«

»Und heruntergesetzt?«

»Das weiß ich nicht, es ist ja nicht heruntergesetzt.«

»Nicht heruntergesetzt? Aber Sie hatten es doch letzte Woche in der Zeitung.«

»Das war das Eiershampoo von Schauma. Das hier kostet immer noch 2 Euro 49.«

»Haben Sie denn noch das Shampoo von Schauma da?«

»Könnte ich mir vorstellen, aber es kostet jetzt wieder 2 Euro 39.«

»Nur zehn Pfennig billiger?«

»Cent, ja. Es ist ja auch nicht mehr im Angebot.«

»Nicht mehr im Angebot? Ich dachte, Sie empfehlen es mir, weil es in dieser Woche billiger ist. Es war doch in der Zeitung.«

»Möchten Sie das Shampoo jetzt kaufen?«

»Ist es vielleicht nächste Woche wieder im Angebot?«

»Das weiß ich nicht.«

»Dann nehme ich es meinetwegen. Ich brauche es ja.«

Den fälligen Betrag bezahlt sie mit roten Münzen.

An der zweiten Kasse hat sich inzwischen eine Schlange von fünf Leuten gebildet, dass wir uns gar nicht mehr dort anzustellen brauchen. An ihren Blicken erkenne ich, dass sie Nelly und mich für die Begleiterinnen der Oma halten. Als Trio könnten wir ohne weiteres in die Fußstapfen der Komikertruppe »The Three Stooges« treten. Die Slapstickserie handelt von drei erwachsenen Kindern, die ständig Chaos verursachen und keine Gelegenheit auslassen, sich gegenseitig zu verprügeln.

Vielleicht nicht der günstigste Moment, aber mir kommt eine nahezu brillante Idee zu Nellys Zukunftschancen: »Wie wäre es, wenn Sie sich auch als Kassiererin bewerben? Sie haben bestimmt häufig an der Zirkuskasse ausgeholfen?«

Nelly reißt einen noch nicht bezahlten Schokoriegel auf, beißt hinein und legt ihn dann aufs Band. »Offiziell klar, aber inoffiziell mach ich lieber was mit Tieren.«

Die Kassiererin sieht auf und lächelt: »So ein großer Unterschied ist das gar nicht.«

Als wir in den EDV-Raum zurückkehren, ist er leer. Zwar liegen noch einige Sachen herum – eine schwarze Strickjacke mit orangen Giraffen (wahrscheinlich von Frau Schubert), Mohammeds Windjacke, die Leinenbeutel der beiden russischen Teilnehmer. Aber wo sind sie bloß alle? Es ist zwanzig vor eins, und wir sind bestenfalls eine halbe Stunde weggeblieben.

Im Klassenraum treffe ich auf Mohammed, der dort auf einem Tisch eine Picknickdecke ausgebreitet hat und einen Teller Hühnersuppe mit eingebröckeltem Weißbrot verspeist. Maggiduft erfüllt den Raum.

»Sind die anderen schon gegangen?«

»Nngein«, antwortet Mohammed mit vollem Mund. Er schluckt und fügt deutlicher hinzu: »Ein paar stehen unten in der Küche und zanken sich mit irgendwem rum. Weiberkram. Die anderen rauchen, glaub ich.«

Ein Blick aus dem Fenster beweist: Das russische Duo hat es sich auf zwei Stühlen in der Sonne gemütlich gemacht. Als hätte er meinen Blick gespürt, sieht Fjodor Sviridov nach oben. Ich winke ihm zu. Er winkt zurück. Ich verstärke mein Winken, um damit auszudrücken, dass sie nach oben kommen sollen. Jetzt winken beide, machen aber keine Anstalten aufzustehen.

»Herr Yaszni, kommen Sie bitte mal?« Mohammed versteht sofort, worum es geht.

»Idi sjuda. Hochkommen! Los! Dawái!«

Im Nebenraum hat sich die zweite Gruppe bereits wieder eingefunden. Sie reden wild durcheinander. Auch Nelly mischt sich ein. »Geht ja gar nicht!« »Die sind bescheuert!« »Was die sich einbilden!«

»Darf ich fragen …?«

»Die saufen unseren Kaffee«, kreischt Didem.

»Wer?«

»Eine Klasse mit lauter korpulenten Damen und einer Dozentin, die aussieht wie ein mehrfach überfahrenes Tier.« Hape drückt sich wie immer äußerst gewählt aus. Er kann nur Elke meinen. Sie steht auf dem Plan mit der Maßnahme »Ernährung als Chance«.

»Wenn die noch mal unsere fertigen Kannen mit in ihren Raum nehmen, dann knallt's«, keift jetzt auch Nelly. Die alte Gewitterwolke zieht wieder über ihr Gesicht.

»Das lässt sich alles klären«, behaupte ich in klassischer Politikermanier. Ich habe zwar keine Ahnung, aber ich vertraue darauf, dass sich bei einer guten Stimmung das Problem schon irgendwie von selbst erledigt.

»Kümmern Sie sich sofort darum.« Heiko Bloom macht ein Sonst-droht-Ihnen-die-sofortige-Kündigung-Gesicht.

»Später«, pariere ich tapfer. »Jetzt schreiben wir erst Nellys Leben auf.«

Das ist in zehn Minuten schnell gemacht. Dem Unternehmen »Bienlein« gebe ich mit der Bezeichnung »traditionelles Familienunternehmen« einen halbwegs seriösen Anstrich, die nicht vorhandenen Grundschulen fasse ich unter dem Begriff »Grundschulzeit« zusammen, den VHS-Hauptschulabschluss fette ich.

Laut Nelly war der vor vier Jahren. Seit einem Jahr jobbt Nelly »offiziell« gelegentlich in einer örtlichen EDEKA-Filiale. Und was war dazwischen?

Sie zuckt mit den Schultern und deutet auf eine Zeile ohne Datum. In der steht falsch geschrieben »Auslandsaufenthalt«.

»Wo haben Sie gelebt?«, frage ich verblüfft. Selbst mit viel Phantasie kann ich mir kaum vorstellen, wie Nelly in einem Fünf-Sterne-Hotelfoyer an der Côte d'Azur auf einem Esel reitend 25 zahme Enten in Schach hält und ein Lama durch einen Feuerreifen springen lässt.

»Offiziell oder inoffiziell?«

»Diesmal inoffiziell.« Das muss ich wissen.

»Ich hatte die falschen Freunde ...« In meinem Gehirn blitzt nur ein Wort auf: Prostitution. »... habe einfach nur mitgemacht. Eines Tages haben sie mich mit Koks erwischt ...« Drogen! »... weiß nicht mehr, wie viel es war, aber damit hätte man locker einen Koffer füllen können ...« Drogenhandel! Beschaffungskriminalität? »Sie haben mich dann gleich nach Reutlitz verknackt – das war wie Ausland.«

Beide Russen ziehen abwechselnd den Rotz hoch. Ulla Schubert zuckt zusammen und sieht sie strafend an.

Wie kann man eine Knastzeit pimpen? »Haben Sie während der drei Jahre nur rumgesessen oder etwas Sinnvolles gemacht?«

»Wenn Kerzen ziehen und Bücher kleben für Sie was Sinnvolles ist? Außerdem habe ich in der Knastmannschaft Fußball gespielt.«

»Welche Position?«

»Rechts außen.«

Ich tippe: »2006–2009 Produktionsmitarbeiterin im Bereich Kerzenherstellung und Buchdruck, JVA Reutlitz.« Und unter »Kenntnisse und Erfahrungen« verzeichne ich »Aktive Teilnahme an einer Fußball-Damenmannschaft«.

Als ich kurz nach drei wieder im Dozentenraum erscheine, fühle ich mich wie jemand, der wirklich hart gearbeitet hat. Die letzten beiden Stunden habe ich mit Mohammed und den Russen die Lebensläufe aller drei Teilnehmer rekonstruiert.

Mohammed hatte vom Krieg in Grosny berichtet, von zerbombten Häusern und Erdhöhlen, in die sich die Familie immer wieder verkriechen musste. Quer über seine linke Schulter verläuft eine Narbe mit breiten Stichen, so als hätte er die Wunde selbst genäht. Bereitwillig hob er sein T-Shirt, um sie uns allen zu präsentieren. »Die Ausplünderung durch russische Soldaten habe ich nur knapp überlebt. Meine zwei Schwestern und ich sind von Soldaten abgeführt worden, die Matratzen aus einem Wohnhaus stahlen. In einem ausgebombten Gebäude sind uns die Augen verbunden worden.« Die verängstigten Frauen hätten sich die Hände gehalten, als die Soldaten von hinten mit ihren Sturmgewehren auf sie schossen. Seine Schwestern seien sofort tot gewesen, er sei in der Schulter getroffen worden und habe sich tot gestellt. Die Soldaten hätten ihnen die Ohrringe abgerissen, dann seien die Frauen mit Benzin übergossen und angezündet worden. Das Feuer sei aber wieder ausgegangen, weil ihre Kleidung so nass war. »Sie sind in dem Glauben weggegangen, ich sei tot.«

Er zeigte uns auch Fotos von seinem Haus, in dem er bis zum Kriegsbeginn lebte. In seinem Wohnzimmer sieht man ein ausgestopftes Tier, das ich auf den ersten Blick nicht wirklich einordnen konnte. So was zwischen Bär und Hund. »Das ist ein Wolf«, verkündete Mohammed stolz. »Die страшилище habe ich selbst geschossen.«

Fjodor Sviridov und Michael Michajlowitsch sind 53 und 57 Jahre alte Cousins und stammen beide aus einem Dorf bei der Stadt Öskemen. Was mich überrascht und auch etwas bekümmert: Diese Stadt liegt nicht in Russland, sondern in Kasachstan.

Erst beschließe ich, sie heimlich weiterhin meine »Russen« zu nennen, weil ich mich gerade so schön daran gewöhnt habe, entscheide mich aufgrund der political correctness dann aber doch dagegen.

Da in Öskemen primär Bergbau betrieben wird, haben die Herren nach Abschluss der sechsten Klasse als Kumpels unter Tage geschuftet – bis zu ihrer gemeinsamen Übersiedlung nach Deutschland 1991. Als Mohammed Yaszni die Zahl übersetzte, dachte ich im ersten Moment, ich hätte mich verhört.

»Fast zwanzig Jahre leben sie jetzt hier und können überhaupt kein Deutsch?«

Ich konnte es nicht fassen. »Was heißt ›Teller‹«, fragte ich die beiden. »›Teller‹ – was bedeutet das? Kennen Sie ›Teller‹?« Nichts zu machen – selbst ein geläufiger Begriff wie ›Teller‹ war den beiden unbekannt. Aufgrund der damaligen Regelung gelten sie als Deutsche und sind doch Fremde im eigenen Land.

Aber wie können sie ihren Alltag meistern?

Mohammed erklärt: Russisch sprechende Einwanderer leben häufig in einer Parallelwelt. Mehr noch als türkischstämmige, irakische oder iranische Mitbürger. Sie leben in Mehrfamilienhäusern zusammen, treffen russische Freunde, kaufen russisch ein, gehen russisch essen. Dank Satellitenschüssel gucken sie selbstverständlich auch nur TV-Sendungen aus der fernen Heimat, und auf Behörden wurschteln sie sich mehr schlecht als recht durch.

Haben die zwei Teilnehmer hierzulande schon einmal gearbeitet?

Mohammed verzieht den Mund. »Nix da, alles Schrott. Aber viele Monate haben sie umsonst geholfen, zum Beispiel im Kindergarten. Wie heißt das, wenn man immer Blätter fegt und nix dafür bekommt?«

»Praktikum?«

»н-да, da müssen alle hin, und was bringt's?«

»Wir machen hier ebenfalls fünf Wochen Praktikum.«

Der freundliche Tschetschene schaut mich groß an. »Sie auch?« Dann lacht er sich halb kaputt, und die zwei Kasachen keckern mit.

»Was ist ein elektronisches Klassenbuch?«, frage ich Cindy, als wir nebeneinander im Dozentenraum vor dem PC sitzen. Sie hat sich wieder frisch aufgehübscht und duftet wie eine verabredete Singlefrau beim ersten Date.

»Ach, Süße, das bedeutet eigentlich nur, am Ende der Maßnahme die Daten aus dem manuell geführten Klassenbuch noch einmal digital einzugeben. Das kriegst du doch auf die Reihe, oder?«

Meine unausgesprochene Frage, wieso wir beide uns verabredet haben, beantwortet sie gleich mit: »Ich habe dich hierher bestellt, um dir ein bisschen auf den Zahn zu fühlen. Willst du Standortleiterin werden?«

Absurde Vorstellung. »Kommt Vera denn nicht wieder?«

Während Cindy mit mir spricht, tippt sie im Zehn-Finger-System Daten ein. »Ich bearbeite schon mal die Fahrtkosten deiner Teilnehmer. Die müssen nämlich schnellstmöglich raus, sonst haben einige keine Kohle mehr, um herzukommen. Du bist doch einverstanden?« Ohne eine Antwort abzuwarten, fährt sie fort: »Vera wollte alles richtig machen, perfekt, und das schafft man nicht. Du auch nicht, Ina.«

»Cindy, glaub mir, ich habe keinerlei Aufstiegsambitionen. Bin schon froh, wenn ich diesen Kurs einigermaßen bewältigen kann.«

»Wenn du nicht mehr weiter weißt, kannst du dich gerne immer an mich wenden.«

Mit mütterlicher Geste legt sie mir ihre Hand auf die Schulter, und ich gerate ein wenig in Atemnot. Bridges Hilfsbereitschaft ist nach allen Seiten offen und bietet genügend Fluchtwege. Cindy ist dagegen eine typische weibliche Versorgungsstation, wenn auch eine der seltenen schlanken. Diese Mutterfrauen geben sich zwar wahnsinnig empathisch, sind in meinen Augen aber in erster Linie Machtmenschen und besetzen nicht umsonst raumfüllend den wichtigsten Job im Rahmen sozialer Strukturen, eben den der Gebenden.

»Danke, aber arbeitest du hier nicht als Erzieherin?«

»Erzieherin, Dozentin, Verwaltungskraft, Mädchen für alles.

Früher bin ich Laster gefahren, 60-Tonner bis rüber nach Dänemark. Du kannst sagen, was du willst – aber als Frau in einem Männerjob musst du immer doppelt so viel leisten, sonst wirst du von den Kerlen nicht akzeptiert.«

Sie kramt aus ihrer Tasche unter dem Tisch ein Foto hervor. Darauf steht eine Frau mit kurzen Haaren auf baumstumpfdicken Beinen mit einem Dackel auf dem Arm vor einer Garage.

»Wer ist das?«, frage ich höflich und erkenne im selben Moment die marmorweiße Zahnfront. »Wow, du siehst dir heute kaum noch ähnlich.«

Cindy freut sich. »Nach drei Jahren im Speditionsgewerbe habe ich eine Therapie gemacht. Die gab mir Mut, meine Weiblichkeit, mein Venuspotential zu entdecken und zuzulassen. Über meine Schwester habe ich in einem katholischen Kindergarten eine Ausbildungsstelle bekommen. Seitdem ist mein Leben zwar langweiliger, aber im Lot, wenn du verstehst. Kinder und Hilfebedürftige sind einfach mehr mein Ding als Reifenwechseln an der A7.« Ihr stolzer Blick ersetzt den Tusch. »Man könnte sagen: Ich habe meine Bestimmung gefunden.«

Wie ich sie darum beneide. Sie mustert mich kritisch.

»Als Multitalent kommt man hier am besten klar. Wenn du jemand bist, der gerne selbständig Entscheidungen fällt und das Heft in die Hand nimmt, bist du genau richtig. Brauchst du feste Strukturen und verlässliche Ansagen, solltest du dir schnellstmöglich was Neues suchen.«

»Was haben die anderen gelernt?« Damit sie mich nicht für zu neugierig hält, gähne ich mit gespielter Gleichgültigkeit und sehe mich dann im Raum um, als ob ich einen Gegenstand verlegt hätte.

»Das ist schnell gesagt: Bridge und Robert sind Lehrer, Vera diplomierte Sozialpädagogin, und Elke ist studierte Ökotrophologin mit Zweitfach Wirtschaftswissenschaften.«

»Ist sie immer so … kritikfreudig?«

Cindy hält kurz im Tippen inne, so als ob sie wirklich überlegen müsste.

»Die Arme wird hier oft nicht ernst genommen. Kein Wunder, sie wohnt noch bei ihren Eltern, und das mit 32. Früher hätte man so was eine ›alte Jungfer‹ genannt, belächelt werden diese späten Mädchen noch heute. Entsprechend dreht Elke bei neuen Kollegen auf. Sehnt sich tierisch nach Anerkennung. Als Hausmeistertalent kann ihr aber auch keiner das Wasser reichen. Robert weiß nicht mal genau, wie man eine Glühbirne auswechselt, Elke repariert sogar die Spülmaschine.«

Die Gelegenheit scheint günstig, noch weiter nachzufragen.

»Was war mit Vera?«

Ausgerechnet in diesem Moment klingelt das Telefon. Da ich es nicht als meine Aufgabe ansehe, abzunehmen, lasse ich Cindy den Vortritt. Sie tippt in aller Gemütsruhe weiter, und nach fünfmaligem Läuten springt der Anrufbeantworter an. »Guten Tag, Sie sprechen mit dem Anschluss …« Das muss wohl Veras Stimme sein. Es ist mir peinlich, dass wir gerade über sie reden, und es kommt mir so vor, als ob sie unser Gespräch belauscht. Ein Gedanke, der Cindy nicht zu stören scheint.

»Oh, das mit Vera war ein ziemlicher Hammer. Sie hat zwei Ordner mit Teilnehmerdaten auf dem Autodach liegen lassen und ist losgefahren.«

Ich ahne Schlimmes. »Von hier aus?«

Cindy legt ein Päuschen ein.

»Nein, sie hatte die Akten mit bei der ARGE, um dort noch einige Fragen zu klären.«

»Das heißt, die Daten rutschten direkt vor den Eingang der Agentur …«

»In den Schneematsch, ja.«

Inzwischen hat sie sich vom Schreibtisch einen Kugelschreiber gegriffen, an dem sie herumdreht und dabei fies quietschende Geräusche macht.

»Die Arme, glücklicherweise wurde ihr nicht gekündigt.«

»Noch nicht, sie ist ja seitdem nicht mehr zurückgekommen.«

»Bridge sagte, sie macht so eine Art Kur.«

Cindy grinst. »So kann man das auch nennen. Und wie lebst du?«

Die Frage trifft mich unvorbereitet, deshalb sage ich knapp: »Normal. Und du?«

»Auch normal.«

Bevor unser Gespräch noch privater wird, ist es Zeit, auf die Uhr zu sehen. »Schon halb vier, muss jetzt glaub ich los.«

Doch Cindy bleibt am Ball. »Wir sind die Letzten, lass uns zusammen abschließen. Wie läuft es mit deiner Gruppe?«

Ich verziehe das Gesicht. »Gestern schrecklich, heute halbschlimm. Man könnte meinen, den Teilnehmern fehlt ein wenig die Lust.«

»Das ist wie im Knast. Die meisten Insassen brauchen ein bisschen Zeit, bis sie sich an die ihnen aufgezwungene Umgebung gewöhnt haben. Aber pass mal auf, wenn sie ihre Wochen hier erst abgesessen haben, bekommen sie plötzlich Panik vor der freien Wildbahn. Wir kümmern uns nämlich um sie, sind Ansprechpartner und manchmal auch Puffer zwischen der ARGE und ihnen. Darauf möchten sie dann später nicht mehr verzichten.«

»Wenn ich ehrlich bin, kann ich mir das schlecht vorstellen. Die Stimmung ist eher so, als ob es eines Tages eine Massenschlägerei geben könnte.« In diesem Moment ahne ich nicht, dass meine Vision schon in wenigen Tagen blutige Realität werden würde.

Wieder erfolgt das mütterliche Handauflegen, diesmal auf meinem Arm. »Das wird schon, du wirst sehen. Sind alles Menschen. Versuche, dich in sie hineinzuversetzen ...«

»Fällt mir ehrlich schwer. Sind sie denn wirklich alle schuldlos an ihrer Arbeitslosigkeit? Ich kann mir das kaum vorstellen. Bisher habe ich immer gemeint, wer Arbeit sucht, der findet auch welche.«

Mit geübtem Griff fährt Cindy den Rechner herunter. »Wir müssen die Räume noch abgehen – kommst du mit?«

Der Check-up beinhaltet: Fenster, Heizkörper, PCs, Drucker, Kopierer. Während wir schließen, kontrollieren, abschalten und Stühle zurechtrücken, setzt Cindy unser Gespräch fort.

»Eigentlich sind unsere Teilnehmer wie meine Kleinen. Sie haben nie vergessen, ob Mami lieb zu ihnen war oder Papi ein Tyrann. Entsprechend verhalten sie sich bei der Arbeitssuche. Manche Teilnehmerinnen gieren nach einem Papa-Chef, bestimmte Männer können nur mit Frauen arbeiten. Andere kommen mit der Vorstellung nicht klar, dass ihnen überhaupt jemand was zu sagen hat. Lieber kassieren sie von Papa Staat, beschweren sich deshalb aber ständig. Sie kriegen dies nicht bezahlt und das nicht. Böser Papa! Du wirst sehen, mindestens jeder Fünfte ist allein aus Anpassungsdefiziten nicht vermittelbar.«

Die rebellischen Tendenzen meiner Teilnehmer gehen mir schon nach zwei Tagen auf den Zeiger. Cindys Kindervergleich erscheint mir überaus plausibel. Manche meiner glorreichen Elf benehmen sich wie Dreijährige in der Trotzphase, andere wie Teenager in der Pubertät.

»Hast du einen Rat, was ich besser machen kann?«, frage ich kleinlaut.

Inzwischen sind wir in der Küche angelangt und befüllen gemeinsam die Spülmaschine mit bunt bedruckten Tassen und Blümchentellern.

»Ich habe dich als Dozentin noch nie erlebt. Aber weißt du, was ich am ersten Tag mache? Wenn die Teilnehmer kommen, behaupte ich, die Tische stünden falsch, und es wäre schrecklich nett von ihnen, wenn sie mit anpacken könnten. Beim gemeinsamen Umräumen entsteht eine so was von starke Wir-Atmosphäre, die, glaube mir, manches Herz ein wenig öffnet.«

Das Beispiel leuchtet mir ein. »Du gibst dich also nicht als Oberbefehlshaberin, sondern als eine prima inter pares.«

Cindy glotzt doof. »Was ist mit Paris?«

»Das ist Latein und heißt ›Erste unter Gleichen‹.«

Jetzt kichert sie: »Und ich dachte an meinen Betreuungsraum da drüben – der heißt nämlich genauso.«

Nach dem zweifachen Abschließen mehrerer Türen verabschiedet sich Cindy auf den Parkplätzen vor dem Haus mit Doppelküsschen.

»Gute Fahrt, Schätzchen«, sagt sie. Wie eine Frau, die glaubt, dass sie stets alles richtig macht, stakt sie in Catwalk-Manier zu einem tiefer gelegten hellgrünen Polo, steigt ein, winkt mir noch einmal zu und donnert vom Hof. Auf ihrer Heckklappe klebt ein schwarzweißer Aufkleber mit einem Galgenstrick. Darunter steht in grellroten Lettern: »Todesstrafe für Kinderschänder«.

KAPITEL 4

Müde Tauben und ein fast gebrochenes Nasenbein

Bandenkrieg der Teilnehmer-Gruppen

Während ich im Licht der sinkenden Sonne hinter einem Traktor mit zwei Anhängern nach Hause tuckere, gehen mir ungefiltert Gedanken durch den Kopf.

Hätte ich was Anständiges gelernt, zum Beispiel Jura studiert, dann könnte ich für mehr Gerechtigkeit kämpfen. Jetzt kämpfe ich eben für Arbeitslose. Beides ist natürlich Quatsch. Genauso wenig, wie ich die deutsche Rechtsprechung revolutionieren könnte, schaffe ich es, alle meine mir Anvertrauten in Arbeit zu bringen.

Wir stehen unter Erfolgsdruck, keine Frage. Es gibt Vermittlungsquoten und, wer weiß, vielleicht muss der Bildungsträger Versäumnisstrafgeld zahlen wegen vorher kassierter »Kopfgeldprämien«.

Weil eine Frau mit zwei Einkaufstüten an der Straße steht, halte ich an, um sie hinübergehen zu lassen. Sie winkt mich mit düsterer Miene weiter, so als wollte sie ein lästiges Insekt verjagen.

Was habe ich den Teilnehmern wirklich zu bieten? Bessere Lebensläufe, spannende Anschreiben. Lächerlich! Teilweise sind sie schon Jahre arbeitslos. Und die Erfahrung zeigt: Wer sich zu sehr aufreibt, endet wie Vera. Ich kenne sie zwar nicht, aber ihr Name ist inzwischen *das* Synonym für Scheitern aus Idealismus.

Dienst nach Vorschrift ist die Devise, und die restliche Zeit bekämpfe ich die Tristesse der Arbeitslosigkeit. Die Vorstellung bringt mich wieder etwas auf Touren: Glamour und Farbe für die graue Diddl-Welt.

Sobald ich die Basisarbeit beendet habe, werde ich den Stundenplan mit kulturellen Interventionen bereichern. Belletristik, Gedichte, Theaterspiel. Nicht nur für die Teilnehmer, sondern in erster Linie für mich selbst. Genug gestalterische Freiheiten über das Standardprogramm hinaus habe ich ja. Außerdem sind selbständige, verantwortliche Mitarbeiter laut Cindy beim Bildungsträger hoch angesehen. Hurra! Das freut mich. Musik!

Ich schalte das Radio ein, es läuft NDR 1.

»Die weißen Tauben sind müde«, krächzt die Becks-Bier-Stimme von Hans Hartz.

Panisch drehe ich weiter. Typisch. Alexander ist wieder mit meinem Wagen gefahren und hat diesen Muff-Sender eingestellt. Scheinbar der einzige, den ich hier in der Einöde empfangen kann. Denn ein Stück weiter auf der Frequenz lauert wieder die Reibeisenstimme:

»Komm her, Marie, ein letztes Glas,
genießen wir den Augenblick,
ab morgen gibt's statt Wein nur Wasser ...«

Meine ganz persönliche Horrorvorstellung: Mit dem Wagen unter einem Rübenlaster klemmen und von drei smarten Feuerwehrleuten aus dem Wrack geschweißt werden, während in ohrenbetäubender Lautstärke Hans Hartz aus dem Schrotthaufen dudelt.

»Die weißen Tauben sind müde,
sie fliegen lange schon nicht mehr.
Sie haben viel zu schwere Flügel,
und ihre Schnäbel sind längst leer.«

Ist das Zufall? Oder ein Zeichen der Götter? Der Text passt beängstigend gut zu der kollektiven Müdigkeit meiner Teilnehmer. Lernmüde, arbeitsmüde, lebensmüde. Auch sie haben schwere Flügel. Und ihre Schnäbel sind fast leer. Rilke trifft es mit folgenden Zeilen:

Bist du so müd? Ich will dich leise leiten
aus diesem Lärm, der längst auch mich verdross.
Wir werden wund im Zwange dieser Zeiten …

Hans Hartz singt währenddessen tapfer gegen mein auswendig gelerntes Schulwissen an:

»Sieh dort, Marie, das leere Bett
der Spiegel unsrer großen Zeit,
ab morgen gibt's statt Glas nur Scherben.
Komm her und schenk uns noch mal ein,
den letzten Schluck vom letzten Wein,
Marie, die Welt beginnt zu sterben.«

Die Welt beginnt zu sterben! Ist der SGB-II-Bezug etwa nach Hans Hartz benannt? Natürlich weiß ich es besser. Was ich nicht weiß: Waren der inzwischen verstorbene Sänger und der Ex-VW-Vorstand und Hartz-IV-Namensgeber Peter Hartz vielleicht Brüder?

Das Gedicht »Meine Toten« von Peter Gan kann ich auswendig, und der vorletzte Vers lautet:

Liebstes Kind, und hab ich dich vergessen,
weil du, o wie lange schon, im Grund
kaum noch übrig bist? denn Würmer fressen
deine Augen und den schönen Mund.

»Der Sieg der Poesie ist das einzige, moderne Argument gegen die tödliche Gegenwartsgrammatik der Diktatur. Denn, die Diktatur repräsentiert die poetische Würde des Menschen: nicht'', schreibt der Autor Gert Neumann in seinem Werk »Elf Uhr« *(in diesem Fall musste ich nachgoogeln).*

Das Elend wird durch Poesie erhoben. Auch Arbeitslosigkeit repräsentiert die poetische Würde des Menschen: nicht. Wir werden Jobs suchen, werden die Rhetorik schulen und – werden Gedichte lesen. Das wird helfen!

Danny DeVito könnte als »Mr. Bill« mein Vorbild sein. Im gleichnamigen Film spielt er einen Werbetexter, der Soldaten aus schwierigen sozialen Verhältnissen in Allgemeinbildung unterrichten soll und sie schließlich für Shakespeare begeistert.

Wieso sollten literarische Vorbilder meinen Teilnehmern nicht Kraft spenden können? Hamlet, die Jungfrau von Orleans, Wallenstein. Die poetische Würde des Menschen sollte unantastbar sein. Ob alle Teilnehmer wissen, dass auch sie ein Recht auf sie haben? Das Leben kann so schön sein, auch ohne Arbeit.

»Bist du bekloppt?« Luzie steht hinter mir im Arbeitszimmer, während ich mein Bücherregal durchwühle. Dummerweise habe ich beim Abendessen über meine Erwägung berichtet, den Stundenplan mit einer »Der Taucher«-Lesung abzurunden, und damit den Unmut meiner leider viel zu engstirnig denkenden Tochter erweckt.

»Die bedauernswerten Menschen werden in euren Unterricht gezwungen und müssen sich dann auch noch so einen Scheiß anhören.«

»Das ist kein Scheiß«, wehre ich mich, ehrlich entrüstet. »Friedrich Schiller ist deutsches Kulturgut und alles andere als ...«

»Weißt du überhaupt, wie das ist, wenn man sich kaum was Richtiges zu essen kaufen kann?« In ihrer Stimme liegt ein Vorwurf, der im Subtext bedeuten könnte: Versager-Eltern, habt es nicht mal geschafft, uns Kinder hungern zu lassen.

»Nein, das weiß ich nicht«, antworte ich wahrheitsgemäß. »Vielleicht hatte ich bisher nur Glück, vielleicht war es auch ein Quäntchen meiner Anstrengung, aber zum Überleben hat das Geld bisher auch ohne staatliche Zulagen gereicht. Deine Großeltern haben übrigens auch gearbeitet – bis zur Rente.«

Nur zu gut kann ich mich an einen mordsmäßigen Präsentkorb mit Blutwurst und Bärenauslese erinnern, den mein Vater zum 25-jährigen Betriebsjubiläum erhielt. Er wurde zwar zum Ende hin als Versandleiter eines großen hessischen Brauhauses abgelöst und die letzten Jahre bis zur Rente im Großraumbüro geparkt, sicher nicht die beste Zeit seines Lebens, aber arbeitslos war er nie. Auch meine Mutter arbeitete über dreißig Jahre als Büroleiterin in ein und demselben Betrieb.

Das Gesicht meiner Tochter wird eine Spur freundlicher. »Du, Mama, ich will mich nicht mit dir streiten, mir geht es nur um die Sache. Ich finde, du kannst dich echt schlecht in jemanden hineinversetzen, dem abzüglich seiner Fixkosten wie Miete, Strom und Gas nur 359 Euro zum Leben bleiben.«

Gezielt geht sie auf mein Bücherregal zu und greift hinein. »Wie teuer war dieses Buch?« Sie hält »Rasierte Stachelbeeren« in die Höhe – ein spannendes Werk über die erfolgreiche Marken-Positionierung kleiner und mittelständischer Unternehmen.

»Zwanzig bis dreißig Euro – das brauche ich für meine Existenzgründungskurse ...«

»Wie lange hast du es nicht mehr aufgeschlagen?«

Lieber Himmel, keine Ahnung. »Weiß nicht ...«

Mit ausgefahrenem Arm deutet Luzie die Reihe meiner tatsächlich zahlreichen hochklassigen Fachbücher entlang. »Das sind Luxusartikel, wie viele andere hier im Haushalt. Du kaufst deine Klamotten zwar meistens bei H&M, aber du denkst doch nie wirklich über deine Ausgaben nach. Würdest du zwei Kilometer laufen, nur um das Busgeld zu sparen?«

Wenn ich sie jetzt provozieren wollte, könnte ich antworten, ich hätte ja ein Auto und wäre deshalb nicht auf den Bus angewiesen.

Manchmal habe ich auch wirklich ein schlechtes Gewissen, wenn ich im Bio-Markt für einen halben Korb über 50 Euro auf den Tresen lege oder spontan Ohrringe für den doppelten Betrag kaufe, nur weil sie mich in der Auslage so nett angeglitzert haben. Andererseits: Soll ich mich ständig dafür entschuldigen, dass wir schon längere Zeit keine Geldprobleme haben? Während des Studiums musste ich als Alleinerziehende ein Haushaltsbuch führen, um mit meinem Sohn über die Runden zu kommen. Mir fällt ein Satz ein, der vor einigen Jahren auf T-Shirts oder Aufklebern stand: Eure Armut kotzt mich an.

Es ist Zeit, vom Thema abzulenken, denn endlich habe ich meine Schiller-Monografie gefunden. Noch immer auf der Leiter sitzend, schlage ich sie auf.

»Hör mal, mein Schatz, ist das nicht schön?«

Wer wagt es, Rittersmann oder Knapp',
Zu tauchen in diesen Schlund?
Einen gold'nen Becher werf' ich hinab,
Verschlungen schon hat ihn der schwarze Mund.
Und wer mir den Becher kann wieder zeigen,
Er mag ihn behalten, er sei sein eigen ...

Luzie hält sich die Ohren zu. »Dämliches Gesülze! Politische Bildung musst du machen. Lenin, Marx, Engels, Rosa Luxemburg – das sind Vorbilder. Vielleicht könntest du deine Arbeitslosen zu einer revolutionären Denke anstacheln. Raus aus der Passivität, Kraft schöpfen im Protest.«

Eine Revolution? Die bloße Vorstellung überfordert mich. »Wogegen sollten sie denn protestieren?«

Der Gesichtsausdruck meiner im Paulchen-Panther-Pyjama vor mir stehenden Klassenkämpferin im Geiste verrät ihr Entsetzen über meine unfassbare Naivität. »Gegen die Ausbeutung der Arbeiterschaft, gegen Lohndumping, Auslagerung, Stellenstreichungen, Zeitarbeit.«

Sie verschwindet kurz, taucht dann wieder mit einem Buch in der Hand im Türrahmen auf. »›Die Jobkiller‹ – schon gelesen, Mutter?«

Auf meinem Nachttisch wartet bereits das andere Buch – wie heißt es doch gleich?

»Thema ›betriebsbedingte Kündigungen‹«, ruft Luzie, als wollte sie mit ihrer Stimme schon die ersten Protestler zusammentrommeln. »Dieser Wirtschaftsredakteur hier schreibt: ›Dahinter steckt ein Mechanismus, der banal ist und zunächst widersinnig klingt: Je produktiver die Beschäftigten arbeiten, desto überflüssiger machen sie sich selbst. Die Firmen fahren phantastische Umsätze und Gewinne ein, und sie setzen gleichzeitig ihre Mitarbeiter vor die Tür.‹«

»Kann ich mir gar nicht vorstellen.« Gedankenverloren starre ich auf meinen Schiller.

Doch alles noch stumm bleibt wie zuvor,
Und ein Edelknecht, sanft und keck,
Tritt aus der Knappen zagendem Chor,
Und den Gürtel wirft er, den Mantel weg …

»›Jobless Growth‹ nennen amerikanische Volkswirtschaftler das Phänomen: Wirtschaftswachstum ohne Beschäftigungszuwachs.«

Wie eine profilierte Lehrkraft doziert Luzie frei weiter. So viel Selbstbewusstsein wünsche ich mir manchmal für meinen Job.

»Jobless Growth entsteht, wenn Unternehmen durch Rationalisierung, beispielsweise den Einsatz moderner Kommunikations- und Produktionstechnik, ihre Produktivität erhöhen, ohne neue Arbeitsplätze zu schaffen. Von dieser Entwicklung besonders betroffen sind einfache Tätigkeiten für ungelernte Kräfte.«

Davon habe ich jede Menge. »Zeig das Buch mal her.«

Sie reicht es mir nach oben. Triumphierend deute ich auf das Impressum. »Haha, das ist von 1997. In dem Jahr ist Prinzessin Diana gestorben.«

Mit einem schnellen Griff reißt Luzie es wieder an sich. »Gilt das heute etwa nicht mehr?« Sie zitiert weiter: »»Hinter Arbeitsplätzen stehen Menschen. Streichen Manager Stellen, hinterlassen sie Frust und Verzweiflung … für viele beginnt ein einsames Leben. Sie fühlen sich ausgegrenzt, überflüssig und isoliert … Wer zu jung ist für den vorzeitigen Ruhestand und sich zu alt fühlt, um noch einmal neu anzufangen, für den bleibt meist nur der Weg zum Arbeitsamt. Stapeln sich im Briefkasten die Absagen der Personalbüros, sinkt die Motivation, sich erneut zu bewerben. Je länger der Kontakt zur Arbeitswelt unterbrochen ist, desto schwerer fällt der Wiedereinstieg. Am schwierigsten ist die Situation für das Drittel der Arbeitslosen, die länger als ein Jahr ohne Job sind.‹«

»Meine Teilnehmer«, murmle ich.

»›Dauerarbeitslose werden zu einer neuen sozialen Schicht‹, so der Göttinger Soziologe Martin Kronauer. ›Sie steigen aus dem Erwerbsleben aus – für viele ein Abschied für immer.‹«

Wohl hört man die Brandung, wohl kehrt sie zurück,
Sie verkündigt der donnernde Schall –
Da bückt sich's hinunter mit liebendem Blick:
Es kommen, es kommen die Wasser all,
Sie rauschen herauf, sie rauschen nieder,
Den Jüngling bringt keines wieder.

Mein Joker braucht eine zweite Chance. »Ein 13 Jahre altes Buch hat doch heutzutage keine Relevanz mehr.«

Doch das proletarische Kämpferherz meiner Tochter schlägt ungebrochen für die Verlierer des deutschen Wirtschaftswachstums. »Die Lage hat sich aufgrund der Zeitarbeit deutlich verschlimmert. Aber du wirst das Buch ja noch lesen, oder?«

»Jajajaja«, vor demonstrativer Dynamik falle ich fast von der Leiter. »Heute Abend noch vorm Einschlafen …«

»Danach ist schlecht«, murmelt Luzie.

»Allerspätestens morgen.«

»Als Kriegsgewinnlerin ist das deine Pflicht, Mutter«, insistiert sie wie ein Bohrer in einem hohlen Zahn.

»Kriegs … was?« Ich denke, ich habe mich verhört.

»Sei mir nicht böse, aber du profitierst vom Elend anderer. Wie diese afrikanischen Vögel, die auf den Gnus die Parasiten wegpicken.«

»Rotschnabel-Madenhacker«, ruft unser Hobby-Zoologe Alexander aus dem Nebenraum. Er scheint unser Gespräch unfreiwillig belauscht zu haben. »Es handelt sich aber nicht um Gnus, sondern um Springböcke.«

»Wie steht es denn mit deinen eigenen beruflichen Plänen?«, frage ich mein ambitioniertes Kind zum x-ten Mal.

»Krankenschwester, wie gehabt. Gute Nacht!«

Gesundheits- und Krankenpflegerin – wie der Beruf offiziell genannt wird. Ein Begriff, den ich urkomisch finde, denn er klingt so, als würde ein Teil der Patienten gesund und der andere Teil erst recht krank gepflegt werden.

»Dafür brauchst du kein Abitur«, rufe ich ihr nach, auch nicht zum ersten Mal. »Letzten Endes ist das ein besserer Helferberuf.«

»Lass sie doch«, meint Papa, die Stimme aus der Gruft. »Sie kann sich immer noch einen schicken Chefarzt abgreifen.«

Zu seinem Pech ist Luzie noch nicht in ihrem Zimmer angekommen. Ihre Stimme hallt durchs Haus. »Lieber sterbe ich oder studiere selbst Medizin.«

Als Bettlektüre habe ich mir Luzies Buch tatsächlich vorgenommen. Lust habe ich zwar keine, denn ich bin sehr müde und würde viel lieber zur Entspannung ein Fußballspiel gucken oder Ski fahren oder Boxen. Als Passivsportlerin bin ich nämlich ein wahres Multitalent.

Quer übers Cover verläuft ein brauner Pappstreifen. Rustikales Ambiente, das mich an Splatterfilme der 70er Jahre erinnert, in denen hirnverbrannte Pärchen von Monstern mit Kettensägen durch Blockhütten gejagt werden.

»Arm durch Arbeit«, mein Gott, das klingt schon so karg. Wird nur noch getoppt durch Titel wie »Hunger« oder »Der Butt«.

Der Undercover-Bericht von Markus Breitscheidel beginnt mit seinem Antrag auf Hartz IV. Natürlich gezielt und forciert, wie es sich für einen Schreiber gehört, der durch seine Recherche etwas Spektakuläres herausfinden will. Dann erzählt der ehemalige Steuerfachgehilfe erst mal ausgiebig, wie er mit dem Zug im »sozialen Brennpunkt« Gelsenkirchen ankommt.

Ein Mann, eine Vision. Sollte ich nicht auch einmal einen Selbstversuch wagen? Aber seit dem Vorzeige-Lemming Günter Wallraff, der für besagtes Buch übrigens auch das Vorwort verfasste, gibt es so unendlich viele Nachahmer. Als Vegetarierin, die seit dreißig Jahren weder ein Stück Fisch noch Fleisch anrührt, wäre ich für die Aufdeckung übler Machenschaften der Fleischmafia geradezu prädestiniert. Vielleicht könnte ich einen Viehtransporter lenken, quer durch Deutschland, und alle Schweine in einem Waldstück laufen lassen.

Da fällt mir ein: Einmal habe ich mich für einen Artikel in ein hochexplosives Umfeld eingeschmuggelt – als Undercover-Mutter einer Bewerberin von »Deutschland sucht den Superstar«. Strengstens verboten, klar. Alle Anwesenden mussten unterschreiben, dass sie nichts über das Prozedere verraten.

Verständlich, denn was sich dort im Hamburger Hotel Atlantic abspielte, war entlarvend peinlich. Nicht nur, dass die völlig aufgeregten, sich im Gros natürlich maßlos überschätzenden, zum Teil blutjungen Kandidaten gleich am Eingang abgezockt wurden, wo sie jede Menge Kohle in Autogrammkarten und Poster von sich investieren konnten. Auch die eigentliche Jury war nicht anwesend, sondern nur eine Prüfungskommission unbekannter Redakteure. Was bedeutet: All die armen Schweine, die im TV vor Bohlen & Co. die Hosen runterlassen, sind genauso gecastet wie die akzeptierten Gesangstalente. Und selbstverständlich wissen die Juroren bereits über jeden Hoffnungslosen, der als Nächstes in den Raum schleicht, Bescheid und kennen alle peinlichen, tragischen und komischen Highlights seiner Verlierergeschichte.

Den Machern solcher neuartiger Kuriositätenkabinette kommt die miese Beschäftigungssituation für ungelernte Personen perfekt gelegen, da sich viele auch aus wirtschaftlicher Verzweiflung heraus bei zweifelhaften TV-Formaten bewerben und lieber riskieren, sich vollständig zum Affen zu machen, als lebenslang auf Hartz IV angewiesen zu sein.

So ist längst eine eigene Branche entstanden. Für ein paar hundert, maximal tausend Euro wird geschrien, geschlagen, gesoffen, geknutscht. Töchter prügeln ihre Mütter, Ehemänner betrügen ihre Frauen. Nach Drehbuch, versteht sich.

ProSieben castet für seine Nachmittags-Soap »We are Family« auf der entsprechenden Homepage mit dem Aufruf: »Deine Familie ist alles andere als langweilig? Bei dir zu Hause geht alles drunter und drüber, und du fragst dich manchmal, ob man deine Liebsten tatsächlich auf die Menschheit loslassen sollte? Dann bewirb dich bei uns: Schick uns eine E-Mail und stelle uns deine Chaosbande vor. Zeig uns deinen ganz normalen Familienwahnsinn!«

Wer auf den Button »Hier bewerben« klickt, kommt direkt auf die Maske einer E-Mail. Keine Fotos, keine Vita, kein Anschreiben – nur kurz melden. Wie damals bei Uncle Sam im Rahmen der Anwerbung von Rekruten für die US-Army: »We Want You!«.

Traurig daran ist nicht nur, dass Arbeitslose für diesen mies bezahlten Job vor der Kamera die Hosen runterlassen. »Bewirb dich bei uns« (nur noch zu toppen von »Ruf mich an«) – auf diesen Satz warten manche Unglücklichen schon ein Leben lang vergeblich.

»Und, was meinst du? Kannst du dir das vorstellen?« Ich muss über meiner Lektüre eingenickt sein. Arm durch Arbeit, müde durch Buch über Arbeit.

»Was vorstellen?«

»Hast du nicht zugehört? Du sollst in unserer Klinik einige Vorträge halten, dienstags abends um 19 Uhr, ungefähr eine Stunde.«

Alexander liegt neben mir, einen Laptop auf dem Schoß.

»Zahlen sie gut?«

»Es ist für unsere Klinik, für die Patienten. Die Vorträge sind quasi ehrenamtlich, gedacht als Dienst am Nächsten.«

»Ohne Geld mache ich nichts.« Getreu meiner Devise: Wenig verdienen ist mies, nichts verdienen noch schlimmer.

»Soweit ich weiß, bezahlen sie für jeden dieser ehrenamtlichen Abende vierzig Euro aus der sogenannten Portokasse.«

»Was wäre das Thema?«

»Biografiearbeit, Familiengeschichte schreiben, Stammbaum recherchieren. Deine VHS-Kursthemen eben …« Die Art, wie Alexander die Begriffe herunterbetet, hinterlassen bei mir den Eindruck, dass er sie in ihrer wissenschaftlichen Relevanz nicht ganz ernst nehmen kann.

»Hast du die Themen vorgeschlagen?«

»Nein, das war unsere Beschäftigungspädagogin.«

Ich lasse nicht locker. »Sind das Vorträge, die du dir auch anhören würdest?«

Verdutzter Blick von der Seite. »Natürlich nicht.«

»Welches Thema würde dich denn interessieren?« Mein honigklebriger Ton entgeht ihm offensichtlich.

»Evaluation des Herz-Kreislauf-Systems, Physiotherapie bei Transplantation thorakaler Organe, Elektromyostimulation bei kardiologischen Patienten – was in der Art.«

»Wieso hältst du dann nicht in eurer schicken Klinik selbst die Vorträge?«

Alexander verzieht keine Miene.

»Das mache ich doch, manchmal vor Fachleuten, aber auch vor interessierten Patienten. Abends wollen die sich aber in erster Linie erholen.«

»Dann komm ich ins Spiel …«

»Genau. Sie haben dienstags auch schon Käseschachteln bemalt und Korkschwimmer gebastelt.«

»Nicht dein Ernst.«

»Natürlich nicht, Herzchen. Das war ein Scherz nach Steilvorlage. Überleg's dir einfach. Du würdest der Frau Soundso einen Riesengefallen tun.«

Wenig witzig. In mir formiert sich Streiteslust.

»Ist dir eigentlich schon mal aufgefallen, dass du immer fährst, wenn wir irgendwohin fahren? Du sitzt immer am Steuer.«

Die Begriffe »nie« und »immer« sind für eheliche Gespräche nicht besonders empfehlenswert, das weiß ich. Aber, keine Ahnung warum, gerade jetzt fällt mir auf, dass ich mich bezüglich unserer Fortbewegungsgepflogenheiten unterdrückt fühle. Ich versuche es mit einer »Ich-Botschaft«.

»Bei mir ist der Eindruck entstanden, dass du mich nicht ans Steuer lassen willst.« Alexanders Mutter hat nicht mal den Führerschein.

»Das hat ganz praktische Gründe«, erklärt dieser. »Es geht um unser gemeinsames Überleben. Schließlich haben wir Kinder.«

»Ich fahre sehr gut«, springe ich an wie ein Duracell-Häschen. »Seit vielen Jahren unfallfrei. Du willst mir nur einen Komplex einreden.«

»Die Einzigen in unserer Familie, die inzwischen Grund für Komplexe haben, sind unsere zerknautschten Felgen von deiner Bürgersteig-Hoppelei.«

»Guck mal«, sage ich, inzwischen recht aufgeregt, und setze mich auf. »Wir liegen sogar genauso im Bett: Du links von mir, wie im Auto.«

»Daher kommt auch der Begriff ›Beischläfer‹« murmelt Alexander. »Von Beifahrer …« Seine gleichmäßigen Atemzüge erfüllen den Raum.

Pflichtbewusst schlage ich mein Buch noch einmal auf und schmökere mich durch die Kapitel »Phantom der Arbeit« und »Niedriglöhne bedrohen den Binnenmarkt«.

Mein Arm schnellt nach links und rüttelt an meinem einzigen verfügbaren Gesprächspartner. Er ist wach, hält aber die Augen geschlossen.

»Stell dir mal vor, hier steht, der Autor erhielt für einen Monat als Schichtarbeiter in Vollzeit für den Leverkusener Bayer-Konzern mit Abzug von fünf Tagen einen Nettolohn von 529 Euro. Das ist ja wie ehrenamtlich, nur noch schlechter bezahlt.«

Wie tröstlich, dass mein schlaftrunkener Ehemann selbst zu dieser späten Stunde die komplexesten Zusammenhänge umfassend begreifen und wiedergeben kann.

»Wie der Titel schon sagt: Das ist der Grund, warum viele Hartz-IV-Empfänger nicht arbeiten wollen – sie stehen mit Job genauso beschissen da wie ohne.«

Gähnend beschließe ich: »Morgen werde ich meine Teilnehmer fragen ...« Dann fallen auch mir die Augen zu.

Morgens verschlafe ich und starte etwas später als die letzten beiden Tage. Im Gepäck: ein Goethe, ein Schiller, eine Gedichtsammlung von Ulla Hahn und »Arm durch Arbeit«.

Auch mein nächtlicher Traum war poetisch: Ich fuhr durch die Stadt und verteilte Suppendosen an unbelebten Orten wie leeren Marktplätzen, verlassenen Grundstücken und Häusern. Nach unseren abendlichen Gesprächen könnte man meinen, diese Aktion würde mein schlechtes Gewissen offenbaren und meinen Wunsch nach sozialer Wiedergutmachung, doch wenn ich ehrlich bin, war meine Intention egoistischer Natur – ich verteilte das Essen für mich selbst als eine Art Sicherheitsreserve.

Mein heutiger Plan steht fest: Je nach Stimmung und Besetzung werde ich den kulturellen Unterrichtsausklang bestimmen. Die erwartungsgemäß beleseneren Teilnehmer wie die Schubert und Heiko Bloom könnte ich mit dem Argument überzeugen, die literarische Bildung wäre vor allem für unsere ausländischen Mitbürger im Raum ein wesentlicher Input. Von wegen Schönheit der deutschen Sprache, Land der Dichter und Denker und so weiter, und so weiter.

Außerdem stehen heute Anschreiben auf der Agenda. Ein praller Tag in einem prallen Leben. Vor lauter Begeisterung höre ich unterwegs wieder NDR 1.

Zum launigen Roberto-Blanco-Hit »Ich komm zurück nach Amarillo« passiere ich mit meinem Wagen gewohnt souverän den inzwischen mit sommerlich beigen Schlabberhosen bedressten Hundebesitzer, der heute, ebenfalls später, missmutig eine Zigarette raucht.

Arbeitsloser, denke ich nur. Wieder einer.

Es ist wie früher, wenn man in einen Jungen mit rotem Golf verknallt war, und plötzlich sah man überall einen roten Golf. Jetzt scheint meine Umgebung von Arbeitslosen förmlich überzuquellen. Wer herumläuft oder -fährt, keinen Firmenaufdruck auf dem Wagen und keine Aktenmappe unter dem Arm hat, ist sofort verdächtig.

Diesmal fehlen Hape, Heiko Bloom, Mohammed und weiterhin Björn (dessen Krankmeldung heute eintrudeln müsste), wodurch sich ein gewisser Frauenüberhang abzeichnet.

Mit meinem Lehrplan kann ich auf Abwesende allerdings keine Rücksicht nehmen, weil bestimmt immer welche fehlen. Zu dieser weisen Erkenntnis bin ich bereits nach nur zwei Tagen gelangt. Was ich noch lernen werde: Krankmeldungen sind Schall und Rauch.

»Heute sprechen wir die formalen Kriterien der Anschreiben durch.«

Die Stimmung lockert sich, die Konzentration steigt. Teilnehmer mit guten deutschen Sprachkenntnissen hören interessiert zu, die Herren Sviridov, Michajlowitsch und Arikan gucken angenehm integrativ. Mohammeds Abwesenheit reißt dennoch einen tiefen Graben zwischen unsere Verständigungsmöglichkeiten.

Um die Aufmerksamkeit auf mich zu fixieren, versuche ich die anstehenden Inhalte möglichst anschaulich zu machen: »Anschreiben sind die ersten und manchmal auch letzten Worte, die Sie an die unbekannten Leser richten. Sie können den Sesam öffnen oder Ali Babas Schätze für immer verborgen halten. Jedes Anschreiben ist ein Unikat. Ein Schmuckstück mit dem Glanz des Willens und des Optimismus. Jeder Arbeitgeber will exklusiv gemeint sein, keiner wünscht sich eine Bewerbung von der Stange. Designen Sie Ihre Texte, schmücken und dekorieren Sie sie, damit sie klassisch berühren, aber keineswegs langweilig …«

Ein Blick ins Publikum beweist: Mein Ton trifft die Volksseele: nicht. Nelly nickt mit offenen Augen ein, Didem liest Fusseln von Hüsnüs Revers. Horst Krebs sieht wieder mit seinem Sturz-Blick zum Fenster hinaus. Und die Schubert? Schreibt mit.

»Woran erkennt man ein perfekt formuliertes Anschreiben?«, fragt sie wissbegierig. Sie scheint eine Bewerbungsattacke zu planen.

»Beginnen wir oben. Statt nur einfach ›Sehr geehrte Damen und Herren‹ zu schreiben, sollten Sie den Namen Ihres Ansprechpartners kennen – ein vorhergehender Anruf wäre ratsam. Ihr erster Satz bezieht sich auf die Ausschreibung des Jobangebots, wie ›aufgrund Ihrer Anzeige im Soundso-Tageblatt vom Soundsovielten …‹. Bei Initiativbewerbungen geben Sie stattdessen an, wieso Sie gerade dieses Unternehmen für Ihre Bewerbung ausgewählt haben. Das könnte dann so klingen wie: ›Da Sie sich als Traditionsunternehmen auf die Produktion von Süßwaren spezialisiert haben und ich Sie als Lebensmitteltechnikerin sicher gut unterstützen könnte …‹«

Ulla Schubert nickt. Meine Ausführungen erscheinen ihr sinnvoll und hilfreich. Nicht so Didem Arikan. »Mein Mann schreibt immer: ›Hallo, ich will bei Ihnen arbeiten. Bin fit und kann sofort‹ – und Schluss.«

»Deshalb hat er bisher auch keine Stelle bekommen«, antworte ich mit meinem Totschlagargument.

»Hat er doch«, kontert Didem.

»Hat er nicht«, beharre ich patzig. »Ich kenne doch seinen Lebenslauf.«

»Offiziell oder inoffiziell?« Triumphierendes Grinsen von Nelly.

In diesem Raum bin ich offensichtlich die Einzige, die bezüglich Hüsnüs beruflicher Aktivitäten keinen Durchblick hat. Inoffiziell würde bedeuten … »Schwarzarbeit ist in Deutschland verboten.«

Hüsnü lacht. »Bau für Mehmet, Vertrag mit …« Er macht eine Geste in die Luft, als ob er unterschreiben würde. Seine Frau führt aus: »Fast ein Jahr hat Hüsnü auf dem Bau gearbeitet, als Helfer. Mehmet hat den Vertrag gemacht, und Hüsnü ist für ihn arbeiten gegangen.«

»Wo war Mehmet?« Ganz habe ich den Deal noch nicht erfasst.

»Na, in Türkei«, keckert Hüsnü.

»Und du hast weiter Hartz IV kassiert?«, mischt sich jetzt auch Horst Krebs ein.

Didem sieht ihn aufgebracht an. »Mussten wir, bei fünf Euro dreißig die Stunde. Machen viele, so einen Jobtausch. Bringt was und tut keinem weh.«

»Sag auch nichts dagegen. Solange ihm kein Brett auf die Birne fällt, geht das ja. Sonst ist schlecht, wegen der Versicherung.« So flugs, wie er aus seiner inneren Unterwasserhöhle aufgetaucht ist, so schnell taucht der Urzeitkrebs auch wieder ab.

»Können Sie sich unter den Begriffen Hardskills und Softskills etwas vorstellen?«, setze ich pflichtbewusst meinen Unterricht fort.

»Schade, dass Hape heute nicht da ist«, sagt Nelly. »Dem wäre bestimmt was Schweinisches dazu eingefallen.«

Die Schubert macht ihr Ich-weiß-was-Gesicht. »Das sind die fachlichen und sozialen Kompetenzen.«

Letzten Endes gilt diese Stunde sowieso nur ihr. Alle anderen haben meine Ausführungen entweder nicht verstanden oder werden sie schon in der nächsten Pause komplett vergessen haben.

»Genau, und die listen Sie möglichst pointiert auf – wo haben Sie in welchem Bereich gearbeitet und welche Qualifikationen bringen Sie mit. Bezüglich Ihrer sozialen Stärken schreiben Sie bitte nicht dumpf hintereinander: Ich arbeite selbständig, aber auch gern im Team, bin fleißig, pünktlich, usw.«

»Pünktlich ist selbstverständlich«, ruft die maßnahmenerprobte Nelly.

Ohne Hape macht sie einen viel zugänglicheren, konstruktiveren Eindruck. Obwohl sie sich immer wieder für Minuten gedankenverloren in ihren schwarzen Kapuzenpulli verkriecht, scheint sie heute fast Spaß am Unterricht zu haben.

Allgemein kann ich jetzt schon sagen: Kein Tag ist wie der andere. Je nach Besetzung des Klassenraums und Konstellation der Teilnehmer wechselt die Stimmung wie die Wetterlage über dem westlichen Atlantik oder im Thüringer Wald. Innerhalb kürzester Zeit kann, von nur einem Anwesenden ausgelöst, eine schwelende, aggressive Atmosphäre um sich greifen und das Geschehen vollends beherrschen. Genauso kann durch die Ankunft eines weiteren Teilnehmers die Stimmung plötzlich gelöst werden, fast heiter, um nicht zu sagen ins Alberne umschlagen.

»Beschränken Sie sich auf zwei, höchstens drei Attribute, die konkret mit Ihrer Arbeit und deren Herausforderungen gekoppelt sind. In Ihrem Fall«, ich fixiere Ulla Schubert, »könnte ich mir vorstellen, wenn Sie sich zum Beispiel in einer Boutique als Verkäuferin bewerben ...«

»Wieso könnte ich nicht Ihren Job machen?« Meinen Job? Wie

meint sie das? Mit beiden Händen greift sie in ihren Bob, so als ob sie ihr bereits mindestens fünf Zentimeter hoch toupiertes, lagerfeuerrotes Haupthaar noch einige Zentimeter weiter nach oben schieben wollte.

»Sie haben keine entsprechende Ausbildung, ich bin von Beruf immerhin Lehrerin.«

Die Bauchatmung hat sich in solchen Situationen schon oft als hilfreich erwiesen. Tief durch die Nase ein, kurz anhalten und locker durch die Nase wieder aus. Gegen Ärger, Angst und Schmerz anatmen, das kann jeder und kostet nichts.

»Schön, Frau Schubert, dann nehmen wir jetzt an, Sie bewerben sich bei einem anderen Bildungsträger …«

»Oder hier! Was Sie machen, das kann ich ohne größere Vorbereitung auch.«

»Oder hier. Welche Softskills zeichnen Sie für die Dozententätigkeit aus?«

Als wollte sie ihre innere Welt checken und kontrollieren, rückt sie rund um die Tastatur ihren Block, ihren Kugelschreiber, ein kleines Ledermäppchen und einen Kroko-Filofax zurecht, verändert ihre Position, ordnet sie neu. Eine völlig überflüssige Aktion, die man in der Evolutionären Erkenntnistheorie als Übersprunghandlung definiert.

Eine faszinierende Entdeckung des Zoologen und Verhaltensforschers Konrad Lorenz, die er im Bereich der Instinkttheorie etablierte. Erstmals habe ich davon gehört, als ich mit Alexander eine Reportage über Seevögel im Fernsehen ansah.

Dort hatte sich einer dieser Krähenscharben, Säbelschnäbler, Trottellummen, Röhrennasen, oder wie sie auch alle heißen, einen selbst gefangenen Fisch auf einen Felsen gelegt, um ihn dann gemütlich wegzuknabbern. Doch noch vor dem ersten Pickversuch kam ein Konkurrent von der Seite angezischt und schnappte ihm die sicher geglaubte Mahlzeit dreist weg.

Statt jetzt sofort wieder loszufliegen, um sich den nächsten Happen zu sichern, hackte der Beraubte einfach weiter auf dem Felsen herum, so als ob der Fisch noch immer dort liegen würde. Die Kommentatorenstimme aus dem Off erklärte dazu: »Immer dann, wenn die Entladung einer aktionsspezifischen Erregung nicht möglich ist, wird ein anderes Bewegungsmuster hervorgebracht.«

Die heute wieder in mutig kombinierten Signalfarben ausstaffierte Schubert kann ich mir als ein im tropischen Regenwald hausendes, von seinen Instinkten getriebenes, Vogeleier fressendes Riesenhörnchen gut vorstellen.

»Meine hervorragenden Eigenschaften sind mein strukturiertes Denken, meine an Perfektion grenzende Organisationsliebe und meine Fähigkeit, mich individuell auf Menschen und ihre Bedürfnisse einzustellen.«

Jetzt bloß nicht lachen, denke ich. Denn die kickboxende Singlefrau vor mir ist eine der zumindest vordergründig egozentrischsten Personen, denen ich seit Abschluss meines Studiums begegnet bin. Glücklicherweise steht Horst Krebs in diesem Moment auf, öffnet das Fenster und lenkt mich dadurch ab.

»Klingt spannend, Frau Schubert«, bemerke ich in einem vielleicht etwas gekünstelt klingenden, wohlmeinenden und aufbauenden Ton. »Noch besser wäre es, wenn Sie Ihre Behauptungen – denn das sind sie für den mit Ihnen gänzlich unbekannten Leser – mit Belegen unterfüttern könnten. Insofern würde ich Ihnen empfehlen: Meine herausragenden Eigenschaften sind mein strukturiertes Denken und meine an Perfektion grenzende Organisationsliebe, die ich besonders im Rahmen meiner erfolgreichen Tätigkeit als Geschäftsinhaberin unter Beweis stellen konnte. Meine Fähigkeit, mich individuell auf Menschen und ihre Bedürfnisse einzustellen, wurde bereits in den xy Jahren als Lehrkraft an der xy-Schule in xy umfassend gefordert.«

»Wenn deine Tätigkeit als Geschäftsinhaberin so wahnsinnig erfolgreich war, warum sitzt du dann hier rum, hä?«

Wie so oft hat Nelly wieder etwas zu essen vor sich aufgebaut – ein undefinierbares hellbeiges Gemisch, eine breiartige Suppe oder ein dünner Brei. Beim Sprechen führt sie einen großen hellblauen Plastiklöffel zum Mund, sie wackelt …

»Bitte nicht in die Tastatur kleckern«, entfährt es mir. Da ist es schon zu spät, und ein fetter Klecks versackt zwischen den Tasten.

»So eine Scheiße«, flucht Nelly, während auch sie in einer Art Übersprunghandlung das verschmutzte Dateneingabebord sinnlos ausschüttelt.

»Wechseln Sie den Rechner, und essen Sie später weiter«, schlage ich vor.

»Und machen Sie das Fenster zu, es zieht!«, kommandiert die Schubert von ihrem Platz neben der Tür.

»Du kannst mich mal«, murmelt Nelly und erhebt sich mit der Grazilität eines Haflingerponys. Dabei ist unklar, wen von uns beiden sie meint.

»Zum Abschluss schreiben Sie, ab wann Sie verfügbar wären, nennen auf Wunsch Ihre Gehaltsvorstellung und bieten gegebenenfalls auch einige Tage Probearbeit an. Dann freuen Sie sich auf ein persönliches Vorstellungsgespräch und schließen mit freundlichen Grüßen … Noch Fragen?«

Hüsnü und Didem diskutieren leise, Fjodor Sviridov und Michael Michajlowitsch vegetieren in ihrer isolierten Traumwelt,

Horst Krebs schaut auf die Uhr. Selbst Ulla Schubert hat ihren Block bereits zugeklappt.

Ein günstiger Moment für mein Lieblingswort: »Pause!«

»Du kannst die Tastatur in die Spülmaschine stellen.« In Veras Büro hat Bridge inzwischen einigermaßen Klarschiff gemacht. Die Ordner stehen beschriftet in drei Hängeregalen, noch vorgestern lose herumflatternde Blätter sind in verschiedenfarbigen Schubfächern gestapelt.

Bridge trägt wieder ihren Blaumann, der ihr ausgezeichnet steht. Der Dackel ist diesmal wach, kommt freudig auf mich zugeschwänzelt. Kaum hat er mich erreicht, lässt er sich fallen, dreht sich auf den Rücken und zeigt mir seinen behaarten Bauch.

»Larry hat ihre Tage«, erklärt Bridge nur knapp. In beiläufigem Ton fährt sie fort: »Ach, übrigens, Elke hat sich beschwert.«

»Habe ich angeblich wieder ein Fenster offen gelassen? Haha, das kann gar nicht sein. Denn gestern bin ich mit Cindy ...«, versichere ich in vorauseilendem Gehorsam.

»Ach, Fenster«, winkt Bridge müde ab. »Es geht um deine Teilnehmer. Die haben Elkes Gruppe bedroht. Wegen Kaffee oder so ähnlich.«

»Ich habe über ihre Kaffeeklauerinnen auch nicht gerade das Beste gehört«, fahre ich sofort für meine Schäfchen die Krallen aus.

»Kann sein. Trotzdem ist es nicht okay, wenn deine Leutchen die Frauen von Elkes Gruppe bedrohen. ›Fettes Frettchen‹ und ›Kugelblitz‹ sind noch die freundlichsten Worte, die gestern in der Küche gefallen sind. Habe es selbst gehört.«

Noch immer halte ich die verklebte Tastatur im Arm. »Den Disput haben sie längst friedlich geregelt«, versichere ich und will gerade kehrtmachen, um zur Spülmaschine zu streben, da erschallt aus Richtung des geöffneten Fensters ein spitzer Schrei.

Bridge springt sofort auf, auch ich spurte zum Fenster. Von oben hervorragend sichtbar hat sich dort ein Kreis um zwei Personen gebildet, die auf dem Boden in ein wildes Gerangel verstrickt sind. Mal schießt ein Arm nach oben, mal ein Bein, gerade versucht eine der Kämpferinnen die andere in den Schwitzkasten zu nehmen. Diese, eine ziemlich korpulente Dame in meinem Alter, wehrt sich verbissen, ihre rechte Hand im Haarschopf ihrer Gegnerin verkrallt. Der Haarschopf gehört Nelly.

»Friedlich geregelt«, grinst Bridge. »Dann gehen wir mal.«

Mit der Gemütsruhe eines profilierten Boxtrainers, der seine Jungs wohlbehalten im Training weiß, schließt sie das Büro ab und tapert mit mir die Treppe hinunter in den auch heute sonnendurchfluteten Hof. Als wären sie alleine, sitzen die beiden Kasachen rauchend unter einer Eiche, Hüsnü steht ein Stück entfernt und hält einen Stapel Jacken. Ganz oben erkenne ich die Schubert'schen Giraffen.

Da ich schneller gehe und den Kampfplatz vor Bridge erreiche, rufe ich als Erste: »Sofort aufhören! Auseinander!«

Dabei mache ich einen beherzten Schritt nach vorne, um die beiden keifend Rangelnden mit Bridges Hilfe wieder zu trennen. Doch der Pulk um das Zentrum der Auseinandersetzung steht nicht still, sondern agiert in eigener Sache. Rechts von mir versucht sich Didem im Tête-à-Tête mit einer Sumo-Ringerin in Miniaturausgabe gerade an einer Kopfnuss, links hat Ulla Schubert eine ihr bis auf die weniger starken Rundungen verwirrend ähnlich sehenden Person an den Schultern gepackt und schüttelt sie wie ein Barkeeper einen quer gehaltenen Cocktailshaker.

»Stooooopp!«, brülle ich, langsam panisch. Dann geht alles sehr schnell. Während ich hinter mir Bridges schweren Atem zu hören glaube, mache ich einen weiteren Schritt nach vorne. Dabei knalle ich mit dem Gesicht frontal gegen eine quer verlaufende Eisenstange, eine Vorrichtung zum Trocknen von Handtüchern und Teppichen. Von oben ist mir ihr Anblick vertraut, direkt davor stehend habe ich sie inmitten des Tumults glatt übersehen.

Bunte Lichter, Sternenregen. Ich spüre den Schmerz im Zentrum meines Körpers. Nach dieser Erfahrung würde ich übrigens beschwören: Das Körperzentrum liegt nicht, wie oft behauptet, im Solarplexus, sondern im Os nasale, zu Deutsch Nasenbein. Metallgeschmack.

Leider habe ich kaum Zeit und Muße, mich meiner neuen Erkenntnis hinzugeben, denn jetzt fließt ein strammer Blutstrom aus meinem Schmerz heraus.

Gebannt starren mich alle an.

Die Einzige, die sofort reagiert, ist Bridge, mein Engel. Sie schnappt sich die mit der Hand zu waschende, exklusivteure Giraffenstrickjacke der Schubert von Hüsnüs Arm und presst sie auf meine Wunde.

Mit dem Ausruf »kalte Lappen!« schafft sie es, die Menge in alle Richtungen zu versprengen, wenige Minuten später sind wir mit feuchten Hand- und Küchentüchern sowie einem zerrissenen Männerunterhemd über die Maßen gut versorgt.

Gerade sitzend auf einem Stuhl werden mir die wassertriefenden Teile in den Nacken geschoben und auf die Stirn gelegt. Was fast unangenehmer ist als der eigentliche Aufprall, zumal ich nun eine kuschelig warme Taubheit in meiner aufquellenden Gesichtsmitte spüre.

»Halte ihren Kopf«, brummt Bridge in Richtung der neben mir stehenden und mich mit halb offenem Mund anstarrenden, ebenfalls blutbespritzten Didem. Gleichzeitig greift sie in ihre Latztasche auf der Brust und zieht erst ein, dann noch ein Tampon in XXS-Größe heraus.

»Hundetampons«, murmelt sie, während sie mir die Wattepfropfen in die Nasenlöcher schiebt. »Die werden den Blutstrom stillen.«

Es ist ähnlich wie beim Frauenarzt und manchmal auch beim Zahnarzt – man darf nicht eitel sein. Wer mich jetzt mit den aus meinem angeschwollenen Höcker baumelnden Tamponfäden fotografieren würde, hätte mich lebenslang in der Hand.

»Sie muss sofort zum Arzt gefahren werden.« Bridge sieht sich um. »Elke, mach du das.«

Meine Lieblingskollegin muss in der Zwischenzeit hinter meinem Rücken den Hof betreten haben. Ich höre nur »Aber …«, dann folgt eine kurze, schlecht zu verstehende Diskussion.

»Elke fährt dich«, sagt schließlich Bridge, während sie mir aufhilft. »Die Tagesklinik ist um diese Zeit gut besetzt.« Eins ihrer Schweinchenaugen zwinkert mir zu. »Die sind das Verarzten von Schlägertypen wie dir gewöhnt.«

KAPITEL 5

Gibt es ein richtiges Leben im falschen?

Krisenstimmung und Fluchtgedanken

»Na, dann wollen wir mal«, sagt Elke im Tonfall einer genervten Altenpflegerin und hält mir die hintere Wagentür auf. Sie fährt einen Fiat Multipla in Eierschale.

»Möchtest du hinten sitzen?« Das würde ihr so passen. Da ich schlecht Luft bekomme und nur durch den Mund atmen kann, fühle ich mich wehrlos und ausgeliefert. Nach einem Plausch unter Kollegen steht mir auch nicht der Sinn. Trotzdem möchte ich auf den Beifahrersitz, denn hinten fühle ich mich sofort wie mit zehn im Auto meiner Eltern. Jeden verfluchten Sonntag musste ich mit ihnen sechzig Kilometer zu meiner Stief-Stief-Urgroßmutter fahren. Obwohl ich unter einer vom Kinderarzt persönlich bescheinigten »Rücksitzkrankheit« leide, zur Übelkeitseindämmung unterwegs meine Schuhe ausziehen musste und auf jeder Fahrt nach spätestens fünfundzwanzig Kilometern am Fahrbahnrand stand und würgte, hätte meine Mutter mir niemals ihren CopilotInnenplatz frei gemacht. Aus Prinzip nicht.

Wenn ich heute, ausgestopft wie ein sibirischer Tiger im Naturkundemuseum, auch noch würgen müsste, wäre das für meine angeknackste Psyche definitiv zu viel.

»Forming, Storming, Norming, Performing«, reimt Elke, während wir mit vierzig Sachen gen Krankenhaus schleichen.

»Konnst du necht etwas schneller …«, nuschel ich.

»Lieber nicht, es ist glatt.«

Glatt?

»Zwanzig Grad send's draußen.«

Ihre Hamsterhände umklammern das Lenkrad. »Trotzdem. Bist du angeschnallt?«

Im Profil sieht Elke weniger nach einer Handpuppe aus als nach einer Zeichentrickfigur von Altmeister Loriot. Mit ähnlicher Nase und ähnlich bis in die Augen hängenden Haaren. Obwohl sie gerade sitzt, hat sie im oberen Rückenbereich einen leichten Buckel. Statt einer Diddl-Maus baumelt von ihrem Rückspiegel ein Kettchen mit einem silbernen Büchlein als Anhänger.

Elke bemerkt meinen Blick. »Die zehn Gebote – können auch im Straßenverkehr nicht schaden. Was ich sagen wollte …« In andächtigem Ton wiederholt sie: »Forming, Storming, Norming, Performing – das Einmaleins der Tuckmanschen Teambildung.«

»Aha«, grunze ich, während mir einfällt, dass ich keine Krankenkarte eingesteckt habe.

»Erst kommt die Orientierungsphase, da sind unsere Kandidaten noch ganz pflegeleicht. Sie suchen ihre Rolle, selektieren die anderen nach Freund und Feind. In der folgenden Konfrontationsphase kommt es zu Machtkämpfen, Gefühlsausbrüchen. Ist das erst überwunden, kann von Kooperation gesprochen werden, von Wir-Orientierung, Ideen und Gedanken werden offen ausgetauscht, und letzten Endes fließt die gesamte Teamenergie in der Wachstums- oder Arbeitsphase in die eigentliche Aufgabenbewältigung.«

Sie sieht mich angeekelt von der Seite an. »Deine Teilnehmer sind jetzt in der zweiten Phase.«

»Sä haben dä erste Phase übersprungen«, näsel ich, gleichzeitig nach Luft schnappend.

Dass sie sich vor mir zu gruseln scheint, amüsiert mich, weil *ich* doch diejenige bin, die *sie* gruselig zu finden hat. Ein ähnliches Erlebnis hatte ich einmal mit einer skurrilen Familie im Zug. Vater, Mutter und zwei in altertümlich anmutenden Blusen und Röcken fast gleich gekleidete, erwachsene Töchter. Um sie nicht zu diskriminieren, setzte ich mich im Großraumwagen zu ihnen in die Ecke einer Sechserbank. Wie immer hatte ich etwas zu lesen dabei und war daher nicht auf tolle Optik um mich herum angewiesen. Kaum hatte ich mich aber niedergelassen, reagierten die beiden jungen Frauen, als wäre *ich* abstoßend, als würden merkwürdige Schwingungen von mir ausgehen, als wäre *ich* verrückt. Sie sahen sich an, dann wieder mich, rückten von mir weg, warteten unruhig, bis sie endlich aussteigen konnten.

»Meine Frauen sind schon seit acht Monaten dabei, zweimal waren sie bereits im Praktikum.«

Auf eine kompliziert tiefenpsychologische Weise scheint Elke meine Anwesenheit zu genießen.

»Meine FIFA-Projekte haben eine Erfolgsquote von fünfzig bis sechzig Prozent. Das heißt: Über die Hälfte meiner Frauen wechseln noch während der Maßnahme in ein sozialversichertes Arbeitsverhältnis.«

Mit festgemeißeltem Blick auf die Straße lächelt sie sich stolz selber zu.

FIFA klingt nach Fußball – aber diese Frauen können doch unmöglich …

»FIFA?«

Inzwischen kann ich meinen Nasenbereich deutlich sehen. Er liegt vor mir wie eine Dünenlandschaft.

»Förderung der Integration von Frauen in den Arbeitsmarkt«, erklärt Elke. »Das haben sie in erster Linie mir zu verdanken. Ich pflege die Kontakte zu den regionalen Betrieben und Zeitarbeitsfirmen, ich telefoniere mit den Arbeitgebern, biete ihnen geeignete Frauen an. Passgenau schule ich meine Teilnehmerinnen für die neuen Herausforderungen: Excel, Lexware, Powerpoint ...«

Mit dem Eifer eines Folterknechts kostet sie jede Sekunde unseres unfreiwilligen Zusammenseins zur Selbstdarstellung aus.

»Bei meinen Praktikumsbesuchen kann ich immer wieder neue Kontakte knüpfen. Wenn ich eine Teilnehmerin empfehle, dann wissen die Praktikumsbetriebe, dass sie sich auf mein Urteil verlassen können.«

Praktikumsstellen suchen – eine Aufgabe, die mir gerade absolut unlösbar erscheint.

»Umgekehrt dürfen mich meine Teilnehmerinnen auch nicht enttäuschen. Wer mehrmals zum Unterricht zu spät kommt oder unentschuldigt fehlt, den bestraft die Elke ...«

»Wie dänn?« Das interessiert mich ehrlich.

»Im Vorfeld legen wir die Zielvorgaben fest«, doziert meine Kollegin. »Jede Teilnehmerin gibt an, was sie bis wann erreichen möchte, das halten wir schriftlich fest. Über die Erfolge jeder Einzelnen führe ich Buch, damit meine Urteilsfähigkeit nicht durch das falsche Einordnen emotionaler Eindrücke irritiert werden kann. Am Ende kann ich meine Teilnehmerinnen glasklar beurteilen und der ARGE meine entsprechenden Empfehlungen geben. Da braucht die eine vielleicht für ihre berufliche Entwicklung einen weiterführenden EDV-Kurs, eine andere einen Deutsch-Kurs zur Verfestigung ihrer Sprachkenntnisse.«

An der persönlichen Einschätzung meiner Lieben komme auch ich nicht vorbei – die dafür vorgesehenen Formulare habe ich bereits ganz hinten im Klassenbuch entdeckt.

»Wer seine Pflichten nicht wahrnimmt und sich nicht an die Regeln hält, wird nach einer Verwarnung von der ARGE sanktioniert. Dreißig Prozent Kürzung ist da durchaus üblich. Ein Anruf von mir genügt …«

Ein mit Graffiti beschmiertes Schild verspricht nach erfolgreichem Abbiegen das Erreichen der Klinik. Elke setzt den Blinker.

»In mehreren Fällen habe ich sogar schon eine Empfehlung für die PSU gegeben.«

»Pennsylvania State University?«

Sie mustert mich wieder voll Abscheu. »Psychosoziale Unterstützung. Von was hast du denn überhaupt eine Ahnung? Du glaubst gar nicht, bei wie vielen der Langzeitarbeitslosen, vor allem denen unter fünfundzwanzig Jahren, schwerste Persönlichkeitsstörungen vorliegen. Dissoziale, paranoide, narzisstische …«

»Auch zwanghafte?«, frage ich und spiele dabei auf Elkes möglichen Psychoknacks an.

Sie nickt bejahend. »Auch das, aber auf die kann man sich wenigstens verlassen.«

Inzwischen sind wir auf dem Parkplatz der Klinik angekommen. Mit einer Dynamik, als würde sie kein Auto, sondern einen Rollator lenken, rollt Elke ihre Kiste in eine äußerst großzügig angelegte Lücke.

»Soll ich mit reinkommen?«

Da sie mit einem »Nein« rechnet, bleibt sie gleich sitzen. Ich denke an den Rückweg und nicke dankbar.

»Es handelt sich um eine Fissur des äußeren Nasenknochens, der Nasenscheidewand und einer leichten Verletzung des Nasenknorpels.«

Ausgerechnet an einem Tag, an dem ich aussehe wie ein blutverschmierter Nasenaffe, untersucht mich ein wirklich schöner Arzt. Fast unsympathisch proper sitzt mir Dr. Gonzales mit seiner Hornbrille und dem duftend weißen Kittel auf seinem Hocker gegenüber und befasst vorsichtig mein angeschwollenes Gesicht.

Die Wattepfropfen wurden freundlicherweise im Vorfeld von einer langbeinigen Kliniksstewardess entfernt. Was für ein Scheißjob, dachte ich währenddessen nur. Und so was will Luzie freiwillig machen.

»Durch den Haarriss kommt es akut zu einer Blutung aus der Nase, weil die dortige Schleimhaut stark mit Gefäßen durchsetzt ist. Es kommt des Weiteren zu einer Schwellung, beziehungsweise zu einem Bluterguss. Die Formveränderung der Nase kann eine Atmungsbehinderung zur Folge haben. Im Laufe der Zeit können die Bruchstücke fehlerhaft zusammenheilen, sodass die Verformung bestehen bleiben kann. Atemwegsentzündungen können sich ergeben, des Weiteren sind Schnarchen, Kopfschmerzen und Schlafprobleme möglich.«

Auch wenn ich keine menschlichen Rechte mehr habe und gleich zum Ausweiden auf dem OP-Tisch lande, diese Unterstellungen brauche ich nicht auf mir sitzen zu lassen. Mit einer Extraportion Luft röchel ich leise: »Ech schnarche necht.«

Der Spezialist ignoriert meine Bemerkung. Vielleicht hat er sie auch einfach nicht verstanden.

»Da sich bei Ihnen die Bruchstücke nur minimal verschoben haben, kommt eine nichtoperative Behandlung in Betracht. Zur

Schonung wird Ihnen von meiner Assistentin ein Stützverband angelegt.«

Als ich die Klinik nach zwei Stunden verlasse, habe ich eine Röntgenuntersuchung, einen Augen-Check-up und einen Anruf bei meiner Krankenkasse mit Bitte um ein Bestätigungsfax hinter mir und sehe aus wie Robin.

Wer Robin nicht kennt: Er ist der Juniorpartner von Batman, und sein maßgebliches Erkennungszeichen ist neben Trikot, Umhang, Gürtel und Strumpfhose eine schwarze Maske. Meine Maske ist zwar dunkelblau, gibt mir jedoch durch ihre breite Polsterung ein mindestens genauso mysteriöses Aussehen. Banken sollte ich ab jetzt nur noch mit erhobenen Händen betreten.

»Du hast übermorgen Geburtstag«, bemerkt Elke leidenschaftslos, während sie auf dem Weg zum Wagen indiskret meine Patientenunterlagen studiert.

Stimmt, übermorgen ist Freitag, und am folgenden Abend bin ich für ein kleines Besäufnis mit befreundeten Arbeitskollegen von früher verabredet. Manche von ihnen habe ich über fünf Jahre nicht mehr gesehen. Wie sie wohl auf meine Identität als Comicfigur reagieren?

Vertraute Angstgefühle machen sich in mir breit. Bisher habe ich den Vorfall nicht im vollen Umfang erfasst. Doch langsam wird mir klar: Ich bin eine Entstellte, vielleicht lebenslang. Selbst in zehn Jahren werden alle Leute, die sich mit mir unterhalten, auf meine Nase starren. Auf der Straße bekomme ich von Fremden Geld zugesteckt, werde in Talkshows herumgereicht. Alexander wird mit einer osteuropäischen Krankenschwester durchbrennen …

»Hast du ein Handy?«

Elke sieht mich verständnislos an. »Liest du keine Zeitungen? Über diese Hacker, die Daten klauen und Viren einschleusen? Jederzeit kann man rausfinden, wo du bist, es gibt keine Privatsphäre mehr. Dazu die Strahlungsgefahr, ich bin doch nicht lebensmüde.«

Geld, Papiere, Handy, meine Wick Blau, Sprühdeo – all diese Dinge, die mir Sicherheit geben, mir überhaupt erst meine Identität verleihen, diese geliebten Fetische fehlen mir jetzt. Nicht mal mit Zuhause kann ich telefonieren. Selbst Todeskandidaten haben aus der Zelle heraus das Recht auf ein letztes Gespräch … Jetzt muss ich weinen.

»Tut's weh?«, fragt Elke höflich.

Ich nicke stumm.

»Stell dich nicht so an«, weist mich meine Lieblingskollegin unwirsch zurecht. »Der Arzt sagte, du musst den Verband höchstens vier Wochen tragen und bleibende Schäden sind möglich, aber nicht zwangsläufig. Falls du, wie er sich ausdrückte, ein ›Boxernäschen‹ zurückbehältst, lässt sich das durch eine ambulante OP leicht beheben, und die …« Elke strahlt, »… zahlt zu hundert Prozent die Kasse.«

Geschäftig fährt sie fort: »Sei froh, dass du versichert bist, das ist noch immer nicht bei allen Deutschen der Fall. Frag mal deine Gruppe, da sind nach meiner Erfahrung von sechzehn Teilnehmern zwei bis drei nach Stress mit der ARGE ohne Versicherung.«

Erschöpft lasse ich mich auf den Sitz gleiten, Elke startet den Motor und mustert mich noch einmal prüfend. Weil mir noch immer Tränen über die Wangen rinnen, überlegt sie, was sie Freundliches sagen könnte. Ein plötzlicher Einfall erhellt ihr bleiches Antlitz.

»Übermorgen wirst du achtundvierzig. Freu dich! Das ist doch noch fast richtig jung. Ehrlich, ich hätte dich älter geschätzt.«

Drei Tage später checke ich unsere Mails. Für meinen Mann kam am Tag zuvor die von ihm persönlich eingerichtete automatische Mitteilung: »Sie wollten an den Geburtstag von Ina erinnert werden.« Tatsächlich hat der beste Ehemann von allen meinen Geburtstag nicht vergessen und mir sogar einen Haufen hübscher und wirklich brauchbarer Sachen geschenkt. Abgesehen davon kann ich stolz und glücklich sein, dass sich mein liebender Gatte nicht für alle möglichen Gelegenheiten unseres Zusammenlebens Erinnerungsmails schicken lässt.

Bis Freitag war ich krankgeschrieben, Bridge persönlich unterrichtete meine Gruppe in diesen zwei Tagen.

Die Reaktion meiner Familie auf mein neues Aussehen verlief weniger dramatisch als erwartet. »Das Outfit steht dir, Mama«, war zum Beispiel Leonas erster Kommentar. »Du siehst damit viel interessanter aus als die anderen Mütter. Kannst du mich morgen von der Schule abholen?«

Nach dem ersten Schreck machte sich Alexander ernsthafte Sorgen um meine Sicherheit. »Wenn du nach drei Tagen schon so aussiehst, was ist in drei Wochen von dir übrig?«

»Das war ein Unfall, der mir überall hätte passieren können«, versuchte ich den Vorfall zu erklären, um ihn auch selbst besser einordnen zu können.

Meine größte Herausforderung steht mir an diesem Tag jedoch noch bevor: Das geplante Come-together in der Hamburger Edelbar »Goldfischglas«. Keine Ahnung, wer den Laden vorgeschlagen hat. Die Nähe zur Schanze erscheint mir jedoch tröstlich. Da sehen alle aus, als wäre ihnen kürzlich was Schlimmes passiert.

Normalerweise fällt es mir nicht schwer, mich für ein abendliches Date fertig zu machen. Das Licht ist gnädig, ein längerer Lidstrich erlaubt. Die Absätze können gern höher, der breite Gürtel überm Schwarzen ein Loch enger geschnallt sein. Anziehen kann Spaß machen, und wenn gar nichts mehr hilft, trinkt man sich eben selber schön.

Leider merke ich bereits nach dem dritten Umziehen: So viel Alkohol, wie ich diesmal für einen gnädigen Blick auf meine Person benötigen würde, haben wir nicht im Haus. Denn was immer ich trage – weiße Bluse zum karierten Rock mit hohen Stiefeln, figurbetontes braunes Wickelkleid zu Goldkreolen, mintgrüne Strickjacke, helle Jeans, Turnschuhe –, stets sehe ich im Spiegel ein trauriges Kind mit Greisenkrankheit, das von seinen Eltern lieblos verkleidet wurde. »Du bist Robin«, haben sie gesagt, ihm die Maske aufgesetzt und es vor die Tür geschoben. Da steht es jetzt und soll sich mit seinen Freunden amüsieren. Und dabei ist nicht mal Karneval.

Freundlicherweise ersparen mir die bereits anwesenden Erfolgsmenschen in der hintersten Ecke des für 21 Uhr schon gut besetzten Lokals das obligatorische »Du siehst aber toll aus«. Stattdessen machen alle vier bei unserem Eintreten Gesichter wie Besucher einer Bundesgartenschau, wenn unvermutet über den Staudenbeeten ein Feuerwerk gezündet wird.

»Hallöchen«, stammelt Silvie, Exkollegin und jetzt leitende Redakteurin eines Frauenmagazins, nachdem sie mich einmal kurz an sich gedrückt und dann wieder beherzt weggeschoben hat. »Ach ja, und herzlichen Glückwunsch nachträglich.«

»Happy Birthday«, rufen ihr Mann Hauke (selbständiger Grafikdesigner), mein lieber Freund und Ex-Kollege Philipp (Redakteur für ein TV-Wohnmagazin) und seine beste Freundin Annett (Ghostwriterin verschiedener Prominenten-Biografien).

Letztgenannte würde ich lieber weiterhin »Annette« nennen,

denn so heißt sie wirklich. Aber mit »Annettes« verhält es sich wie mit Säbelzahntigern – obwohl es absolut nichts gegen sie zu sagen gibt, sterben sie sicher und unaufhaltbar aus.

Niemand weiß, wann das Massensterben begann, aber just an einem Sankt Nimmerleinstag muss die erste Annette sich gesagt haben: »Hach Gott, kling ich bieder«, worauf der Entschluss folgte, sich ab jetzt von aller Welt auf die verruchte französische Weise ansprechen zu lassen. Ähnlich ergeht es den »Claudias«, von denen inzwischen zahlreiche zu einer frankophilen »Claude« mutierten.

Annett hat aber nicht nur ihren Namen verändert, sie hat auch abgenommen und sieht aus wie eine Bergziege mit Perlenkettchen.

Selbst wenn die Veränderungen im Aussehen von Menschen, die man wiedertrifft, weniger frappant ausfallen: Der Blick in ein Gesicht, das man fünf Jahre nicht betrachtet hat, kostet immer Überwindung – es spiegelt das eigene Älterwerden schonungslos.

»Hattest du einen Unfall?«, fragt Philipp vorsichtig, aber durchaus taktvoll. Wirklich komisch ist die Vorstellung, ich säße dort den ganzen Abend mit meiner Polsterbrille, und alle Gäste des Lokals fixieren mich wie eine Außerirdische, nur meine lieben alten Bekannten erwähnen meine Auffälligkeiten mit keinem Wort.

»Könnte man schon so nennen«, antworte ich wahrheitsgemäß, während Alexander zwei Weißwein bestellt. »Mir gebührt ein Märtyrer-Orden für die Erfüllung meiner beruflichen Pflichten.«

»Bist du jetzt bei den Reuters-Jungs?«, fragt Silvie halbernst. Sie kann meine Bemerkung nicht einordnen und wird in solchen Fällen immer schnell sauer.

Mit »Reuters-Jungs« meint sie die Kriegsberichterstatter der Agentur Reuters. Wo auch immer es weltweit knallt, stehen sie mit ihren Mikros den Rettungskräften im Weg. Hasardeure reinsten Wassers.

»Nun, nachdem ich einige Jahre frei für Zeitungen wie FAZ, FR, Tagesspiegel oder taz geschrieben habe und sogar zwei Seiten im Spiegel hatte ...«

Zustimmendes Gemurmel (jajaja, kennen wir, Brandeins ist auch spannend, dafür die olle taz, hmhmhm, das ist nicht lukrativ, aber dennoch lobenswert, Spiegel überschätzt, aber, ob das stimmt? hmhmhm).

Nach diesem Bonus-Häppchen muss ich jetzt die weniger populären Seiten meiner Laufbahn offenbaren. »Nun, ihr wisst, dass ich seit über zehn Jahren Volkshochschulkurse gebe?« Betretenes Schweigen. Subtext: Wir wissen es, aber du kannst dich darauf verlassen – wir verraten es keiner Menschenseele.

»Jetzt arbeite ich mit Arbeitslosen.« Der Satz an sich klingt schon so, als müsste er überarbeitet werden. Bezüglich Form und Inhalt könnte er meinen endgültigen Abschied aus der schreibenden Zunft begründen. Meine vier Bekannten zählen ihre nicht vorhandenen Eiswürfel.

»Arbeitslose?« Annett traut sich als Erste, dieses anrüchige Wort in den Mund zu nehmen. Sofort spült sie mit ihrem Long Island Iced Tea nach. Hauke flüchtet in sein BlackBerry.

»Ja, ich, ähm, bin jetzt Dozentin bei einem Bildungsträger und vermittle Jobsuchende in, ähm, Jobs.«

»Klingt spannend«, sagt Silvie, um auch ein bisschen mitzureden. Diese aufmunternden Worte hätte sie allerdings auch gewählt, wenn ich erzählt hätte, ich wäre jetzt hauptberuflich auf den Landstraßen im Osten der Republik unterwegs und würde

Schlaglöcher zählen. Der folgende Nachsatz belegt jedoch, dass sie ihren Kommentar ernst meinte. »Das machst du aber nur zur Recherche, oder?«

»Nein, nein.« Ich nehme einen großen Schluck aus meinem Weißweinglas. »Das ist ein ganz normaler Job.«

»Hast du nicht Theaterwissenschaften studiert?« Hauke ist aus seiner Handy-Welt wieder aufgetaucht. Dass er das noch weiß – ich bin gerührt.

»Ich habe sogar ein Einser-Diplom gemacht.«

Fassungslos schaut er mich an. »Wieso arbeitest du nicht wieder bei einer Zeitung oder als Dramaturgin oder als …«

Der Wein schmeckt ausgezeichnet. Ich nippe mehrmals, um Zeit zu gewinnen. Dann hole ich zu einer umfassenderen Erklärung aus. »Als Mann von Mitte vierzig kannst du das vielleicht noch nicht nachvollziehen, aber für Frauen in meinem Alter ist ein fester Arbeitsvertrag eine absolute Utopie. Diplom hin, Berufserfahrung her. Selbst wenn du gute Beziehungen hast – bist du mit Ende dreißig raus aus dem Laden, wirst du ganz bestimmt nicht wieder eingestellt. Da kannst du dir deine hübsch manikürten Fingerchen an Bewerbungen blutig schreiben.«

»Aber du hast doch als Freie gearbeitet?« Silvies Stimme klingt schüchtern und beleidigt zugleich.

»Zwei Jahre fest frei für Familie & Co. Dann wechselte die Chefredaktion, und mit ihr endeten die Aufträge. Der Rest waren die bereits genannten Gelegenheiten, die keine festen Einnahmen gewährleisteten.«

»Glücklicherweise bin ich fest angestellt«, meldet sich Alexander zu Wort.

Dankbar lege ich ihm meine Hand auf den Arm. »Ohne ihn hätte ich mich arbeitslos melden müssen und würde dann vielleicht selbst in einer Maßnahme …« Die Vorstellung raubt mir den Atem. Ich trinke mein Glas mit einem Zug leer.

»Akademiker werden gemeinhin gut behandelt«, erklärt Hauke, die Ruhe selbst. »Vor zwei Jahren ging die Werbeagentur, bei der ich angestellt war, in die Insolvenz und ich, nun ja, ich mit. Ich meldete mich beim Arbeitsamt und sagte denen, ich hätte vor, mich als Grafiker selbständig zu machen. Der Berater entgegnete, ich sollte mich vorher arbeitslos melden, damit ich das Überbrückungsgeld ›mitnehmen kann‹, wie er sich ausdrückte. Sechs Monate kassierte ich um die 3500 Euro cash, war krankenversichert und konnte dazu verdienen, so viel ich wollte.«

»Im internationalen Vergleich ist unser Sozialstaat einmalig«, meint Annett sagen zu müssen. »Einen Tick zu sozial, wenn ihr mich fragt.« Es hatte sie zwar keiner gefragt, aber mit diesem Stichwort heizt sie die Diskussion erst richtig an.

»Es gibt Leute, die sagen, Zwangsarbeit wäre ein durchaus probates Mittel, die vielen tausend Sozialschmarotzer wieder auf Touren zu bringen«, weiß Silvie. Sie zuckt ihre schmalen, mit kleinen, gezielt antrainierten Fitnessstudio-Müskelchen ausgestatteten Schultern. »Was meint ihr – haben sie recht?«

Jetzt mischt sich auch Alexander ein. »Aber für Hilfskräfte gibt es einfach nicht mehr genug zu tun. Sie wurden über Jahrzehnte wegrationalisiert, durch Maschinen oder Arbeitskräfte im Ausland ersetzt.«

Hauke tippt auf seinem BlackBerry herum, legt es dann aber wieder fluchend zur Seite. »Ich habe hier fürs Internet gerade keinen guten Empfang …, nun, ich meine, etwa jedes siebte deutsche Unternehmen lässt inzwischen im Ausland produzieren. Pro Jahr gehen an die siebzig- oder achtzigtausend Arbeitsplätze verloren.«

»Zu tun ist aber immer noch genug«, kreischt Silvie, jetzt so in Fahrt, als ginge es um ihren Vorgarten. »Schaut euch nur den ganzen Dreck an den Autobahnen an – hier könnten die Hartz-IV-Empfänger ihren Teil für die Gemeinschaft leisten.«

»Würdest du das machen?«, fragt Philipp mit treuen Goldfischaugen.

»Klar würde ich das machen«, kontert Silvie, und *ihre* Augen werden hart wie Haselnüsse. »Bevor ich Monat für Monat Geld kassiere, das mir nicht zusteht.«

»Das Geld stünde dir aber zu«, werfe ich tröstend ein.

»So einfach geht das auch nicht mit dem Abkommandieren zur Zwangsarbeit. Immer wieder sterben Bahnarbeiter bei Einsätzen dieser Art. Das sind Arbeitslose, die als Ein-Euro-Jobber oder von Zeitarbeitsfirmen über Subunternehmer für die Instandsetzungen der Gleise eingesetzt werden.« Alexander verblüfft mich. Er scheint heimlich Zeitung zu lesen. »Die Sicherheitsmaßnahmen für solche Hilfskräfte werden generell schlampig überwacht, wichtige Schutzkleidungen eingespart. Der Hausmeister unserer Grundschule erzählte, dass er zwei Jahre in einem Chemiewerk schuften musste, ohne dass er einen richtigen Atemschutz bekam. Während die Festangestellten die Produktionshalle nur mit professioneller Maske betreten durften, hatte er so einen Mundschutzball aus Pappe, wie man ihn nimmt, wenn man im Hof mal eben schnell seinen Fahrradrahmen umspritzen will. Doch dort, wo er jeden Tag acht Stunden stand, da flirrte die Luft.«

»Siehst du«, freut sich Annett, »und jetzt arbeitet er als Hausmeister. Wer einen neuen Job will, bekommt auch einen.«

Philipp bestellt noch eine Runde. Inzwischen bin ich bei meinem dritten Weißwein angekommen. Den Stützverband auf meiner Nase habe ich fast vergessen.

Philipp führt indes weiter aus: »Ich kenne deinen Hausmeister nicht, aber wenn er älter als fünfzig sein sollte, wird sein Gehalt zu einem wesentlichen Teil vom Arbeitsamt mitfinanziert.«

Endlich kommt Haukes Handy zu Einsatz. Er liest von seinem Mini-Display vor: »Um Arbeitnehmer ab 50 Jahren den Wiedereinstieg nach Arbeitslosigkeit zu erleichtern, kann die Agentur für Arbeit einen Zuschuss zum Lohn oder Gehalt gewähren: die Entgeltsicherung. Die Agentur für Arbeit zahlt dem Arbeitnehmer oder der Arbeitnehmerin bei Vorliegen der Voraussetzungen im ersten Jahr einen Zuschuss in Höhe von 50 Prozent, im zweiten Jahr in Höhe von 30 Prozent der monatlichen Differenz zwischen dem früheren und dem aktuellen Nettoarbeitsentgelt. Zudem wird die geringere Alterssicherung durch Aufstockung der Beiträge zur gesetzlichen Rentenversicherung abgemildert.«

Philipp ist noch nicht zufrieden. »Das kriegen die Arbeitnehmer, aber erhalten die Arbeitgeber nicht auch ihren Anteil am Deal?«

Nach einigen Minuten eifrigen Googelns, begleitet von leisen Flüchen, hat Hauke den entsprechenden Passus gefunden. »Gewährung von Eingliederungszuschüssen an Arbeitgeber bei Einstellung eines mindestens 50 Jahre alten Arbeitslosen: Die Lohnkosten können bei Vorliegen der Voraussetzungen und unter Berücksichtigung des individuellen Unterstützungsbedarfs mit 30 bis 50 Prozent für die Dauer von 12 bis 36 Monaten bezuschusst werden. Für die Einstellung von älteren behinderten Menschen besteht die Möglichkeit, den Förderumfang noch zu erweitern.«

»Da zahlt der Staat dann alles«, meint Annett trocken.

»Apropos Staatszahlungen«, wirft jetzt wieder mein umfassend gebildeter Ehemann ein. »Durch Niedriglöhne und Lohndumping wären manche Leute glatt bescheuert, wenn sie sich ihren

Körper bei Schwerstarbeit für ein paar Euro kaputt arbeiten, wenn sie dasselbe Geld für ihre Freizeitgestaltung erhalten.«

»Deshalb sind die auch so hoch erfreut, ihre Freizeit jetzt in meiner Maßnahme zu verbringen«, lache ich und bemerke, dass ich schon ein wenig lalle. »Manchmal sehe ich mir selbst von oben zu, so wie das Tote gemeinhin tun, die sehen sich auch, habe ich gehört, und dann frage ich mich, verdammt, was habe ich hier für ein Bauchgefühl? Wenn ich auf mein Bauchgefühl hören würde, dann wäre ich schon weg. Abgehauen, nach drei Tagen. Andererseits, bei dir, Schatz«, ich tätschle Alexander erneut den Arm, »bei dir hatte ich anfangs auch nicht das beste Gefühl.« Alle keckern, nur Alexander lächelt schmal. »Jetzt finde ich dich super, Kleiner. Außerdem bist du kein nerviger Arbeitsloser …«

»Warst du nicht früher zwischen zwei Jobs auch mal arbeitslos gemeldet?« Philipp guckt mich so blöd an, dass ich lachen muss.

»Jetzt, wo du's sagst, kommt es mir auch so vor. Ist aber schon viele Jahre her. Aber ich musste kein einziges Mal zu einem Termin kommen, geschweige denn Bewerbungen schreiben. Es waren herrliche Wochen …«

»Sind deine Arbeitslosen denn sehr anstrengend?«, fragt Annett mit einem Sozialarbeiterlächeln.

Vorsichtig betaste ich meine Nase. »Sie nerven, wirklich. Aber tief im Herzen sind sie allesamt liebenswerte Pechvögel, die meine Hilfe brauchen.«

Die Florence Nightingale der Jobsuche spricht wieder aus mir, leider nicht mehr ganz so deutlich. Einen letzten Wein vertrage ich aber allemal.

»Da ist der Herr Krebs, der musste sein Haus verkaufen, und Hüsnü, der eigentlich Lkw fahren kann, aber keinen Führerschein hat, und Nelly, die prima mit Tieren kann, aber mit ihrem miesen Hauptschulabschluss höchstens als Kassiererin im Discounter unterkommt, ach, und meine beiden Russen, Quatsch, Kasachen …«

»Das klingt nach einer Lebensaufgabe«, unterbricht mich Jörg in einem Ton, den ich aufgrund einer gewissen Erschöpfung nicht einordnen kann – meint er das ehrlich, sarkastisch oder als Warnung?

Nach einer kurzen Pause, die jeder dazu nutzt, seine Erscheinung zu ordnen und sich wieder in eine möglichst dekorative Position zu begeben, dreht Silvie das Themen-Segel beherzt von Backbord nach Steuerbord.

»Aber seien wir ehrlich – die anstrengendsten aller Hilfebedürftigen sind doch nach wie vor die Prominenten, oder?«

Erleichtert und leicht besoffen lachen alle auf. Endlich wieder Glamour in der Bude.

Philipp steigt sofort voll ein und deutet mit beiden Zeigefingern auf mich: »Weißt du noch, als du Hannelore Hoger im ›Atlantic‹ vergessen hast? Ausgerechnet …«

Natürlich weiß ich das noch, es hat mich meine Nerven, stapelweise Entschuldigungsfaxe und einen Strauß Sonnenblumen mit Fleurop gekostet.

»Liebe Scheiße ja, das einzige Interview, das ich einfach nicht mehr auf dem Zettel hatte. Manchmal stelle ich mir heute noch vor, wie sie mit ihrer Handtasche auf dem Schoß in der Lobby sitzt und auf mich wartet. Hinterher hat sie gesagt, es wäre nicht schlimm gewesen, sie hätte Bekannte getroffen.«

Annett verdreht die Augen. »Ich hatte auch einmal das Vergnügen. Das Interview dauerte höchstens zehn Minuten, bis ich aufgab.«

»Ich habe sie dann doch getroffen, abends in Hamburg. Wenn

ich an das Gespräch denke, fühle ich mich, als ob mich jemand an der Gurgel über einen Abhang hält. Wir sprachen eineinhalb Stunden, und das Gespräch las sich geschrieben richtig packend, aber sie verhinderte leider den Abdruck. Trotzdem ist sie mir sympathisch, weil sie einfach wahnsinnig viel weiß und kann. Man darf sie halt nur nicht auf ihr Alter ansprechen ...«

Silvie kichert: »Das war die erste Frage, die du Iris Berben gestellt hast: ›Ist es in Ihrem Alter nicht langsam ganz schön schwer, gute TV-Rollen zu bekommen?‹ Das fand sie richtig scheiße.«

»War blöd von mir, aber irgendwie auch ehrlich«, bekenne ich weinselig. »Eine Viertelstunde haben wir uns angezickt, dann beruhigte sie sich wieder. Waren beim Mexikaner essen. Sie stocherte aber nur in ihrem Bohnenbrei herum, und ich beobachtete sie dabei. Am Schluss taxierte sie mich mit einem wissend-mütterlichen Blick und sagte, sie wünsche mir, dass alle meine Träume in Erfüllung gehen.«

Alexander schaut mich verblüfft an. »Welche Träume?«

Bisher bin ich noch nicht dahintergekommen. Trotzdem soll er nicht so neugierig sein. »Keine Ahnung. Dich kannte ich ja bereits.«

Der restliche Abend vergeht mit weiteren Anekdötchen, die jeder Beteiligte längst kennt, aber immer wieder erzählen oder unbedingt noch mal hören möchte.

Gemeinsam erinnern wir uns an die damals so überaus aktiven Privatsender, die auf Presseterminen Tausende und Abertausende verpulverten, um uns Vertreter der Programmpresse gefügig zu machen. Uns zu ködern, war nicht schwer, fühlten wir uns doch schon schwer gebauchpinselt, wenn wir für eine Doppelseite mit Uschi Glas oder Harald Krassnitzer exklusiv einen Abend verbringen durften.

»Das Ende der Schnittchenzeit« heißt einer meiner taz-Artikel. Darin beschreibe ich den Knall der Seifenblase und den feuchten Fleck, der am Ende übrig blieb. Denn während damals auf der Internationalen Funkausstellung noch rauschende Partys gefeiert wurden und Stars wie Robbie Williams im Backstage-Bereich herumhockten und zum Frühstück Champagner gluckerten, gibt es heute beim jährlichen Berliner Stelldichein kaum mehr bedruckte Luftballons. Mit dem Untergang des Kirch-Imperiums verloren auch bei SAT.1 und ProSieben viele engagierte Redakteure und Presseleute ihre Jobs, neue Mitarbeiter werden über Zeitverträge und deutlich schlechtere Konditionen beschäftigt.

Während wir plaudern, kommt ein Verkäufer der Obdachlosenzeitung »Hinz & Kunzt« an den Tisch. Für einen Euro möchte er uns ein Exemplar verkaufen.

»Ich nehme eine«, sagt Hauke. Er nimmt ein Zwei-Euro-Stück aus seinem Geldbeutel und gibt es dem Mann. »Die Zeitung können Sie behalten.«

Jörg wartet, bis der Verkäufer an den Nachbartisch getreten ist. »Hättest du ihm die Zeitung nicht abnehmen können?«

Hauke sieht ihn verständnislos an. »Hast du nicht hingeguckt, oder was? Ich habe ihm zwei Euro gegeben, obwohl er nur einen wollte.«

»Aber seine Zeitung hast du nicht genommen. Das hat ihn vielleicht beschämt.«

Silvie klinkt sich ein. »Stimmt. Das ist ja der Gag an der Sache. Die Bedürftigen betteln nicht, sondern verkaufen ein aufwendiges, gut gemachtes Produkt.«

»Dass er jetzt noch mal verkaufen kann.« Hauke lässt nicht locker.

Annett schlägt sich indes auf die Seite der Mehrheit. »Die ganze Arbeit, die Texte und Fotos, die Spitzeninformationen, darauf verzichtest du freiwillig. Das könnte bedeuten, dich interessiert die Zeitung nicht.«

»Bei der Süddeutschen würdest du das sicher nicht machen«, bemerkt Alexander und spielt dabei auf Haukes Heimatstadt Passau an.

»Würde ich auch nicht.« Hauke zieht sein Handy aus der Tasche.

Eine halbe Stunde später, wir reden gerade über Jörgs abgebrochenen Segelschein, betritt ein Rosenverkäufer die Szene und wird von Annett, Silvie und Jörg gleichzeitig mit einer Geste zum Weitergehen aufgefordert.

»Dem Rosenverkäufer haben wir kein Geld gegeben«, stelle ich interessiert, wenn auch ohne Bedauern fest. »Lag es daran, dass er Inder ist?«

»Quatsch«, entgegnet Jörg und guckt beleidigt.

»Kneipen-Rosen sind das Peinlichste, was man in der Öffentlichkeit kaufen kann«, sagt Hauke mit der Inbrunst einer auf jahrzehntelanger Gastronomie-Erfahrung basierenden Überzeugung. »Lieber ziehe ich mir vor aller Augen mitten in der Kneipe am Automat Kondome.«

»Wie männlich«, grinst Ehefrau Silvie.

Schöne Pointe, aber ich will diskutieren. »Wir hätten ihm das Geld doch auch so geben können, ohne Rose.«

Hauke murrt: »Hach, da geht das wieder los. Der eine verzweifelt, weil man ihm seine Ware lässt, der andere ist glücklich. Wo liegt der Unterschied?«

Jörg versucht es mit einem Gleichnis: »Wenn du deiner Mami ein selbst gemaltes Bild zum Muttertag schenken willst und dazu eine Rose. Deine Mami will aber nicht so viel Krempel auf ihrem

Nachttisch herumliegen haben und besteht darauf, sich eine Sache auszusuchen – was wäre dir lieber?«

»Die Rose natürlich. Denn das Bild kommt von mir, die Rose von Gott.«

»Lieber Himmel«, ruft Annett aus und lässt sich erschöpft auf der Sitzbank zurücksinken. Silvie ist inzwischen aufgestanden, kommt mit einer langstieligen Rose zurück und reicht sie Hauke. »Schöne Grüße aus Neu-Delhi.«

Bevor wir uns verabschieden, gedenken wir noch einiger früherer, ebenfalls von der Bildfläche verschwundener Kollegen, die heute als Freie Texte für Lexika, okkulte Magazine oder PR-Flyer für Pharmafirmen schreiben.

Silvie läuft beim Aufzählen der Gescheiterten zu später Stunde noch einmal zur Höchstform auf: »Kennt ihr noch die kleine Dunkelhaarige aus dem Gesundheitsressort, verdammt, wie heißt sie schnell?« Keiner weiß es. »Bei der habe ich kürzlich meinen Tankbon bezahlt, und sie trug eine blaue Uniform mit ohne BH drunter und dazu ein passendes Käppi!«

Annett nickt erschüttert und schlürft an ihrem vierten oder fünften Long Island Iced Tea. »Das Ende der Schnittchenzeit – du bist eine Prophetin.«

Tatsächlich kreisen die Geier. Zumindest im Medienzirkus. So betrachtet, habe ich wohl alles richtig gemacht mit meinem Wechsel in die Hartz-IV-Zukunftsbranche.

Auf der Rückfahrt vertreiben sich Alexander und ich die Zeit mit dem kurzweiligen Aufarbeiten der letzten Stunden. Oder besser gesagt: Ich habe Lust, mit ihm zu quatschen, während er lieber in bewährter Fernfahrerart NDR 1 hören und schweigend auf die regennasse Straße starren möchte.

»Wie alt wird Silvie sein?«, frage ich.

»Keine Ahnung, vielleicht so alt wie du.« Eine Bemerkung, bei der er nur verlieren kann.

»Spinnst du? Sie ist mindestens fünf Jahre jünger.«

»Aber sie sieht älter aus.«

»Sehe ich auch älter aus?«

»Älter als wer?«

»Älter als ich.«

»Nein, keinen Tag, Schatz.«

»Aber ich sehe auch nicht jünger aus.«

»Jünger als Silvie?«

»Nein, Blödmann, jünger als ich.«

»Doch, jetzt, wo du's sagst.«

»Wie viel jünger?«

»Du aussiehst im Vergleich zu dir selbst?«

»Hach, hör auf. Ist dir überhaupt aufgefallen – wir waren die Einzigen am Tisch, die Kinder haben.«

Alexander wippt mit dem Kopf. Das deute ich als Zustimmung.

»Ist Philipp nicht schwul?«

»Stimmt, der zählt nicht. Aber bei Silvie und Annett kann man auch nicht mehr sagen: Auf ihren Blüten landen die Bienen noch gern.«

»Nein, kann man nicht.«

»Wenn die ihre Jobs verlieren, dann haben die gar nichts mehr.« Der Alkohol macht aus meiner Zunge ein Katapult, das die Sätze förmlich aus mir herausschleudert.

»Ja.«

»Unheimlich viele Frauen in unserer Branche haben keine Kinder.«

»Stimmt, du Bruthenne, du. Deshalb bin ich froh, dass du dich der Gesellschaft als Gebärende zur Verfügung gestellt hast.«

»Brauchst du gar nicht so ironisch zu werden. Leonas Geburt war mein Karriereende.«

»Dafür machst du Karriere als Mutter, das ist doch auch schön.«

»Klappe halten, du Arsch.«

»Nein, im Ernst, deine Entscheidung für unsere Tochter und gegen die Redaktion war goldrichtig.«

Kein Kampf, ich bin müde. »Das glaube ich auch.«

Beim Gedanken an mein liebes Kind kommen mir wieder die Tränen.

»Sie ist so ein Schatz.«

»In diesem Tempo hättest du gar nicht weiterarbeiten können.«

»Ist das wieder eine Anspielung auf mein Alter? Mein Gott, jaaa, wir sind alle auf dem Zahnfleisch gekrochen. Manchmal haben wir erst abends um acht unsere Seiten durchgestrichen wiederbekommen. Einen vierseitigen Text über die Macht der Gefühle habe ich acht Mal neu geschrieben. Aus lauter Verzweiflung habe ich sogar Experten erfunden. Professor Miller von der University Michigan stellte in einer aktuellen Studie fest, und so weiter. In einem Artikel über das Recycling von Plastikflaschen habe ich von der Grafik ein Foto mit einer Plastikbank reingedrückt bekommen. Da habe ich in der Bildunterschrift einfach behauptet: In dieser Bank stecken 3250 Flaschen. Meine geschätzten 80 Prozent Entscheidungen, die wir intuitiv treffen, hat der Focus sogar abgeschrieben, toll, was? Oft saß ich bis nachts in der Redaktion und musste dann noch eine Stunde mit Zug und Auto nach Hause fahren.«

»Diese Einsparung von Schreibern durch das Zusammenlegen der Redaktionen – Ausbeutung, nenne ich das.«

»Klar, eure Klinik ist dagegen Kuschelzone. Insel der Seligen. Feste Arbeitszeiten, Urlaubsgeld, Weihnachtsgeld. Nine-to-Five-Job nennt man das, leider ein Auslaufmodell. Im Journalismus, Schätzchen, da muss man brennen. Wir brennen … brennen … Ohhh, kannst du bitte anhalten? Sofort? Mir ist schlecht.«

KAPITEL 6

Wer reitet so spät durch Nacht und Wind?

Die motivierende Kraft der Poesie

Als ich an diesem Montag meiner zweiten Woche das Gebäude des Bildungsträgers wieder betrete, fällt mir auf, wie viele verschiedene Menschen sich dort tummeln. Zwei Mütter mit höchstens dreijährigen Kindern ziehen ihre Sprösslinge eilig durch den Flur, vorbei an drei hübschen, bunt gekleideten Frauen, die sich angeregt und ziemlich laut in einer mir fremden Sprache unterhalten. Durch die offenen Türen sieht man bereits halb besetzte Schulungsräume, der Geräuschpegel gleicht einem Flughafen ohne Durchsagen.

»Kommst du mal«, ruft Bridge mir von Veras Büro aus zu. Als ich eintrete, mustert sie mich skeptisch und stellt mir ungefragt eine dampfende Tasse schwarzen Tee vor die Nase. Der Raum riecht angenehm nach Büchern mit einer Prise Hund.

Kaum sitze ich, fragt sie, eifrig schreibend über ein Blatt gebeugt: »Willst du klagen?«

Ich fühle mich von der Frage überrumpelt, denn ich habe sie mir selbst noch nicht gestellt. »Nö«, antworte ich. »Nö, wieso?«

»Das war Körperverletzung. Außerdem siehst du furchtbar aus.«

Ihr ernster Ton erheitert mich. »Stimmt, ich könnte auf seelische Grausamkeit klagen.«

»Auf jeden Fall muss ich einen Bericht schreiben. Legst du Wert darauf, dass die Beteiligten aus der Maßnahme genommen werden?«

»Nö, wieso?«

Bridge legt den Stift weg und sieht mich sekundenlang durchdringend an.

»Ist dein Gehirn geschädigt worden?«

Fast hätte ich wieder »Nö, wieso?« gesagt, als mir klar wird, dass sie diese einsilbige Antwort meinen könnte. »Ich wünschte, ich wäre ein bisschen dümmer, dann würde ich mir vielleicht nicht so viele Gedanken machen«, behaupte ich mit der Inbrunst tiefster Überzeugung. »Aber leider sehe ich jetzt nur dümmer aus.«

Bridge verzieht das Gesicht. »Ich würde dir ja gerne widersprechen.«

Um von mir abzulenken, frage ich: »Was war der Grund für den Zusammenstoß?«

»Na, rate mal.«

»Doch nicht etwa die Kaffeekannen-Affäre?«

»Ich befürchte, ja. Ein schlimmer Auswuchs von Suchtproblematik, denn Kaffee ist, wie wir alle wissen, die legale Vormittagsdroge unserer Konsumgesellschaft. Deshalb trinke *ich* auch Tee. Darüber hinaus ist unsere Küche einfach zu klein. Wenn dort mehr als sechs Personen aufeinandertreffen, passiert das, was bei Kaninchen passiert, wenn sie zu dicht gehalten werden – sie hauen sich die Zähne in die Flanken. Diese Aggression hat sich im Raucherhof dann endgültig entladen.«

»Wie war der Unterricht mit meinen Schäfchen?« Der Tee schmeckt nach Zimt.

»Wie ich es kenne und mag. Anstrengend, aber sinnvoll. Zwei Tage lang haben wir stramm Word-Übungen gepaukt. Die beiden Herren …«

»Fjodor Sviridov und Michael Michajlowitsch.«

»Die haben richtig Fortschritte gemacht. Sie wissen jetzt schon, wie man die Kiste hoch- und runterfährt, können ihren Namen und ein paar deutsche Wörter tippen, eine Grafik kopieren und einsetzen, die Schrift verändern, farbig machen und einen andersfarbigen Hintergrund schaffen. Michael Michajlowitsch ist übrigens ein wahres Mathematikgenie. Als ich ihnen eine Excel-Tabelle zeigte, rechnete er in Sekundenschnelle im Kopf 19 Prozent von 2500 Euro.«

Eine gute Nachricht, aber gerne hätte ich den beiden diese Erfolgserlebnisse selbst ermöglicht.

»Sind neue Teilnehmer dazugekommen?«

»Nein, dafür aber wieder ein Stapel nachträglich eingereichter Krankmeldungen. Heute müssten aber …«, sie blättert in einem Stapel Unterlagen, »… alle außer Frau Schubert wieder fit sein.«

»Nicht fit – was heißt das?« Die Schubertsche wirkte auf mich stets unverwüstlich.

Bridge wedelt mit einem rosa Blatt in DIN-A5. »Sie hat euren Crash nicht so gut verkraftet und zieht eine zehntägige Unpässlichkeit einem möglichen weiteren Zusammenstoß vor.«

»Schade, sie braucht noch einen Praktikumsplatz.«

»Darum könnt ihr euch später kümmern. Ich habe übrigens den Eindruck …«

Verschwörerisch beugt Bridge sich vor. »Deine Gruppe macht sich Sorgen um dich.«

»Befürchten sie auch, ich wäre jetzt plemplem?«

Larry kommt unter dem Tisch hervor und wackelt schwanzwedelnd zwischen uns herum. Die Dackeldame scheint mir verziehen zu haben, dass Frauchen meinetwegen ihre Tampons für niedere Zwecke missbrauchte. Möglichst diskret schiele ich zwischen ihre krummen Beine, ob dort irgendwo ein Faden baumelt. Es ist nichts zu erkennen.

»Du meinst, noch plemplemer als vorher?« Bridge zwinkert mir zu, ihre Augen sehen müde aus. »Kann sein, aber in erster Linie machen sie sich Sorgen um deinen körperlichen Zustand.« Sie senkt die Stimme: »Nelly wollte dir sogar einen Kuchen backen.«

»Das macht mir Angst.«

»Verstehe ich gut. Solange sie sich schlecht benehmen, weiß man wenigstens, woran man ist. Aber sei froh, wenn es gut läuft – für übernächsten Montag haben sich zwei Personaltanten der Zeitarbeitsfirma ›Perfekt‹ angekündigt. Sie sind ganz scharf auf Kontaktemachen, Networking und so und hoffen natürlich auch, sie können sich hier auf leichte Art einige Sahnehäppchen-Mitarbeiter abgreifen.«

»Sahnehäppchen, aha. Wie stellen die sich das vor? Sollen meine Teilnehmer ein Casting durchlaufen?«

»Könnte sein. Sie tarnen es allerdings als ›Bewerbungscoaching‹, wollen mit euch Vorstellungsgespräche üben.«

»Wie lange wird das dauern?«

»Plane mal den ganzen Tag ein – wenn die erst da sind, hauen die so schnell nicht wieder ab.«

Ich stehe auf. »Was hältst du von Gedichten? Ich wollte ein paar wesentliche Repräsentanten deutschen Kulturguts in den Unterricht einfließen lassen.«

»Aha«, lautet Bridges knapper Kommentar. Wahrscheinlich ist sie froh, selbst nicht als Teilnehmerin meinem Unterricht beiwohnen zu müssen.

Mein Blick fällt auf Larry, die sich gerade intensiv den Popo leckt. »Eine Frage habe ich noch: Wo kann man Hundetampons kaufen?«

Das Interesse scheint Bridge zu wundern. Vielleicht denkt sie, ich möchte die Mini-Wattepfropfen zu meiner Stammmarke machen.

»In Deutschland leider nicht, aber meine Schwester lebt in Boston, die schickt mir immer eine Ladung zu. Soll ich für dich welche mitbestellen?«

Schweren Herzens lehne ich ab. »Danke, aber meine Hündin ist zwölf – ich denke, sie ist aus dem Gröbsten raus.«

»Die hat's gut«, stöhnt Bridge.

Meine Teilnehmer warten bereits im Klassenraum. Wenn ich sie so vor mir sehe, merke ich: Fast habe ich sie ein wenig vermisst. Heiko Bloom, im hellrosa Poloshirt mit Emblem wieder ganz Erfolgsmensch, hat sich, trotz sozialpolitischer Kontroversen, scheinbar mit Hape angefreundet, der seine Sympathie für den älteren Kollegen durch einen Griff in dieselbe Haargeltube demonstriert. Neben Hape hat sich Nelly, heute mit einer blauen Haarsträhne, häuslich eingerichtet – auf ihrem Pult sitzen zwei Stoffhunde neben einer Duftkerze. Didem und Hüsnü tragen die gleichen Trainingsanzüge, Björn scheint in einer Woche noch einige Kilos zugenommen zu haben und malt gedankenverloren Tattoo-Muster auf seinen Block. Am Nachmittag werde ich auf dem Flur zufällig von ihm aufschnappen, dass er sich nur krankschreiben ließ, weil er einen neuen Kampfgnom bei »World of Warcraft« etablieren wollte.

Als ich das Bridge weiterpetze, winkt sie nur ab und sagt, dass in den Gruppen der U-25-Jährigen schätzungsweise jeder Dritte hochgradig spielsüchtig sei. »Die kommen hier so übermüdet an, als hätten sie die ganze Nacht durchgezockt.« Auch Robert erwähnte so was.

Mohammed sitzt heute zwischen den beiden Kasachen und, ich glaube meinen Augen kaum, Michael Michajlowitsch hat seinen Schnurrbart abrasiert. Ein Kunstgriff, der ihn nicht nur Jahre jünger macht, sondern auch einen festen, perfekt geschwungenen Mund offenbart, der sich bisher hinter der dichten Haarmauer versteckte.

Als ich den Grund mit Hilfe Mohammeds hinterfrage, antwortet der sonst so stille Teilnehmer mit einem umfangreichen, scheinbar pointierten Redeschwall in russischer Sprache.

Mohammed übersetzt jedoch nur knapp: »Michael geht gerne im Park spazieren, und draußen wird es immer wärmer.«

Das ist alles? »Sie gehen gerne in den Park?«, wiederhole ich, aktiv mein Interesse bekundend.

Statt Herrn Michajlowitsch antwortet sein Cousin Fjodor: »Enten futtern.«

Seine ersten deutschen Worte, ich bin gerührt. Unter dem Gekicher der restlichen Teilnehmer schreibe ich »füttern« an die Tafel, Mohammed erklärt dem Perplexen auf Russisch den kleinen Versprecher, bis er mitlacht.

Auf dem Pult steht tatsächlich ein heller runder Kuchen mit aufgelegten Deko-Blümchen, vermutlich aus Marzipan.

»Das ist aber nett von Ihnen«, bedanke ich mich bei Nelly. Diese senkt beschämt den Blick, greift in ihre Tasche und hält eine ihrer vielen Tupperdosen hoch.

»Der Kuchen ist von Björn, aber ich habe Ihnen ein paar selbst gekochte Kartoffelknödel mitgebracht.«

»Lecker«, lobe ich.

»Wie lange wollen Sie den Nasenschoner tragen?«, fragt Hape und grinst mir zum ersten Mal aufmunternd zu.

»Mal sehen, wie er so ankommt. Bisher habe ich schon zahlreiche Komplimente bekommen.«

Horst Krebs hebt schüchtern seine massive, sehnige Arbeiterhand. »Darf ich Sie kurz sprechen?«

Vor der Tür hält er den Kopf gesenkt, als ob er sich für eine schlimme Tat schuldig fühlen würde. »Ende nächster Woche habe ich einen Vorstellungstermin.«

»Super, das üben wir«, freue ich mich. Leider für ihn mit, denn er guckt weiterhin, als hätte er einen Brand gelegt.

»Bei einer Baufirma als Bauhelfer.« Langsam dämmert mir, was ihn belastet.

»Und Ihr Rücken?«

»Wenn ich das vorher sage, habe ich keine Chance.«

»Aber mit zwei Bandscheibenvorfällen können Sie unmöglich Bauschutt schleppen oder Gerüste aufbauen oder die Dingsbums laden …« Wie heißt bloß dieses runde Gerät, in dem das graue Zementzeug immer im Kreis gedreht wird?

»Wenn ich es nicht schaffe, höre ich wieder auf. Aber ich will es wenigstens versuchen.«

Mit einem mütterlichen »Passen Sie bloß auf sich auf« will ich uns beide wieder zurück in den Klassenraum bugsieren, doch Horst Krebs bleibt stehen.

»Ist noch was?«

»Meine Fahrtkosten sind nicht auf mein Konto eingegangen. Ich habe kein Auto, komme jeden Tag mit dem Zug. Bis Mittwoch reicht das Geld, wenn ich sonst nichts ausgebe, aber dann kann ich nicht mehr kommen.«

Eine heiße Welle Schamgefühl schwappt in mir hoch. Wie viel

kostete Alexander und mich allein das Treffen im »Goldfisch-glas«? Fünfzig Euro? Ich weiß es nicht. Und gestern Abend habe ich im Anfall manischer Bildungs- und Vergnügungssucht bei Amazon Bücher und Hör-CDs für über hundert Euro bestellt.

Und dieser arme Mann ist pleite. Sein kariertes Baumwoll-hemd ist an den Nähten schon ganz verschlissen. Soll ich ihm Geld geben? Das könnte als Geste gründlich missverstanden wer-den. Außerdem bin ich zwar die Florence Nightingale der Jobsu-che, aber nicht die Mutter Theresa für meine Teilnehmer. Für die-se Fälle gibt es hier sicher eine Notfallkasse.

»Sie bekommen einen Vorschuss, ich kümmere mich darum, versprochen.«

Während ich rede, höre ich ein Klackern auf der Treppe, als ob jemand einen Beutel Walnüsse hinunter- oder hinaufwerfen wür-de. Sekunden später biegt eine Frau in hochhackigen Sandalen und einem um ihren züngelnden Körper wehenden hellgrünen Taftkleid um die Ecke.

Als sie mich sieht, bleibt sie abrupt stehen. »Sind Sie Frrrau Frrreiwald?«

Ich strahle sie an und zeige dabei eine besonders große Porti-on Zähne, in der Hoffnung, sie würden die Betrachterin von mei-ner Maske ablenken. Der Effekt bleibt aus.

»Oh nein, oh nein, was haben Sie denn gemacht?«

Man sieht es noch, ich weiß. Aber es tut sich was. Selbst mein kritischer Ehemann bemerkte beim Frühstück, ich sähe nicht mehr aus wie Wladimir Klitschko, sondern wie sein großer Bru-der Vitali.

»Als der Mann in der Latzhose …« Meint sie Bridge? »… un-ten sagte, Frau Freiwald treffen Sie oben, und Sie werden sofort sehen, wer sie ist, war ich ganz unsicher, worauf ich achten sollte.

Ehrlich gesagt dachte ich, ich erkenne Sie an einem Zeichenstock oder Kreide, Sie sind doch hier die Lehrerin …«

»Dozentin«, unterbreche ich den Redefluss. Obwohl sichtlich abgehetzt, wirkt sie frisch wie ein polierter Apfel.

Ihr Deutsch mit polnischem Akzent inspiriert mich zu einem Geistesblitz. »Sind Sie die bisher krankgeschriebene Teilnehmerin …«

»Frau Vidina Popov, richtig. Ich bin so froh, dass ich endlich hier sein kann. Ich hole alles nach, wenn Sie Blätter haben, die Vokabeln lerne ich auch, Deutsch ist eine wunderbare Sprache. Wenn ich nicht über das Praktikum, das ist übrigens eine sinnvolle Sache, damit habe ich meine letzte Stelle bekommen, ich bin Fußpflegerin, aber wenn es diesmal nicht klappt, dann mache ich mich selbständig. Ich habe schon alles mit Frau Huber besprochen, die würde mich unterstützen, Sie geben hier auch Existenzgründungskurse, aber das können wir …«

»Das ist Herr Krebs«, stelle ich den perplexen, von weiteren raumgreifenden Frauen völlig überforderten Urzeitkrebs vor. Der bringt nur mit Mühe ein »Moin« heraus, um dann weiter die Bodenfliesen mit seinen Blicken in Schach zu halten.

»Ist das unser Raum?«, drängelt die Nachrückerin, die es offensichtlich kaum abwarten kann, vom Nektar der Bildung zu schlürfen.

»Yes, yes«, antworte ich im Anflug einer revierverteidigenden Überheblichkeit und gebe mir durch diese kleine Spielerei einen kosmopolitischen Anstrich. Schnell öffnet sie die Tür und geht vor mir her in den Klassenraum.

»Hello«, begrüßt sie die Anwesenden ebenso kosmopolitisch.

»Hello«, ruft Sprachgenie Mohammed zurück.

Die anderen reißen die Augen auf, und einige Herren scheinen sich über den weiblichen Neuzugang zu freuen. Gezielt steuert Vidina den noch freien Platz zwischen Heiko Bloom und Hüsnü an. Während ich meine, bei den beiden Männern das Testosteron in Brocken durch die Adern donnern zu hören, versteinert sich Didems Gesicht merklich.

»Hello, who are you?«, fragt Vidina Hüsnü, der die Augen aufreißt, als hätte sie ihm an den Po gefasst. Da er nicht antwortet und sein Weib sie nach vorne gebeugt missbilligend mustert, wendet sich die Kontaktfreudige an den sicher wieder nach Rasierwasser und einer Note Wodka duftenden Herrn Bloom.

»What's the matter with you?«, startet sie nun nach links ihre Konversation.

»Thank you, I'm fine«, antwortet der Angesprochene sichtlich erheitert.

Aus welchem Grund spricht sie bloß Englisch? Ich bin sicher, dass sie aus Polen stammt, und sie spricht annähernd fließend Deutsch. Ein Sprachproblem kann demnach nicht die Ursache sein. Aber ich habe damit angefangen, vor der Tür. Vermutlich denkt sie, wir hätten gerade eine Englischstunde, dann folgen Bio, Sport und am Ende zwei Stunden Mathe.

»Wir machen hier Jobcoaching, unterstützen Sie bei der Arbeitssuche und bereiten Sie auf das Praktikum vor«, erkläre ich.

»All scrap«, wirft Mohammed ein.

Woraufhin die mitteilsame Neue flugs wieder in ihr fließendes Akzentdeutsch switcht.

»Puh, bin ich froh, weil mein Englisch …, ich hatte drei Jahre einen Freund aus Liverpool, black people, haha, aber wir haben uns nicht gut verstanden. Deutsch klingt wie polnische Musik. Als Au-pair war ich in Hamburg, ein halbes Jahr, da wusste ich, im Herzen bin ich Deutsche, hier ist es sauber …«

»Danke«, unterbreche ich sie freundlich, aber gnadenlos. Im Prinzip bin ich froh, dass sie da ist, die überdrehte Optimismusschleuder. Aber ich muss sie im Zaum halten, sonst rotiert sie meine kostbare Lebenszeit in Grund und Boden.

Mit der Autorität, die mir trotz Nasenstütze geblieben ist, wende ich mich an die Klasse. »Eine Ankündigung habe ich für Sie: Übernächste Woche kommen zwei Personalerinnen einer Zeitarbeitsfirma vorbei. Sie wollen mit Ihnen Vorstellungsgespräche führen – zur Übung und zum gemeinsamen Kennenlernen.«

Der Gute-Laune-Pegel im Raum sinkt merklich, obwohl auch die durch das halboffene Fenster hineinflutende Sonne ihr Möglichstes dafür tut, ihn weiterhin oben zu halten.

»An die wollen Sie uns wohl verschachern, was?« Hape reagiert als Erster und baut somit seine Rudelführungsrolle gegenüber Konkurrenten wie Heiko Bloom oder Ulla Schubert merklich aus.

»Jetzt meckern Sie hier nicht gleich wieder herum, es zwingt Sie niemand, einen Vertrag zu unterschreiben.«

Horst Krebs sagt traurig: »Glauben Sie das wirklich, oder lügen Sie uns an?«

»Wenn wir die Chance auf einen sozialversicherten Arbeitsplatz grundlos ablehnen, kann uns die Stütze gekürzt werden«, erklärt Nelly in einem geduldigen Ton, der jedoch keinen Widerspruch zulässt. »Wenn die uns wollen, müssen wir mit.«

»Das klingt, als ob die Sie alle Mann mit einer Flöte vor die Stadt locken wollten. Sicher haben sie ein gewisses Interesse, mögliche neue Mitarbeiter auf diese Weise kennenzulernen, aber ein neuer Job hat doch auch für Sie Vorteile. Häufig werden Arbeitskräfte von Zeitarbeitsfirmen von den Unternehmen in ein direktes Arbeitsverhältnis übernommen.«

»So war es früher«, brummt Horst Krebs. »Heute wollen Unternehmen nur Fachpersonal. Hilfsarbeiter werden geliehen, getestet und nach Verbrauch weggeschickt. Wenn sie einen Auftrag kriegen, rufen sie an und bestellen sich die Ladung, passt dem Chef eine Nase nicht, sagt er, bringt einen Neuen, den will ich nicht. Die Firma zahlt pro Stunde fünfzehn Euro, der Arbeiter kriegt sechsfünfzig.«

»Bei meinem Vater waren's nur 6 Euro 15.« Björn hat eine Malpause eingelegt und schaut müde in die Runde. »Er ist gelernter Drucker, aber die haben ihn wie einen Hilfsarbeiter bezahlt. Die Festangestellten in der Druckerei, wo er hingeschickt wurde, verdienten das Doppelte. 600 Euro blieben ihm im Monat, dabei hat er bei einer 40-Stunden-Woche ständig Überstunden gemacht. Jetzt ist unser Haus schon abbezahlt, und ich bin ein Einzelkind, aber sein Kollege Jan, der war bei derselben Zeitarbeitsfirma und musste mit seinem Gehalt auch noch seine Frau und die drei Kinder ernähren.« Kunstpause. »Das ging gar nicht.«

»Verhungern schafft man auch ohne Zeitarbeitsfirma«, weiß Hape. »So ein Pizza-Fuzzi im hohen Norden hat seinen fünf Angestellten nur je 1 Euro 32 pro Stunde bezahlt. Den Rest zahlte die ARGE – oder ›Jobcenter‹, wie sie sich lächerlicherweise gerne nennen. 11 000 Euro haben die zwei Jahre draufgelegt, schrieb die Zeitung. Und was das Geilste ist: Das Gericht erklärte die Löhne als sittenwidrig, weil sie nicht zwei Drittel des in der Branche gezahlten Tariflohns oder des ortsüblichen Lohns ausmachten. Weil im Osten eine Kellnerin nur knapp über sieben Euro bekommt und eine Küchenhilfe gerade mal fünf, hätte der Lohn großzügige 4 Euro 60 bzw. 3 Euro 30 umfassen müssen.«

»Schweinerei«, murmelt Nelly und greift tief in eine knisternde Tüte.

»Am schlimmsten finde ich die Unsicherheit«, klinkt sich Vidina wieder ein. »Wer bei der Zeitarbeitsfirma ist, darf in den ersten sechs Monaten der Probezeit nicht einen Tag krank sein. Ein Freund von mir ist Tischler, den haben sie im Winter zum Fenstereinbauen auf die – wie heißt das, Aufbaustelle? – gebracht, da holte er sich eine Grippe. Er ging zum Arzt und gab gleich die Krankmeldung ab, hatte sich trotz Fieber nur den Rest der Woche krankschreiben lassen. Und was passierte? Noch am selben Tag flog er raus.«

»Aber er hatte doch sicher eine Kündigungsfrist?«, frage ich vorsichtig.

»Yes, yes!« Vidina lächelt durchtrieben. »Zwei Tage.«

Ihr Nachbar Heiko Bloom hört ihr zwar aufmerksam zu, scheint ihr aber widersprechen zu wollen. Sein Gesichtsausdruck spiegelt den Konflikt: Einerseits möchte er es sich mit der hübschen Polin nicht verscherzen, andererseits stimmt er ihr so gar nicht zu. Mit einem angestrengten, aber kalten Lächeln lässt er schließlich seine verbale Bombe platzen: »Viele Hilfskräfte arbeiten schlecht.«

Kaum hat er den Satz ausgesprochen, geht ein Ruck durch die Gruppe. Bevor jedoch jemand auf sein Statement antworten kann, fährt er fort: »Ich habe es selbst erlebt. In unserem Discounter haben wir Hilfskräfte eingestellt, die unzuverlässig und lustlos …«

Nelly, mit verschränkten Armen und rotem, leicht angeschwollenem Kopf, unterbricht ihn rüde: »Halt lieber die Klappe. Ich weiß genau, wie das läuft, deshalb werde ich einen Scheiß tun, mich in so einem Laden für ein paar Euro an die Kasse zu hocken. Man wird verarscht von vorne bis hinten. Früher hieß der Beruf nämlich ›Verkäufer‹, und was suchen sie heute? ›Verkaufshilfen‹!

Und wo liegt der Unterschied? Überraschung: Es gib keinen! Kassieren, verkaufen, Regale einräumen – Verkaufshilfe als Fulltimejob. Guckt euch um, das geht quer durch die Branchen – Bürohilfe, Hausmeisterhelfer, Gartenhelfer … Nur in der Kohle macht sich das bemerkbar, denn Helfer und Leiharbeiter kriegen bestenfalls die Hälfte und sind Sklaven für alle.«

»Managerhelfer kenne ich allerdings keinen«, bemerkt Hape und freut sich sichtlich über diesen schlauen Satz. »Außerdem: ›Leiharbeiter‹ – wie klingt *das* denn? Nach Sklavenarbeit, nach Menschenhandel. ›Ich leih mir einen Arbeiter‹, pervers, oder?«

»Wurde ein Jahr an eine Stahlbaufirma verliehen. Die Firma beschäftigte zwanzig Leute, über die Hälfte waren Leiharbeiter.« Horst Krebs sieht beim Sprechen aus dem Fenster. »Von denen ließen die meisten alles mit sich machen. Arbeiteten sich kaputt, weil man denen gesagt hat, sie könnten übernommen werden. Die haben aber seit Jahren niemanden eingestellt. Als ich kam, wurden gerade Leiher abgemeldet, waren denen zu langsam.«

Vielleicht bedrückt ihn die Erinnerung, vielleicht erleichtert ihn seine Beschreibung – beide Gefühlsebenen spiegeln sich in seinen Zügen wider.

»Die stellen vor allem Zäune her. Diese Matten wiegen im Schnitt 20 bis 35 Kilo, je nach Ausführung. Jede einzelne muss man an den Enden verschweißen, Punktschweißen. Man bekommt sie in Paketen von 20 bis 40 Stück vor sich auf zwei Böcke gestellt. Bei hohen Stückzahlen ist das Paket so hoch, dass man sich auf zwei Europaletten stellen muss, um obendrauf schweißen zu können. Nach dem Schweißen muss man die fertigen Matten einzeln per Hand auf einen Rollwagen oder zwei Bohlen legen. Ein ziemlicher Höhenunterschied. Also wuchtet man den ganzen Tag Matten durch die Gegend. Hebehilfen gibt es nicht. Schweißgasabsaugen gibt es nicht. In der kompletten Halle wird geschweißt und geschliffen. Der Nebel wabert. Kann man prima an den Schlieren unter den Lampen sehen. Man spürt am nächsten Morgen nicht nur jeden Muskel, sondern hustet auch schwarzen Rotz.«

Pause. Der Krebs scheint nachzudenken. Als alle meinen, es kommt nichts mehr, fährt er fort: »Jede Stunde fragt der Vorarbeiter oder sogar mal der Geschäftsführer, wie viele Teile man fertig hat. Die Leiharbeiter müssen eine Stückliste führen. Woran der Vorarbeiter sehen kann, wie viele Teile man am Tage gefertigt hat. Die eigenen Leute haben so eine Liste nicht. Alles wird einem möglichst schnell und kurz erklärt – man soll ja arbeiten und nicht quatschen. So steht man den gesamten Tag in seiner Ecke und werkelt monoton vor sich hin. Nur unterbrochen von Stückzahlnachfragen und der Bemerkung, dass der Chef ausgerechnet hätte, man könnte doppelt so viel schaffen. 40 Stunden die Woche ist Minimum, 35 Stunden bekommt man nur bezahlt.«

»Untererdisch.« Als Hüsnü den ersten Ton von sich gibt, schrecken alle zusammen. Am meisten Didem, die ihren Ehemann anstarrt wie einen Gelähmten, der plötzlich aus dem Rollstuhl springt. »Ausländer wie wir sind selber am Arsch, wenn wir uns praktisch mit unser Namen anpreisen. Kumpel von mir, hat auf Bewerbung deutsche Name notiert, Hans oder Heinz oder so, Müller. Als Ali hat er auf zwanzig, dreißig Bewerbungen keine Lösung gekriegt, als Heinz gleich bei der dritten Termin. Dann suchte er als Ali rein, dunkle Haare, braune Haut, na ja, das war's.«

Gleich einer Marionette, die eben noch an den Fäden gehalten über die Puppenbühne zappelte und jetzt vom Spieler am Holzkreuz aufgehängt ihrem kommenden Auftritt entgegenfristet, sinkt

Hüsnü wieder spannungslos in sich zusammen. Sein Deutsch ist überraschend ausbaufähig.

»Wir schuldeten dem Arbeitsamt viel Geld, weil mein Hüsnü fünf Tage gearbeitet hat. Fünf Tage als Produktionsarbeiter bei einer sehr großen, sehr bekannten Zeitarbeitsfirma. Nach fünf Tagen wurde er rausgeschmissen, weil er angeblich unentschuldigt fehlte. Sie haben ihm einen Brief geschrieben.«

Didem greift nach einem bereits auf dem Tisch vor ihr liegenden Schreiben und bringt es zu mir nach vorne. »Lesen Sie ruhig vor«, befiehlt sie unmissverständlich. Brav folge ich ihrem Wunsch.

»Abmahnung: Sehr geehrter Herr Arikan, zu unserem Bedauern mussten wir feststellen, dass Sie am 29. 10. dieses Jahres nicht an Ihrem Arbeitsplatz beim Kunden xy erschienen sind. Erst am 29. 10. um 11.30 Uhr teilten Sie uns mit, dass Sie arbeitsunfähig erkrankt sind.«

Perplex sehe ich auf. »Aber das ist am selben Tag.«

Didem nickt, ihre dunklen Locken wippen mit. »Wir waren beim Arzt und hatten die Krankmeldung: Rippenentzündung. Armer Hüsnü bekam kaum noch Luft, stimmt's, Hüsnü?« Ihr Mann nickt, jedoch deutlich verhaltener.

Meine Augen scannen das Blatt nach Informationen ab. Einige Sätze weiter finde ich den Hinweis: »Dieser Verpflichtung sind Sie nicht nachgekommen.«

»Gibt es einen Vertrag, in dem steht, er sollte sich krankmelden, bevor er überhaupt erkrankt ist?« Was ich scherzhaft meine, stellt sich als Realität heraus.

Didem legt mir den zweiten Zettel vor. Die Überschrift lautet: »Wichtige Anweisungen in Kürze«. Bezüglich »Arbeitsverhinderung« wird dort gefordert, ich zitiere laut: »Unbedingt bis

9.00 Uhr, bzw. so früh wie möglich telefonisch vor Schichtbeginn melden. Bitte entschuldigen Sie sich stets bei Arbeitsbeginn auch bei Ihrem Ansprechpartner Ihrer Einsatzfirma.«

»Der hat nichts abgehoben, bin nach Doktor direkt hinbewegt und habe den Entschuldigung übergeben. Didem hat Leihfirma gemeldet. Alles korrekt.«

»Der Vertrag war sowieso nur auf sechs Wochen befristet«, ergänzt sein Eheweib. »Jetzt kommt ja erst der Hammer.« Wie aus einer unerschöpflichen Quelle zaubert sie ein weiteres Schreiben hervor.

Dieses stammt von der Bundesagentur für Arbeit. Der Vordruck behandelt eine dreiwöchige Sperrzeit des Arbeitslosengeldes im November, direkt nach der Kündigung der Firma zum 1. November. »Sie haben Ihre Beschäftigung bei der Firma xy verloren, weil Sie Ihre Arbeitsunfähigkeit nicht rechtzeitig angezeigt haben. Da davon auszugehen war, dass der Arbeitgeber ein solches Verhalten nicht duldet, war der Verlust des Arbeitsplatzes leicht abzusehen.«

»Wir haben gleich Bescheid gegeben, bei der ARGE«, erklärt Didem mit Wangen, die aussehen, als hätte sie sie heimlich rot gerubbelt. »Von denen bekommen wir auch Geld, weil Arbeitslosengeld nicht reicht.«

»Die Agentur haben Sie aber von der Kündigung nicht informiert?«, frage ich, während der Rest der Klasse andächtig bis schläfrig lauscht.

Auch Hüsnü wirkt angestrengt. »Wir haben gefindet, das wäre eins, ein Verein.«

»1065 Euro 26 mussten wir zurückzahlen, weil Hüsnü fünf Tage gearbeitet hat. Und wissen Sie, was er insgesamt brutto verdiente? 164 Euro 12.«

Sie legt mir eine mit dem 7. 12. datierte Zahlungsaufforderung der Arbeitsagentur vor. Unten steht die Fälligkeit der Forderung: 24. 12. – Weihnachten.

»Haben immer abermals alles erklärt, uns für Fehler entschuldigt, wir haben ja nix Böses gemacht. Beschwerde nach Hannover, nix gebracht«, schließt Hüsnü den Vortrag ab.

»Wollen Sie die Einspruchsablehnungs-Begründung auch noch sehen?« Didem wedelt bereits mit dem nächsten Wisch.

»Immer her damit.«

Wieder zitiere ich für alle aus dem Schreiben vom 22. 12.: »Im Merkblatt steht, dass der Widerspruchsführer ausschließlich selbst zur unverzüglichen Mitteilung verpflichtet ist. Es liegt somit grobe Fahrlässigkeit vor, weil der Widerspruchsführer die erforderliche Sorgfalt in besonders schwerem Maße verletzte. Deshalb musste die Arbeitslosengeldbewilligung vom 22. 10. bis zum 9. 12. ganz aufgehoben werden.«

»Behördendeutsch«, sage ich lakonisch.

»Nix verstehen für Ausländer«, lacht Hüsnü, doch alles an ihm wirkt ängstlich und steif, und nicht mal sein Mund lacht wirklich mit.

Um mein Interesse zu bekunden, greife ich in meine Tasche und hole Luzies Buch hervor. »Das lese ich gerade«, behaupte ich, einen Tick zu vollmundig. »Ein Tatsachenbericht, den ich zu diesem Thema sehr empfehlen kann.«

Wahllos blättere ich herum, um eine Passage auszumachen, die ich spontan vortragen könnte. »Leider schreibt der Autor wenig über die positiven Seiten der Zeitarbeit …«

Hape scheint wenig Lust auf eine Vorlesestunde zu haben. »Versteh ich nicht. Sie machen hier einen auf Systemkritik und sind doch selbst Teil des Systems.«

Ungerechter Vorwurf, wie ich finde. »Ich arbeite hier als freie Mitarbeiterin und möchte Ihnen helfen, einen Job zu bekommen – das ist alles.«

»Genau, das ist alles«, beharrt Hape. »Ihr Ziel ist es, möglichst viele hier im Raum an die Sklavenhändlerinnen zu vermitteln. Uns helfen, uns wirklich unterstützen und Ihren Job riskieren, dafür sind Sie sich zu schade, stimmt's?«

Das hat man nun davon. Man hört zu, man nimmt Anteil, gibt sein Bestes, damit möglichst alle zufrieden sind. Und was passiert? Man gehört zum System.

Verhält man sich richtig, muss man sich gleich perfekt verhalten. Als Vegetarierin kenne ich das bereits. Seit über dreißig Jahre muss ich mir immer wieder die Sprüche empörter Fleischesser anhören, die sich durch meinen Verzicht persönlich provoziert fühlen. »Wenn du kein Fleisch isst, dann darfst du aber auch keine Lederschuhe tragen.« Doch, darf ich.

Diesmal könnte ich den Spieß umdrehen. Erneut wende ich mich an Hape.

»Sie tragen die Jacke einer populären Sportartikelfirma. Haben Sie noch nichts von der Ausbeutung der Näherinnen in China, Indien und Südamerika gehört, oder spielt das keine Rolle, weil einfach unheimlich weit weg?«

Jetzt meldet sich auch Didems schlechtes Gewissen. »Wenn ich dem Fernsehen glaube, kann ich gar nichts mehr kaufen, nicht mehr bei Tchibo, nicht mehr bei C&A, nicht mal mehr bei KiK. Die zahlen alle wenig Löhne, und die Frauen müssen nächtelang durcharbeiten. Das ist schlimm, aber in Bangladesch sind dreißig Euro Monatslohn eine Menge Geld.«

»Hartz-IV-Empfänger können sich ein gutes Gewissen nicht leisten«, sagt Nelly mit Streberblick auf Hape.

Während dieser ihr anerkennend die Schulter tätschelt, versuche ich ein diplomatisches Stundenende. »So gesehen sind wir als unbedachte Konsumenten alle Teil des Systems – oder gibt es hier eine Ausnahme?«

Horst Krebs hebt zögernd die Hand. »Vielleicht ich, weil ich kaum neue Sachen kaufe.« Mit angezogenem Kopf sieht er an sich herunter. »Die Kinder, die mein Hemd genäht haben, sind längst an Altersschwäche gestorben.«

Mohammed fügt lächelnd hinzu: »Mit zwanzig.«

Den restlichen Vormittag widmen wir uns der Vorbereitung von Vorstellungsgesprächen und der damit verbundenen Körpersprache. Leider ist keiner meiner Teilnehmer bereit, sich als Demonstrationsobjekt zur Verfügung zu stellen – jedoch versichern mir alle außer Hape und Nelly, beim angekündigten Castingtraining der Damen am kommenden Montag mitzumachen.

»Wenn sie uns sonst in Ruhe lassen«, fordert Horst Krebs.

»Versprochen«, erkläre ich und fühle mich ein weiteres Mal wie eine Raubtiermutter, die ihre Frischgeborenen gegen kreisende Geier oder streunende Wildhunde verteidigen muss.

Zum Ausklang des erfolgreich verlaufenden Schulungstages möchte ich meine Idee einer poetischen Intervention verwirklichen. Die Erklärung, das gemeinsame Rezitieren von Goethes Erlkönig diene der Allgemeinbildung und speziell der Entwicklung des Sprachgefühls unserer nicht in Deutschland geborenen Teilnehmer, wird von allen überraschend positiv aufgenommen. Selbst Wortführer Hape verzichtet auf Protestbekundungen, hackt dafür angestrengt auf seiner Tastatur herum.

Nelly beginnt, aus meinem Buch vorzulesen: »Wer reitet so spät durch Nacht und Wind …«

Ihre Stimme klingt eigenwillig rau, erinnert an die junge Hildegard Knef. Könnte ich sie doch digital aufzeichnen und Kunstprojekten spenden.

Den nächsten Vers übernimmt Mohammed und übersetzt ihn, mit Blick auf Hapes Bildschirm, für den kasachischen Doppelpack auch gleich ins Russische:

»Дитя, что ко мне ты так робко прильнул? –
Родимый, лесной царь в глаза мне сверкнул:
Он в темной короне, с густой бородой. –
О нет, то белеет туман над водой«.

Heiko Bloom verliest seinen Vers deutlich ambitionierter, betont, akzentuiert, setzt Pausen – als ginge es um einen Preis bei einem Vorlesewettbewerb. Björn schafft es dagegen, die spannenden und für mich zum Heulen anrührenden Zeilen »Mein Vater, mein Vater, und hörest du nicht, was Erlenkönig mir leise verspricht?«, monoton herunterzulesen, als würde es sich bei der Lyrik um ein Kochrezept für Hefeteig handeln.

Hape hat offenbar auch eine englische Übersetzung im Netz gefunden. Sehr zur Freude von Vidina, führt er die Lesung mit internationalem Anspruch fort:

»*My darling boy, won't you come with me?*
I have daughters in whose care you'll be.
My daughters dance round the fairy ring.
Each night they'll cradle you, dance and sing.«

Fluffig leicht und gleichzeitig erdig wie ein Haufen Torf, klingt der englische Goethe fast besser als das deutsche Original.

Dieses wird durch Michael Michajlowitsch und Fjodor Sviridov jedoch überaus facettenreich verfremdet: »Me-i-n Va-ter, me-i-n Va-ter …", ackern sie sich von Buchstabe zu Buchstabe hangelnd durch ihre Verse. Immerhin können sie die lateinische Schrift lesen, auch wenn jedem Anwesenden klar ist, dass sie von ihrem Vortrag nicht eine Silbe verstehen.

Die letzten Zeilen übernimmt Horst Krebs. Trauriger habe ich dieses tragische, viel zu oft vergackeierte Ende noch nie gehört. Man könnte denken, er selbst sei der Vater, der seinen kleinen, von Fieberkrämpfen geschüttelten Sohn im eigenen Arm hilflos sterben sieht. Ich zwicke mich fest ins Bein, damit kein Tränchen kommt.

Da nach diesem ersten Durchlauf nicht alle kapiert haben, worum es in der Geschichte geht, erkläre ich zusammenfassend die Handlung: Von Rolle zu Rolle wechselnd spiele ich Vater, Sohn, Erlkönig, Töchter und Pferd. Ich gestikuliere, verstelle die Stimme, springe herum, staune, locke, halluziniere.

Hinterher frage ich Herrn Sviridov, ob er den Inhalt jetzt verstanden habe. Mohammed Yaszni übersetzt. Die Antwort: Der alte Herr lächelt, zieht den Rotz hoch und hält Daumen und Zeigefinger im Abstand von einem Zentimeter in die Luft. »столько.« So viel.

KAPITEL 7

»Gott weiß, ich habe gesündigt«

Der »Talkshow-Effekt« bei Vorstellungsgesprächen

Eine nervöse Grundstimmung beherrscht die Klasse. Nelly löffelt schon kurz nach acht Nudelsalat aus einer eigelbfarbenen Tupperschüssel, Hape hackt hektisch auf seiner Handytastatur herum, und die genesene Frau Schubert streitet sich mit dem vermutlichen Nordseeküstenfreund Herrn Krebs, ob das Fenster nun offen, geklappt oder besser ganz geschlossen werden soll, wobei sie geräuschvoll alle Möglichkeiten durchspielt.

Gerade verkündet sie mit weinerlicher Stimme: »Wenn ich wieder krank werde, sind Sie schuld.« Worauf er nur schulterzuckend antwortet: »Da werden sich hier aber einige bei mir bedanken.«

Am Ende bleibt das Fenster zu. Die restlichen Teilnehmer wuseln im Raum herum oder rufen sich quer über die Tische Sätze zu, die bei diesem Krach kaum auf der anderen Seite zu verstehen sind: »Fährst du heute selbst oder wirst du abgeholt?« »Geh'n wir mittags Pommes essen?« »Hat einer Hühneraugenpflaster einstecken?«

Der einzige Ruhepol ist mal wieder Björn. Er schläft mit leicht geöffnetem Mund, während sein Kopf immer wieder nach vorn auf seine breite Brust plumpst. Als ich ihn zum ersten Mal sah, dachte ich, seine Haare wären gerade frisch gewaschen und noch nass. Schon am selben Tag stellte ich fest: Sie waren nicht feucht, sondern einfach nur fettig. Denn unseren weißblonden Björn plagt, eigenen Angaben zufolge, eine massive Abneigung vor einem von ihm so genannten »Flusenhut«, weshalb er sich seit Neuestem nach dem Waschen Bodylotion in sein spinnnetzdünnes Haupthaar knetet. Auf seinem Shirt steht passend zum Gesamteindruck: »Der frühe Vogel kann mich mal.«

Drei Wochen liegen jetzt hinter uns. Systematisch haben wir die Lebensläufe der Teilnehmer gepimpt, Bewerbungstrainings durchgeführt, Möglichkeiten der Jobrecherche besprochen. Erste Unternehmenskontakte für die Praktikumssuche wurden geknüpft, sie startet bald in die heiße Phase. Auch im sozialen Miteinander sind die Weichen gestellt: Alle Anwesenden haben sich abgecheckt und längst entschieden, mit wem sie in einer Gruppe arbeiten, mit wem sie die Pausen verbringen und um wen sie besser einen großen Bogen machen sollten.

Auch ich habe dazugelernt. Nie wieder würde ich die vor Eifersucht schäumende Didem Arikan nach einem Eklat mit Vidina letzten Freitag für ein Kurzreferat oder eine andere Gruppenarbeit von ihrem Hüsnü trennen. Während Didem mit Nelly, Hape und Heiko Bloom eine Liste mit »Leuchtturm-Betrieben« der Region erstellte, hatte sich ihr Gatte treudoof lächelnd am Nebentisch von der polnischen Sirene Brotkrumenreste der letzten Pause von der Wange wischen lassen.

»Finger weg«, hatte Didem gezischt und ihr einen mit Stecknadeln gespickten Blick zugeworfen.

Mein Gefühl für die Befindlichkeiten meiner Schäfchen hat sich generell manifestiert, auch die »Dackel-Frage« ist vorläufig geklärt. Womit Folgendes gemeint ist: Um mich besser in mögliche Arbeitgeber hineinzuversetzen, stellte ich mir vor einigen Tagen vor, ich müsste einem der Teilnehmer unsere Mischlingshündin Gwendolyn zwei Wochen überlassen. Zuverlässigkeit, Strukturiertheit, intaktes menschliches Empfinden – alle beruflich relevanten Eigenschaften spielen bei dieser Entscheidung eine Rolle. Letzten Endes wären Mohammed und Nelly, dicht gefolgt von den beiden russischen Herren sowie Horst Krebs, bis jetzt noch ganz oben auf meiner Liste. Die Schlusslichter: Hape und Heiko Bloom (würden wahrscheinlich Futter vergessen und nie spazieren gehen) sowie Ulla Schubert (neigt garantiert zu Erziehungszwängen wie »Platz« oder »Sitz« und »Bettelpfötchen«).

Mein Robin-Image bin ich glücklicherweise wieder los, sang- und klanglos ist mein angeknackstes Körperzentrum unter der Maske verheilt, bleibende Spuren sind nicht auszumachen.

An diesem Morgen bin ich nicht allein. Neben mir stehen zwei Frauen mittleren Alters in konsequent hanseatisch gestärkten Blusen unter dunkelblauen Kostümen mit rotweißen Halstüchern und Namensschildchen. Während die Oberteile bei der Kleineren spannen, als wären sie mehrmals zu heiß gewaschen worden, baumeln sie an der Schmalen eher herunter wie zum Trocknen aufgehängt.

Obwohl wir uns mehrmals pro Woche viele Stunden darin aufhalten, sehe ich unseren Klassenraum plötzlich mit fremden Augen – den Augen unserer Besucherinnen. Da wären die Tische, mein Gott stehen die schief. Der Farn auf der Fensterbank sieht aus wie ein Gefangener im Hungerstreik. An den Wänden hängen die Motivationspappen von der ersten Woche. Frage: Was macht mich glücklich? Da ich nicht zensieren wollte, habe ich

Hapes »Der Ursprung allen Lebens«-Collage barbusiger Mädchen genauso akzeptiert und angepinnt wie Björns knallbunt gestaltete DIN-A3-Fläche zum Thema »Splatterspiele«.

Doch es kommt noch schlimmer: Als wir den Raum betreten und ich uns mit einem freundlichen »Morgen allerseits« Aufmerksamkeit verschaffe, sagt Heiko Bloom gut hörbar zu seinem Tischnachbarn Hape: »Endlich Getränke! Möchtest du Kaffee oder auch einen Tomatensaft?« Worauf der schwer erheitert antwortet: »Kommt drauf an, wann landen wir denn?« Dankbar nehme ich durch einen Seitenblick wahr, dass sich die Mienen meiner Begleiterinnen aufgrund der Saftschubsen-Witzchen nicht merklich verändern. Im Gegenteil: Ihr Lächeln wirkt wie eingemeißelt.

Nach und nach wird es stiller, alle setzen sich brav auf ihre Plätze und machen gespannte Gesichter. Auch Björn ist inzwischen aufgewacht und wischt sich verstohlen seine Spuckespur vom Kinn.

»Wie Sie ja alle wissen, stehen heute *Bewerbungsgespräche* auf dem Schulungsplan«, verkünde ich. »Frau Gerke und Frau Rübsam von der Personaldienstleistungsagentur ›Perfekt‹ haben sich heute freundlicherweise Zeit für uns genommen.«

Auf mein Nicken legen sie synchron vier einwandfreie, strahlend weiße Zahnreihen bloß.

»Um die Gesprächstechniken, die wir ja bereits umfassend geübt haben, jetzt auch praktisch in, ich sag mal, »Ernstfall-Atmo« auszuprobieren ...«

»Praktisches Training mit Come-together-Effekt«, unterbricht mich Frau Rübsam eifrig. Schon vor der Tür ist mir aufgefallen, dass ihre Augen nicht in eine Richtung blicken, sondern nach rechts und links abzudriften scheinen. Da wird der Augenkontakt bei der Bewerbungssimulation für meine Schützlinge zum echten Entscheidungsmarathon.

»Wenn es gut läuft, notieren wir uns sogar ein, zwei, drei Namen hoffnungsvoller Jobanwärter für die Vermittlung in eine sozialversicherte Stelle.«

Der ausbleibende Applaus und das stattdessen aufkommende Gemurmel ihrer Zuhörer scheinen die beiden Personalagentinnen zu verwirren. Mit beiden Händen umklammern sie ihre Ordner, die sie wie Schutzschilde vor die Brust halten.

Ihre Erwartungen bezüglich Arbeitssuchender bei Bildungsträgern kann ich nicht einschätzen. Mir jedenfalls ist jetzt schon klar: Rhetorisch wird der Ball heute flach laufen. Mir reicht eigentlich schon, wenn meine Lieben die bis zum Exzess durchgekauten Grundregeln des Jobinterviews einhalten:

1. beim Reinkommen nicht die Hand zuerst hinstrecken, sondern abwarten, bis man sie angeboten bekommt
2. kurze, klare Sätze – nicht ins Quasseln geraten
3. bloß nicht witzig sein wollen
4. ruhig sitzen bleiben
5. möglichst positiv oder zumindest neutral über frühere Arbeitgeber sprechen
6. Blickkontakt halten, aber auch nicht starren
7. keine politischen oder religiösen Aussagen
8. nur relevante Fragen wahrheitsgemäß beantworten und bei den anderen lächeln und lügen
9. nicht auf die Uhr sehen
10. Körperkontakt mit möglichem späteren Chef vermeiden

Während ich mit einem schwächelnden blauen Filzstift die Namen der Personalagentinnen ans Whiteboard schreibe, ergreift die kleinere und stämmigere Frau Gerke das Wort.

»Nachdem Frau Freiwald uns so nett vorgestellt hat – wir nennen uns übrigens nach dem amerikanischen Prinzip ›Personalagentinnen‹ – würde ich sagen: Legen wir gleich los!« Wobei sie schwungvoll mit ihrem blassrosa lackierten Zeigefinger auf den in der Zimmerfront aufgestellten Tisch deutet. Dort warten bereits zwei nebeneinanderstehende Interviewerinnenstühle auf der einen und ein einzelner Bewerberstuhl auf der anderen Seite.

»Wer von Ihnen möchte sich denn als Erster ausprobieren?«

Betretene Gesichter. *Ausprobieren?* Wer will sich denn hier ausprobieren?

Es ist tatsächlich immer wieder dasselbe: Rollenspiele sind für die meisten Kursteilnehmer die pure Hölle, selbst wenn das Prozedere vorher groß und breit besprochen wurde.

Meine Lieben starren also tiefe Löcher in die jeweilige Tischplatte. Nur zwei Augenpaare betrachten die Fragende weiterhin aufmerksam und offensichtlich zu allen Schandtaten bereit. Das ermuntert die Personalagentin.

»Wie wäre es denn mit Ihnen? Wären Sie so nett und würden mir Ihren Namen sagen?«, fragt Frau Gerke den brav aus seinem einzigen Anzug heraus lächelnden Fjodor Sviridov. Da er, was sie noch nicht weiß, kein Wort versteht, macht er, was er immer zu tun pflegt, wenn er unsicher ist. Er guckt rätselhaft, nickt und lächelt dann einfach tapfer weiter.

Mohammed Yaszni hilft ihm, wie immer. »Как тебя зовут?«, übersetzt er mit konzentriert zusammengezogenen Augenbrauen.

Ich erwische die bereits auf dem einen Interviewerinnenplatz wartende Frau Rübsam bei einem angewiderten Blick auf Mohammeds Medizinballwampe. Sie selbst ist hager wie ein Handymast, was durch ihre straff hochgesteckten dunklen Haare und ihr schmallippiges Gesicht noch unterstrichen wird.

Da Herr Sviridov nicht anwortet, springt sein Nachbar Michael Michajlowitsch ein und erwidert etwas unsicher in Richtung der Personalagentin: »Привет!«.

»Ähm, in diesem Fall halte ich die Sprachkenntnisse für nicht ganz ausreichend«, springe ich ein. »Herr Klose, wären Sie vielleicht so freundlich?«

Björns Kopf wird nicht nur im Bruchteil einer Sekunde dunkelrot, er scheint auch anzuschwellen, während seine Augen aus den Höhlen treten. Im Zeichentrickfilm hätte es »Peng« gemacht und aus seinem Hals wären kleine Rauchwölkchen aufgestiegen. »Joah!«, sagt er tapfer.

Meine Wahl ist ein bisschen fies, weil ich weiß, dass der gutmütige Björn schlecht Nein sagen kann und sich damit sicher schon in schwierige Situationen manövriert hat. An dieser Herausforderung soll er jetzt aber wachsen.

»Dann gehen Sie bitte kurz hinaus«, schaltet sich Frau Rübsam ein, wobei sie einladend die Tür in den Flur öffnet. Björn trottet wie ein geschlagener Hund nach draußen. Die Klasse blickt ihm mitleidig nach.

Nelly ruft: »Du schaffst das, Björn!«

Hape knurrt: »Ich würd mich hier nicht zum Affen machen.«

Woraufhin er von Frau Gerke einen strafenden Blick erntet. Die Personalagentin greift in ihre Mappe und zieht einen Hefter mit den von mir vorher an sie versendeten Lebensläufen heraus. Das Blatt mit Björns Schwarz-Weiß-Bild legt sie sich auf dem Pult zurecht, dann nickt sie ihrer Kollegin zu. Doch bevor sich diese überhaupt wieder der Tür zuwenden kann, macht es tock, tock, tock.

Das ist Björn. Er klopft.

»Ohoho«, lacht Frau Rübsam künstlich und sichtbar verlegen. Auch für sie ist das eine Übung, an der sie wachsen kann. Die Tür klappt auf, und der Bewerber steht bereits im Raum. »Bin ich hier richtig?«, intoniert er, ganz im Stil des jungen Hoferben beim Bauernstadl.

Die Augen der Einstellungsexpertin Gerke rotieren einmal um die eigene Achse, dann antwortet sie demonstrativ gelassen: »Jetzt sind Sie schon mal da, also setzen Sie sich bitte.«

Wieder fällt mir Björns T-Shirt auf. Unter dem verwaschenen Spruch zeigt ein aus einem Erdhaufen herausglotzender Wurm den Stinkefinger.

»Wie sind Sie auf unsere Firma aufmerksam geworden?«, fragt Frau Rübsam, nachdem sie neben ihrer Kollegin Platz genommen hat. Björn scheint verwirrt. »Aaaber, sind Sie nicht auf *mich* aufmerksam geworden?«

Die beiden Frauen schenken ihm mütterliche Verständnisblicke. »Herr Klose, ich sage es anders: Wieso haben Sie sich ausgerechnet bei unserer Personalfirma beworben?«

Sein Gesicht antwortet: Habe ich das? Dann scheint ihm das entscheidende Licht aufzugehen: Ach, stimmt ja, die beiden Damen wollen nur spielen.

Mit herunterhängenden Wangen erklärt er ernst im Schauspielertonfall, jedes Wort sorgfältig abwägend: »Sie sind mir von einflussreichen Personen empfohlen worden.«

Frau Rübsam grinst mitleidig. »Das freut uns sehr.«

Ihre Kollegin fährt indes unverdrossen mit der Befragung fort. »Aus Ihrem Lebenslauf entnehme ich, dass Sie Ihre Lehre als Einzelhandelskaufmann nach nur einem Jahr abgebrochen haben und seitdem als Arbeit suchend gemeldet sind. Ist das richtig?«

»Joah!«

Pause. Björn scheint auf weitere Fragen zu warten.

Die Stille im Raum wird nur von Nellys Kaugeräuschen unterbrochen, da die Gute gerade unter der Bank in ein Leberwurst-Knäckebrot gebissen hat.

Frau Gerke, ganz in der Rolle der möglichen Arbeitgeberin, lässt sich davon nicht aus dem Konzept bringen. »Wie alt sind Sie?«

»Haben Sie Ihre Brille vergessen? Steht doch alles da.« Das war Hape Studtmann. Ulla Schubert macht auf Lehrerin und »Pssscht«, auch Frau Arikan reagiert mit einer fuchtelnden Handbewegung, mit der sie Hape offensichtlich zum Schweigen bringen will.

Als würde ihr langsam zu heiß, nimmt Frau Rübsam ihr Halstuch ab, wedelt sich damit kurz Luft zu und startet dann im Tonfall engelhafter Geduld mit ihrer Erklärung: »Selbstverständlich wissen wir aufgrund der hier verzeichneten Angaben, in welchem Jahr Herr Klose geboren wurde. Fragen wir trotzdem nach, wollen wir noch einmal hören: ›Ja, ich bin 29 Jahre alt.‹ Der dazu gehörige Subtext unsererseits bedeutet: ›Uns ist aufgefallen, Sie sind schon 29 Jahre alt, haben keine Ausbildung und noch nie richtig gearbeitet.‹«

Nelly murmelt mit vollem Mund: »Armer Bamm-Bamm.«

Björns Kopf schwillt wieder auf die doppelte Größe an.

»Danke, Björn«, schalte ich mich ein. Ich finde, es reicht jetzt. »Für den Anfang war das doch schon recht hilfreich.«

»Darf ich jetzt mal?« Horst Krebs ist aufgestanden. Sein kariertes Hemd hat er so fest in die Hose gesteckt, dass es am Oberkörper heftig spannt. Aus seinem Halsausschnitt quillt Brustbehaarung wie Lava aus einem aktiven Vulkan.

»Soll ich rausgehen?«

»Nein, setzen Sie sich gleich.«

Die kleine, kompakte Gestalt im blauen Ensemble hat schon etwas an Körperspannung verloren. Auch Frau Gerkes Gesicht wirkt um einige Jahre älter als noch vor einer knappen Stunde.

Während Horst Krebs seine Gegenüber abwechselnd mit einem durchdringenden Baumfällerblick taxiert, scheint besonders die strenge Frau Rübsam neue Hoffnung zu schöpfen. Einer, der sich freiwillig meldet, der körperlich fit ist und richtig gut deutsch sprechen kann. Vielleicht wäre der was für ihre Kartei? »Beschreiben Sie doch bitte mal in Stichworten Ihren beruflichen Werdegang.«

»Geboren 1952«, hackt Bewerber Krebs seine Vita militärisch knapp herunter. »Neun Jahre Schule, vier Jahre gedient, Elektrikerlehre. Einstellung 1978 bei einer örtlichen Strickwarenfabrik. Maschinenführer, nach acht Jahren Aufstieg zum Vorarbeiter.«

Heftiges Nicken. »Vorarbeiter ist toll.«

Auch Frau Gerke ist offensichtlich angetan. »Und wie ging es weiter?«

»Dann kam die Insolvenz.« Mit der rechten Hand zieht er ein zerknülltes, hellgrau gefärbtes Stofftaschentuch aus seiner Cordhose. »Dreißig Jahre. Das war schwer. Ein ganz schwerer Schlag.« Schweigend starrt er auf seine großen, derben Hände.

Alle gucken betreten. Im Raum ist es totenstill. Frau Rübsam schluckt, Frau Gerke fasst sich an den Hals.

Horst Krebs holt Luft und fährt dann mit belegter Stimme fort: »Nach der Kündigung war ich so Ein-Euro-Jobber. Zählte Teerlöcher auf Straßen in der DDR, der ehemaligen. Wochenlang war ich kaum oder überhaupt gar nicht zu Hause. Die Frau trennte

sich, zog zu meiner Tochter. Der Monika, nach Bremerhaven.«
Während er einmal kräftig in sein Taschentuch schnäuzt, beißt
Nelly noch einmal herzhaft in ihr Knäckebrot.

»Verkaufte auf Campingplätzen in Mecklenburg-Vorpom-
mern Teile. Zubehör, heißt das, glaub ich, für den Outdoorbe-
reich. Mit einem Lieferwagen, da war alles drin. Am besten lief
der Bierkrughalter mit Steckfuß.« Tapferes Lächeln in Richtung
seiner Zuhörerinnen. »Der war der Renner.«

Verdattert blättert Frau Rübsam in den Bewerbungsunterlagen. »Hier finde ich gar nichts über diese berufliche Phase …«

Auch mir sind diese Tätigkeiten völlig neu. Will Horst Krebs
vielleicht einen schwarzen Fleck in seiner Vergangenheit kaschieren? Mir erzählte er, seit seiner Kündigung 2006 wäre er erfolglos
auf Jobsuche. »Musste immer Geld verdienen«, fährt der Befragte fort. »Mutter starb, da war ich 17. Nix gelernt, keine Schule.«
Hatten wir in seinen Lebenslauf nicht »Hauptschulabschluss« geschrieben? Stundenlang habe ich mit Herrn Krebs seine Lebens-
fetzen zu einer ansehnlichen Patchwork-Mappe zusammenge-
puzzelt – und jetzt war alles umsonst?

Er spricht leise, kommt aber immer mehr in Fahrt. »Kann
nicht alles da hinschreiben. Kommt man von der Bahn ab, hat
man eine Schlagseite. Die Leute sagen: ›Tja, Junge! Sieh zu, wie du
klarkommst.‹«

Bei »Tja, Junge« hebt er abwehrend die linke Hand, wobei ich
drei tätowierte Punkte im Winkel zwischen Daumen und Zeigefinger entdecke. Die sind mir bisher noch gar nicht aufgefallen.
Sind das nicht klassische Indizien einer Knastlaufbahn? Sogenannte »Schweigegelübde« unter Knackis? Auch mir wird plötzlich heiß, und ich muss meine Jacke ausziehen.

Inzwischen ist Horst Krebs bei seiner Kindheit angelangt. Erzählt in einer Mischung aus Stakkato und allgemeinem Plauder-stil von der zweiten Frau seines Vaters, die ihn am Tisch sitzen ließ, bis er seinen Teller mit kaltem, glibberigem Kartoffelbrei aufgegessen hatte. Von seiner nackt durch die Wohnung laufen-den Stiefschwester Mandy und ihrem bissigen, zeternden Nym-phensittich, den sie immer durch sein Zimmer fliegen ließ, bis er ihn von innen gegen die geschlossene Fensterscheibe schmiss.

»Hätte auch sie fast erwischt«, erklärt er mit belegter Stimme. »Habe ein Messer nach ihr geworfen, steckte neben ihrem Kopf im Türrahmen.«

Da die beiden Personalagentinnen in ihrer Erstarrung verhar-ren, wendet er sich an sein Publikum in der Klasse. »War nicht in Ordnung von mir, aber ich hatte Besuch von einem wirklich net-ten Mädchen. Da kam sie rein und ärgerte mich.« Erneutes Schnäuzen. »Gott weiß, ich habe gesündigt.«

Hape Studtmann stöhnt laut auf. Doch der Krebs fährt unbe-eindruckt fort.

»Im Winter waren wir spazieren. Harter Frost, in diesem Jahr. Da hab ich ihr gesagt: Hier, leck mal hier an der Eisenstange, da hörst du die Engelchen singen.«

Leises Kichern von Björn, der kurz seine MP3-Stöpsel aus den Ohren genommen hat.

»Hat sie auch gemacht und blieb natürlich mit der Zunge kle-ben. Bin mit Stiefmutter und meinem Vater einfach weitergegan-gen, bis die sich verwundert umdrehten und sagten: ›Mensch, wo bleibt die Mandy denn?‹«

Lautes Kichern von Björn, dem sich jetzt auch Hape anschließt.

»Haben sie mit heißem Wasser losgekriegt. Bisschen Haut blieb hängen. Konnte tagelang kaum sprechen, musste hungern und ich mit. Marmeladengläser zählen im Keller.«

Frau Rübsam sieht auf die Uhr und nickt.

»Dann starb mein Papa, da musst ich raus zu Hause. Wollte nix, nur eins wollt ich noch: die Eheringe von meinen Eltern. Trommelte ein paar Kumpels zusammen ...«

Da springt die kleine Frau Gerke auf und schüttelt Horst Krebs hastig die Hand. »Vielen Dank«, zischt sie mit zusammengepressten Lippen. »Sie hören von uns.«

»Du, Christine«, wispert ihr Personalagentin Rübsam von der Seite zu. »Es ist schon zehn nach elf.«

»Pause«, rufe ich matt.

Im Dozentenraum kommt Elke mit einem Waffeleisen auf mich zugeschlurft. Und wieder erstaunt mich ihre bühnentaugliche Präsenz. Mit ihrem grauen Leinenkaftan wäre sie ohne weiteres im Theater als einer der sieben Berge von »Schneewittchen« einsetzbar.

»Ist das deins?«

Die Frage ist absurd. Wieso sollte ich ein altes Waffeleisen mit zur Arbeit bringen? »Wie kommst du darauf?«

»Als neue Sicherheitsbeauftragte muss ich für Ordnung sorgen und Elektroschrott systematisch entsorgen«, erklärt sie ohne einen Hauch Selbstironie. »Ich habe noch zwei Kaffeemaschinen, einen defekten Teekocher, zwei Toaster und einen Föhn.«

»Ich nehme den Föhn«, scherze ich.

Elke verzieht nicht mal das Gesicht. »Was keinem gehört, schmeiße ich weg.«

Cindy stürmt in den Raum. Die hüftlangen blonden Haare wirken zerzaust, die hellblau geschminkten Augen verquollen.

»Ist hier schon mal jemand sexuell belästigt worden?« Kopfschüttelnd starren wir sie an.

»Ich kann es gar nicht glauben«, fährt sie fort. »Da bücke ich mich nach einem umgekippten Legoturm, und was macht der Schuft?« Kunstpause. »Er fasst mir an den Po.«

»Wen meinst du?«, fragt Elke gelangweilt.

Cindy Männereskapaden zu unterstellen wäre naheliegend, und wenn sich ein Vater beim Abliefern seines Sprösslings in der Betreuungsgruppe nicht beherrschen kann – was soll's? Dennoch beginnt mir die für meinen Geschmack mit kurzem Jeansrock und tief ausgeschnittener Weste und nix drunter viel zu sexy angezogene Erzieherin leidzutun, zumal ihr inzwischen vor Schock und Empörung die Tränen in den Augen stehen.

»Kevin«, platzt es aus ihr heraus. »Der kleine Macho hat mir von hinten unter den Rock gegriffen.« Kevin ist vier, spielt gern im Sand und wartet auf einen Kindergartenplatz.

»Ganz gezielt hat er seine warme, klebrige Patschhand auf meinem Allerwertesten platziert.«

»Dann versuch's doch mal mit Hosen, das tut weniger weh«, lautet Elkes trockener Kommentar.

Cindy geht zu ihrem Schreibtisch und greift sich ihren Autoschlüssel mit dem angehängten rosa Riesenpudel. »Ich fahre nach Hause und ziehe mich um.« An Elke gewandt fragt sie, bevor sie den Raum verlässt: »Kannst du so lange nach den Kindern schen? Es sind nur fünf.«

»Nur fünf«, stöhnt die unverhohlene Kinderhasserin. »Da habe ich mal eine Stunde keinen Unterricht und muss zur Strafe in den Zwergen-Gulag.«

»Telefon«, flötet Robert, hcute mit Einstecktuch, von seinem Schreibtisch aus und reicht mir den mobilen Hörer.

»Grüaß Eahna, Frau Freiwald, i woit ja nix sogn, aber der Adriano is bei Eahna no ned do, oda?«, sagt Frau Huber.

»Herr Zander? Nein, den kenne ich nicht.«

»Bassn'S fei auf bei eahm doahoam.«

Ein kurzer Schreck durchzuckt mich. »Ich soll zu ihm nach Hause fahren?«

»Des war oiwei a so, a bei der Frau Twesten.« Ihre sonst annähernd jubelnde Stimme drückt bitterste Enttäuschung aus.

»Na, na, Frau Huber«, verfalle ich jetzt vor Panik selbst ins Tiefbayerische. »Gerne fahre ich bei ihm vorbei, seine Adresse habe ich ja. Da lerne ich gleich sein Umfeld kennen.«

»Wenn'S moana, des woas i ned. Pfüad Eahna.«

»Eine Frage …« Als alle wieder Platz genommen haben, meldet sich Hape Studtmann, ganz im Stil des braven Grundschülers. In der linken Hand hält er mehrere zerknickte, eng beschriebene Blätter. »Ich habe eine kleine Geschichte mitgebracht. Darf ich kurz einige Auszüge vortragen?«

Sind es seine rotblonden Strubbelhaare oder sein Lächeln, das an frische Margarine auf einem Sesambrötchen denken lässt? Seine wachen braunen Augen, sein einschüchternder Blick? Der Stallgeruch des Juristensöhnchens? Frau Gerke guckt verunsichert, Frau Rübsam nickt gottergeben. Hape stellt sich in Position, räuspert sich. Einige johlen, Nelly klatscht. Seine ruhige, verdächtig sanfte Stimme füllt den Raum:

»Tagelöhner – ein Portrait
An manchen Tagen hilft er dem Kioskbesitzer um die Ecke, an manchen arbeitet er für die Schwester eines Nachbarn und pflückt in Parks den Müll aus den Rabatten. Er verdient zwar etwas Geld, aber er vermisst den Lohn der Arbeit. Das Gefühl, mehr als nur ein paar Stunden gebraucht zu werden.

Morgens rollt er sich aus dem Bett und schlüpft in eine braune Arbeitshose und einen braunen Strickpullover, schnürt seine Schuhe, an denen der Staub und der Schweiß der letzten Baustelle haften. Er nimmt seine Arbeitshandschuhe, Modell ›Working Guy‹, genäht in Taiwan. Er ist jetzt verfügbar, einsetzbar an jedem Ort, vielleicht auch in der Heimat seiner Handschuhe.

Allein das Glück entscheidet, ob er heute gebraucht wird. Es ist launisch. Doch der Tagelöhner hat sich längst eingerichtet in seinem kargen Jetzt. Er wird getragen von einem Staat, der ihn nicht fallen lässt. Der Staat nennt das ›Grundsicherung für Arbeitsuchende‹, die Gesellschaft nennt es ›Hartz IV‹.

Der Tagelöhner sucht keine Arbeit, sie findet ihn und lässt ihn wieder los. Das ist der Tagelöhnerfluch. Er ist nicht bindungsfähig. Er will dazugehören, aber er versucht nie, den Bruch zwischen sich und der Arbeitswelt zu kitten. Er hat sich spezialisiert, auf genau diese Lücke.

Ein Tagelöhner ist leicht zu finden, er arbeitet in Räumen, in denen es sehr kalt ist oder sehr heiß, sehr staubig oder sehr feucht. Und immer im Dreck. Er arbeitet mit seinen Händen. Er ist der Schlepper und Bücker der Arbeitswelt, der wichtigste Teil seines Überlebens ist sein Rückgrat. Bis es eines Tages bricht.«

»Hübsch geschrieben«, lobt Frau Gerke, nachdem sich Hape mehrmals im Stil eines mittelalterlichen Minnesängers verneigt und sich wieder auf seinen Platz fallen gelassen hat.

»Aus dem Internet geklaut«, grinst er, springt auf und verneigt sich zum fröhlichen Applaus seiner Kursgenossen ein weiteres Mal. »Das war mein bescheidener Beitrag zum heutigen Zeitarbeiter-Casting.«

»Erwarten Sie von uns eine Stellungnahme?«

»Nö, danke! Denn Sie leben ja vom Elend Ihrer Leiharbeiter-Tagelöhner, die Sie jeden Tag in Fabrikhallen oder runtergekommenen Baustellen unter miesesten Bedingungen schuften lassen.« Inzwischen wieder sitzend wendet er sich mit abweisendem Lächeln an Personalagentin Gerke. »Vermitteln Sie auch ins Pornogewerbe?«

Die Angesprochene reagiert verdattert. »Ähm, bitte, was?«

»Ob Sie auch Darsteller an Pornoproduzenten vermitteln. Das ist doch ein lukratives Gewerbe.«

Frau Rübsam mischt sich von ihrem Platz aus ein. »Können Sie strippen?«

Ihr ironischer Ton verrät eine gewisse Vorfreude auf den sich anbahnenden Schlagabtausch.

Mir fallen sofort die strippenden Arbeitslosen aus dem britischen Low-Budget-Kinoerfolg »Ganz oder gar nicht« ein. Vielleicht sollten wir das mal mit einer gemischten Gruppe versuchen? Dann fällt mein Blick auf die Schubertsche, die ihre rote Brille gerade gegen das Licht hält, als würde sie kritisch einen hochkarätigen Diamanten prüfen.

»Bestimmt«, antwortet Hape zuversichtlich. »Habe es noch nie versucht.«

»Nacktaufnahmen, Hobbyfilmchen auf YouTube – Erfahrungen dieser Art sollten Sie unbedingt in Ihrem Lebenslauf fixieren und auch im Anschreiben erwähnen«, referiert die für alle im Raum überraschend ernsthaft auf diese doch sehr spezielle Berufssparte eingehende »Perfekt«-Angestellte.

»Es gibt auch Produktionen, die ungeübten Darstellern offenstehen. In diesen wird grundsätzlich unterschieden zwischen den Stehern und den Spritzern.«

Nelly kichert, dann verschluckt sie sich.

»Voraussetzungen sind ein Aids-Test, nicht älter als zwei Wochen, und Ihr erigiertes Glied sollte nicht kleiner als zehn Zentimeter sein.«

Verwundert betrachte ich das Phänomen Rübsam genau – sie zuckt mit keiner Wimper. Diese Frau könnte auch Hühnern die Hälse umdrehen oder Bullen kastrieren.

»Sie brauchen eine Intimrasur. Am Set müssen Sie zudem eine Freigabeerklärung unterschreiben, auf der steht, dass Sie mit der Veröffentlichung der Aufnahmen einverstanden sind. Das ist im Grunde alles.«

»Sehr gut informiert«, lobt Hape gönnerhaft.

»Das ist mein Beruf«, kontert die Personalagentin.

»Und wie viel kann man als Pornostar verdienen?«

»Von bis, aber Sie haben wohl kaum eine Chance, ein Porno-Superstar zu werden«, erklärt Frau Rübsam, als wäre sie seit Jahren verantwortlich in dieser Branche tätig. »Um als Mann einige Bekanntheit zu erlangen, müssen Sie jederzeit und an jedem Ort sexuell leistungsfähig sein. Frauen können pro Drehtag bis zu 1500 Euro verdienen, Ihr Lohn würde zwischen 500 und 1000 Euro liegen.«

Mohammed gibt Michael Michajlowitsch einen Ellenbogencheck, auch Hape Studtmann nickt beeindruckt. »Nicht schlecht.«

»Ihr spinnt wohl«, kreischt jetzt Ulla Schubert dazwischen. »Was ist denn mit dem Frauenbild, ihr Vollidioten. Da werden wir so dargestellt, als ob es für uns nichts Schöneres gäbe, als den lieben langen Tag möglichst viele Männer sexuell zu bedienen.«

»Schwänze lutschen«, murmelt der hauptsächlich Angesprochene grinsend.

»Solche Jobs vermitteln wir nicht«, erklärt Agentin Gerke abschließend.

Hape scheint dennoch äußerst zufrieden. »Schade aber auch. Und jetzt muss ich pissen.«

Kusshände verteilend verlässt er den Raum.

»Wie wäre es denn mal mit einer Teilnehmerin?« Frau Gerke taxiert Nelly, die sie offen angähnt.

»Hab meine Periode«, entgegnet diese, während sie mit beiden Händen ihren Unterleib umfasst und das Gesicht verzieht.

Frau Rübsam holt kurz Luft, da schnellt der mit zahlreichen Goldketten behängte Arm von Didem Arikan in die Höhe.

»Unsere nächste Kandidatin«, jubiliert Frau Rübsam mit angestrengt wirkender Freundlichkeit. Doch diese perlt an der rund hundert Pfund schweren dreifachen Mutter ab wie Wasserspritzer an einer Ölpfütze.

»Mein Mann will«, verkündet sie mit strenger Miene. Ihr Ton duldet keinen Widerspruch. Didem gibt dem neben ihr sitzenden Hüsnü ein Handzeichen, woraufhin er aufsteht, seinen Seitenscheitel richtet und sich den Frauen gegenüber platziert.

»Sprechen … Sie … gut … deutsch?«, fragt Personalagentin Rübsam in »Ausländersprache«.

»Sehr gut sogar«, antwortet Didem von ihrem Platz aus. »Er hat bereits einen halbjährlichen Sprachkurs hinter sich.«

Hüsnü lächelt zufrieden und lehnt sich zurück, verschränkt die Hände hinter dem Kopf und streckt die langen, dünnen Beine aus.

Frau Rübsam schnappt sichtbar nach Luft: »Herr Arikan, ich frage jetzt Sie und nicht Ihre Frau: Welche Berufe würden denn zukünftig für Sie in Frage kommen?« Hüsnü scheint angestrengt nachzudenken. Eine Minute, zwei Minuten.

»Wo gucken *Sie* ihm denn hin?« Didems Worte knallen wie

Peitschenhiebe. Sie gelten der Personalagentin Gerke, die verträumt und sichtlich müde ihren Blick auf Hüsnü parkt. Ihr Namensschild hängt schief, auf ihr Halstuch war während der Pause Kaffee getropft. Mit roten Flecken auf Gesicht und Hals springt sie auf und verlässt, eine Entschuldigung stammelnd, den Raum.

»Der Kfz-Bereich kommt ihm schon sehr entgegen«, hat Didem den Faden wieder aufgenommen.

Frau Rübsam starrt entgeistert auf die knapp gefasste Vita. »Ihr Mann hat gar keinen Führerschein.«

»Er kann aber fahren, in der Türkei hat er richtig schwere Dinger gelenkt«, beteuert Didem mit stolz glänzenden Augen. »Auch in Großstädten wie Istanbul oder Ankara, kein Problem.«

»Hier könnten Sie höchstens im Helferbereich eingesetzt werden.«

Frau Rübsam hat die Unterlagen bereits beiseitegelegt und mustert Hüsnü jetzt wie einen Sack Kartoffeln, den es auf dem Wochenmarkt zur späten Mittagsstunde billiger zu kaufen gibt.

»Zeitarbeitsfirmen können Sie allerdings vergessen«, fährt Didem Arikan fort. »Die zahlen Fastenlöhne. Da schuftet er den ganzen Tag und kriegt weniger als jetzt.«

Heftiges Nicken und Raunen der anderen Teilnehmer im Raum.

»Sie wissen schon, dass auch wir von einer Zeitarbeitsfirma kommen?« Frau Rübsam greift in ihre schweinslederne Aktentasche und zieht einen Stapel Prospekte heraus. Auf dem Cover: strahlende Gewinnertypen in Blaumännern. »Kritische Anmerkungen sind wir natürlich gewohnt …«

Zu mir gewandt: »Könnten Sie mal bitte kurz nach meiner Kollegin sehen?«

Frau Gerke hockt auf der Außentreppe im Raucherhof und qualmt eine Mentholzigarette. Ihr Baumwollrock hält die breiten Hüften nur mit Mühe in Zaum, ihren rechten Fußknöchel ziert ein tätowierter Teddy.

»Sind die immer so?«, fragt sie, eher selbstmitleidig als ernsthaft an einer Antwort interessiert.

Ich setze mich neben sie. Der Waschbetonplattenweg um die zwei alten Eichen wirkt bedrückend deplatziert. Sollte ich die Personal-Agentin fürs Wir-Gefühl um eine Zigarette bitten?

»Waren Sie schon mal arbeitslos?«, stelle ich stattdessen die Gegenfrage.

Sie zuckt mit den Schultern und nimmt einen kräftigen Zug. »Zwei Monate, nach dem Studium, wieso?«

»Weil wir uns ein Urteil über viele Langzeitarbeitssuchende gar nicht anmaßen können. Einige mussten ihr Land verlassen, wegen Krieg und Armut. Die sind nicht freiwillig hier, und sie plagt schweres Heimweh. Um andere hat sich nie jemand gekümmert, sodass sie auch nie gelernt haben, wie es ist, sich um sich selbst zu kümmern.«

Personalagentin Gerke drückt ihre Kippe aus und legt sie ordentlich zur Seite. »Mein Sohn ist auch in so einer Maßnahme für Langzeitarbeitslose.«

»Dann wissen Sie ja, wie schwer für die Betroffenen der Einstieg zurück in die Berufswelt ist«, will ich gerade sagen, doch sie redet weiter. Auf ihrer Stirn bilden sich kleine Schweißperlen.

»Ich habe für diese Schmarotzer nichts übrig. Seit zwölf Jahren switcht Michael von Kurs zu Kurs, von Maßnahme zu Maßnahme. Anfangs sollte er bei der VHS seinen Hauptschulabschluss nachholen, kam aber nur jeden dritten Tag zum Unterricht. Später finanzierte ihm die ARGE eine Ausbildung als Lagerist inklusive Staplerschein, die er kurz vor der Prüfung abbrach. Mit den Versionen seiner Bewerbungsunterlagen von den zahlreichen Bildungsträgern könnte ich Ihnen diesen Hof pflastern. Hat es was genutzt?«

Sie sieht mich mit kieselharten Augen an.

»Was möchte er denn gerne machen?«, frage ich lahm.

»Pennen bis mittags, sich dann mit seinen Kumpels treffen und den Nachmittag durchkiffen. Die sind allesamt Hartz-IV-Empfänger.« Sie zieht an ihrer Zigarette und inhaliert so tief, dass die Schwade in ihr hängenbleibt und nur ein feines Wölkchen wieder aus ihrem Mund nach außen dringt. »Sein Vater würde sich im Grab umdrehen, wenn er tot wäre.«

Sie drückt die Zigarette aus, zögert und greift wieder zum Päckchen.

»Nur so ein Spruch. Wir haben seit zwanzig Jahren keinen Kontakt mehr. Er ist einfach abgehauen und hat mich mit dem Kleinen sitzen lassen. Aber er war wenigstens ausgelernter Gas- und Wasserinstallateur mit festem Job. War sogar einmal Elfter beim Hamburg-Marathon 1989.«

Vielleicht ist er jetzt dennoch arbeitslos, denke ich.

Da kommt Frau Rübsam um die Ecke. »Mission erfüllt«, verkündet sie strahlend. »Das Info-Material ist verteilt, und es wäre schön, wenn Sie es mit Ihren Teilnehmern noch einmal intensiv durchgehen könnten. Bezüglich Zeitarbeit besteht leider noch erheblicher Klärungsbedarf.«

Während sie mir ihre Karte gibt, sehe ich aus den Klassenraumfenstern Papierflieger segeln. Die eben verteilten Prospekte. Sie fliegen überraschend gut.

KAPITEL 8

»Wer is'n die Frau?«

Besuch im Haus der ARGE-Family

Fünf Hochhäuser, ein Freibad, eine Skateboard-Anlage, drei Videotheken, 548 Satellitenschüsseln – Adriano Zander wohnt in einem Viertel, das ich nur vom Durchfahren kenne. In der Hauptschule des Stadtteils ist eine Zweigstelle einer von mir häufig frequentierten Bücherei untergebracht, daher weiß ich, dass es dort auch einen Laden zum Tauschen von Alltagsgegenständen gibt. Wer seine Nachttischlampe nicht mehr braucht, kann sie kostenlos gegen ein Paar Gummistiefel einwechseln.

Die Homepage der Stadt preist das »multikulturelle Wohnen« in der Siedlung an: »Menschen aus aller Herren Länder leben in dem grünen Stadtteil ...«

Alles würde ich darauf verwetten, dass die zarten Fingerspitzen, die diesen Text ins System tippten, noch nie einen Fahrstuhlknopf der 15-stöckigen Wohnsilos gedrückt haben. Überhaupt müsste man generell per Gesetz alle Architekten, Bauunternehmer und Stadtplaner zwingen, in den von ihnen konzipierten Randgebiet-Ghettos selbst zu wohnen – auf Lebenszeit.

Von den 21 907 Sozialversicherten der Stadt sind laut Statistik der Arbeitsagentur 3438 arbeitslos, 2553 davon beziehen Hartz IV,

6355 sind geringfügig beschäftigt. Die Ausländerquote beträgt 11,95 Prozent.

Wie wir bereits gelernt haben, sind alle Teilnehmenden an Berufsorientierungs- oder Qualifizierungsmaßnahmen außen vor, dazu Ein-Euro-Jobber, ALG II beziehende Existenzgründer sowie zahlreiche Unvermittelbare (weil alkohol- und drogenabhängig oder krank) und Menschen, die zur »stillen Reserve« gerechnet werden, weil sie sich, frustriert über ihre schlechten Vermittlungschancen, erst gar nicht bei den Arbeitsagenturen melden.

Die Hochhaus-Siedlung mit der Wikipedia-Bezeichnung »sozialer Brennpunkt« besteht aus rund 3200 Bürgern, wovon Bewohner mit Migrationshintergrund mit einem Anteil von 43 Prozent die größte Einwohnergruppe darstellen (19,6 Prozent Ausländer, 23 Prozent Aussiedler). Knapp 38 Prozent der Bewohner des Sanierungsgebietes beziehen staatliche Transferleistungen. Mit Blick auf die im Gebiet ansässigen Kinder und Jugendlichen liegt der entsprechende Wert sogar bei 42 Prozent. Dabei zeichnet sich das Viertel im Vergleich zum städtischen Durchschnitt (18 Prozent) generell durch einen deutlich höheren Anteil an Kindern und Jugendlichen (32 Prozent) aus.

Einer dieser Jugendlichen ist Adriano. Anders, als man aufgrund seines Vornamens vermuten könnte, ist Adrianos Familie deutschstammig, blond – eine durch und durch »arische« Ausgabe von Hartz-IV-Beziehern. Vielleicht wurde der heute 21-Jährige wenigstens nach dem phantastischen Adriano Celentano benannt, dem »rauen Burschen mit der Reibeisenstimme und dem Knautschgesicht« (*Sempre Italia* – Feuilleton), dem »lebenslustigen, machohaften italienischen Tunichtgut« (auch *Sempre Italia*) – »Italiens Antwort auf Elvis« (dito).

Aufgrund meiner massiven Unsportlichkeit kommen Treppen mit mehr als zehn bis zwölf Stufen nicht in Betracht, doch der bereitstehende, zwei Quadratmeter große Aufzug mit ungefähr zwanzig an die Wände gesprühten »Fucks« kommt noch weniger in Frage. Leise vor mich hin maulend mache ich mich auf den Weg. Adriano wohnt im zwölften Stock. Oben fühle ich mich, als wäre ich nach Santiago de Compostela gepilgert – und ungefähr so viel Zeit habe ich für die gefühlten tausend Stufen auch gebraucht. Nur dass der Jakobsweg neben frischer Luft auch den einen oder anderen Panoramablick zu bieten hat. Hier sind die einst hellgelb verputzten Wände verschmutzt, als würden die Bewohner sie senkrecht besteigen, und von unten bis oben muffelt es nach Kinderkotze.

Unterwegs plane ich meine Mission noch einmal durch und lege mir die ersten Sätze zurecht. Mein Ziel ist es, Adriano zur Teilnahme am Unterricht zu bewegen.

Frau Huber im Rücken, kann ich ihm mit möglichen Sanktionen der ARGE drohen und gleichzeitig versuchen, ihm unser Bildungs- und Aktivierungsprogramm inklusive Praktikum schmackhaft zu machen. Um ihn nicht schon im Vorfeld zu vergrätzen, habe ich mich zu einem Spontanbesuch entschieden.

Vor dem Losfahren am späten Nachmittag fragte ich Robert, ob es wirklich üblich sei, dass wir Dozenten und Jobvermittler solche Hausbesuche machen. In diesem Moment war er der einzige Anwesende im Dozentenraum, was mir eigentlich ganz recht war. Denn insgeheim erhoffte ich mir gerade von ihm als Repräsentant der Einstecktuch-Fraktion einer sich demonstrativ vom gemeinen Volk abhebenden Oberschicht ein klares »Spinnst du?«. Doch ich täuschte mich.

»Das kann vorkommen«, erwiderte er mit einer Ernsthaftigkeit, die ich von ihm bisher nicht kannte. »Bei meinen Jugendlichen bin ich regelmäßig, weil die morgens nicht aus den Federn kommen. Eine Zeit lang bin ich immer wieder bei drei besonders renitenten Schnarchkappen vorbeigefahren, habe sie aus dem Bett geklingelt und mit zum Unterricht genommen. Sonst wären die keinen Tag aufgeschlagen. Wenn ich es zeitlich nicht schaffe, rufe ich an.«

»Bringt das was?«, fragte ich, von seinem Einsatz schwer beeindruckt.

»Nein«, sagte er und schaute mich traurig an. »Die wenigen Sortierten schaffen es, die Hänger bleiben im Sumpf. Trotzdem haben wir auch einen sozialen Auftrag und sollten in diesem Rahmen als Vorbilder dienen. Findest du nicht?«

Ich nicke zögerlich mit der Tendenz grundsätzlicher Zustimmung. »Hast du denn noch nie einen Teilnehmer retten können?«

»Retten« – wie pathetisch. Im Bücherregal meiner Eltern steht ein Buch mit dem Titel »Die hilflosen Helfer« – an das musste ich jetzt denken. Robert strich mir fürsorglich über die Schulter. Ihm schien die Frage zu schmeicheln.

»Man kann nur die retten, die gerettet werden wollen. Aber in jedem Kurs in meinen fünf Jahren hier konnte ich etwas bewegen – mal ist es nur einer, mal sind es acht von zehn, die dank meiner Unterstützung und dem eigenen Willen und Know-how wieder den Weg zurück ins Arbeitsleben finden. Probieren lohnt sich – solange du dich abgrenzen und deinen Job von deinem Privatleben trennen kannst.«

»Sonst geht es mir eines Tages wie Vera«, murmelte ich leise.

»Wie Vera«, bestätigte Robert, während er einen Apfel an seinem schwarzen, perfekt geschnittenen Jackett polierte. »Die rauchte am Schluss 40 Zigaretten am Tag und nahm innerhalb weniger Monate fünfzehn Kilo zu. Besucher hielten sie immer für eine Teilnehmerin.«

Bloß nicht aussehen wie ein Arbeitsloser – das könnte der Grund dafür sein, dass Robert sich für diesen Job so unpassend überkandidelt ausstaffiert. Während ich bestrebt bin, mich durch meine Kleidung dem begrenzten Budget meiner Teilnehmer anzupassen, braucht mein Kollege seine bestickten Hemden und Karriere-Sakkos zur Abgrenzung. Als Rüstung gegen die Gefahr drohender Verelendung. Als Schutz vor der Realität.

Als ich endlich vor der Wohnung der Zanders angekommen bin, erwartet mich ein in einer ausgefransten Klarsichthülle mit Tesa an die Tür geklebter, bereits leicht vergilbter Din-A4-Bogen, auf dem in runder, ungelenker Frauenschrift geschrieben steht:

Wenn du dieses Haus betrittst,
vieles nicht ganz sauber blitzt.
Du merktst, das es hier Kinder gibt,
die man mehr als putzen liebt.

Mehr als Putzen? Mir wird mulmig. Aufgrund meiner Ängste, meiner vegetarisch orientierten, vergleichsweise enthaltsamen Lebensweise und wahrscheinlich auch, weil ich ein sozial verkorkstes Einzelkind bin, könnte ich niemals eine Studienreise zu Völkern unternehmen, die anders leben, als ich es in Europa gewöhnt bin.

An sich fände ich fremde Sitten und Gebräuche äußerst spannend, aber wenn ich beim Anblick einer an sich blitzblanken Ton- oder Blechschüssel auch nur eine Millisekunde an Speisereste denke, beginnt es in meiner Unterlippe zu pochen, und schon am nächsten Morgen sehe ich aus wie ein halb aufgeblasenes Schlauchboot.

In der letzten Zeit ertappe ich mich sogar dabei, dass ich nach jedem Händedruck mit den Augen die nächste Waschgelegenheit ausspähe, um mich in einem unbeobachteten Moment mit warmem Wasser und Seife von möglichen Bakterien an meiner Handinnenseite zu befreien.

Insofern muss ich für meine Leidensgenossen weltweit eine Bresche schlagen: Wer passiv bleibt und nur lasch bis gar nicht zudrückt (Marke »toter Fisch«), ist nicht unbedingt eine Memme – er ist vielleicht einfach nur hysterisch.

Handgeben unbedingt vermeiden, denke ich und lege mir vor dem Klingeln meinen ersten Satz zurecht. »Hallo, entschuldigen Sie die Störung, ich komme im Auftrag der ARGE und möchte Ihren Sohn über seine Anwesenheitspflicht bei einer Bildungsmaßnahme informieren.«

Wahrscheinlich wird Adriano nicht gleich an die Tür kommen, dann holt ihn seine Mutter, er ist vollständig angezogen, wir reden kurz, er verspricht, am nächsten Tag pünktlich zu erscheinen, ich bedanke mich, schenke ihm zum Abschied ein aufmunterndes Lächeln und entschwebe die ungewischte Treppe hinunter.

Als ich drücke, erklingt statt einem profanen Läuten eine Bimmelsinfonie aus dem Orchesterhit »La Cucaracha« – zu Deutsch: »die Küchenschabe«. Wie ein wirklich gutes Omen erscheint mir das nicht.

Von innen wird die Tür aufgerissen, und die ungefähr fünfzigjährige, breithüftige Hausherrin in einem türkisen Zopfmusterpullover mit einem derben grauen Wollrock und einer hellblauen

Kittelschürze steht vor mir. In ihrem breiten, glänzenden Gesicht mit Pony und großen runden Kuhaugen bildet ein massives Kinngrübchen einen weiteren Anziehungspunkt.

Schweigend betrachtet sie mich einige Sekunden, und als ich gerade den Mund aufmachen will, dreht sie sich um und ruft mit heiserer Stimme in grober Artikulation: »Ey, Adriano, wer is'n die Frau?«

Ich bin die Frau, aber Adriano kennt mich nicht. Noch nicht. Von innen dringt eine geschlossene Geräuschkulisse aus TV-Geplapper, Wäschetrockner und Vogelgekreische, unterbrochen von mehrstimmigen Zurufen wie »Wo liegt der Hörer?« – »Guck doch selbst!« und »Verdammte Scheiße, wieder kein Anschluss!« in den Flur.

»Tschuldigung«, murmelt die Türöffnerin, vermutlich Adrianos Mutter. Sie dreht sich wieder um, wobei sie mir ihren gewellten Hinterfrisurenkopf mit eingedelltem Schlafloch zeigt, und geht einige Schritte ins Dunkel der Wohnung. Dort schreit sie in einer Lautstärke, die einen Schlafenden im Erdgeschoss aus dem Bett werfen würde: »Aaaadrianooo!«

Als wäre sie die Ruhe selbst, wendet sie sich wieder an mich und fragt gespannt: »Sie wünschen?«

Um mir selbst Mut zu machen, richte ich mich noch einmal wenige Zentimeter weiter auf: »Tatsächlich, ja, ich komme wegen Ihres Sohnes. Ich heiße …«

»Hab ich's mir doch gedacht.« Bei diesen Worten funkelt mich die Dame des Hauses an, als wollte ich ihren Kleinen entführen. Doch ihre Wut gilt in Wahrheit mehr ihm als mir, und ich kriege sie nur stellvertretend ab.

»Aaadriano!«

»Was will die Frau?«, echot es in heiterem Ton zurück.

»Tschuldigung«, wiederholt Mutter Zander. »Wer sind Sie bitte?«

»Ich komme von der Bildungsmaßnahme der ARGE ...«

»Rein mit Ihnen!« Sesam öffne dich. Sie nimmt mich am Arm und zieht mich mit einem resoluten Schwung in die Wohnung. Die Erwähnung der Arbeitsgemeinschaft für Soziales im Hausflur genügt scheinbar, um sofort in die Familienhöhle eingelassen zu werden.

Das Heim der Zanders ist klassisch geschnitten – drei Zimmer, Küche, Bad. Hier und da liegt ein Pullover auf links, und ein paar halb leer getrunkene Gläser stehen herum, ansonsten wirkt die Wohnung aufgeräumter und sauberer als unsere Bude zu Hause. Selbst in dem fast wandbreiten Holzsetzkasten mit Mini-Elefanten ist jedes Fach tipptopp staubfrei.

Frau Zander scheint meinen Blick bemerkt zu haben. »Elefanten haben uns Glück und Erfolg gebracht. Wir sammeln sie seit Jahren«, erklärt sie. »Opa Eugen hat die meisten von seinen Reisen mitgebracht.«

Da die Rüsselviecher aus Stein, Keramik und Porzellan ausnahmslos aussehen, als stammten sie aus hiesigen Ein-Euro-Läden, frage ich mich, wohin Opa Eugen wohl einst hingereist sein mag. Hat er sich etwa wie Nelly ein paar Jahre im »Ausland« aufgehalten?

Aktuell bevölkern die Wohnung sechs Personen, auch Opa Eugen ist auf Heimaturlaub da. Ob die wohl alle hier leben?

Später erfahre ich, dass die Familie im Blockgebiet über insgesamt drei Wohnungen verfügt: In dieser leben die Eltern Heidi und Manfred Zander mit Adriano, zwei Stockwerke weiter oben Schwester Eva mit ihrem Verlobten Peter und im Block nebenan im Erdgeschoss der Opa mit dem lahmen Bein.

Mit einer Geste, die mir weiterhin wenig Raum lässt, bugsiert mich Mama Heidi auf die Polsterwohnlandschaft im Wohnzimmer, auf der bereits ein Pärchen schweigend auf Handys herumdrückt. Sie trägt einen sehr kurzen, sehr rosa Rock zum weißen Top und scheint gerade akut und daher gänzlich ungeschminkt mit einer blühenden Akne auf ihrer hohen, runden Stirn zu kämpfen. Ihr Bauch ist verdächtig gewölbt.

Der junge Mann neben ihr ist ungefähr gleich alt und wirkt, im Gegensatz zu ihr, um den Oberkörper herum so schmächtig, als wären Muskeln mal dagewesen, dann aber abhandengekommen und müssten jetzt erst wieder nachwachsen. Sein Gesichtsausdruck ist angestrengt gleichgültig vom ständigen Wahrnehmungen-Ausblenden.

»Was möchten Sie trinken?«

Eine offene Frage, die ich schlecht mit »Nein« beantworten kann.

»Ein Bier?«, sage ich unsicher. So was trinkt man doch hier, oder?

Die Frau vor mir guckt auf einen auf der Fensterbank stehenden Elefanten-Plastik-Wecker. Kurz vor fünf.

»Bisschen früh, aber meinetwegen.«

Sie schlurft in locker sitzenden Hausschuhen aus dem Raum, im Nebenzimmer folgt ein kurzer, stimmlich gedämpfter Schlagabtausch. Dann werden die TV-Stimmen leiser, zwei Männer protestieren, die synthetischen Stimmen sind wieder besser zu verstehen, und Adriano kommt herein.

Er sieht überraschend niedlich aus, mit abstehenden Ohren und frechem Backpfeifengesicht, ein Bengel, der einfach zu schnell gewachsen ist und deshalb wahrscheinlich mit seiner Vernunft nicht nachkommt.

»Hi.« Cowboylocker schwingt er sich auf einen Hocker neben dem gekachelten Couchtisch. Wieso fühle ich mich gerade wie ein lästiges Date, das ein genervter Teenager Mutti zuliebe über sich ergehen lässt?

»Hi ... Sie wissen, wer ich bin?«

Adriano betrachtet mich mit einer Begeisterung, die er sicher auch den aktuellen Börsenkursen entgegenbringen würde.

»Nö, aber Sie kommen von der ARschGE, glaub ich.«

Habe ich mich verhört?

»Im Auftrag der ARGE, richtig. Aber als Repräsentantin eines Bildungsträgers, an dessen Unterricht Sie bereits seit vier Wochen teilnehmen müssten. Wieso kommen Sie nicht?«

Der junge Mann im Schlabbershirt checkt seine Nägel.

»Keine Zeit.«

»Bitte?«

»Muss mich bewerben, Kontakte knüpfen.«

»Aha, welche aktuellen Kontakte sind das denn?«

»Kennen Sie nicht.«

»Jetzt werde bloß nicht frech ...« In meinem Ärger bin ich ins viel zu vertrauliche »Du« geswitcht. Ich korrigiere mich schnell: »Machen Sie gefälligst mit, sonst muss ich der ARGE eine Meldung machen.«

»Sie kommen also doch vom Amt«, mault jetzt das Mädchen von der Couch.

»Sieht man doch«, stimmt ihr künftiger Mann und vermutlich auch der Kindsvater mit ein.

»Woran seht ihr das denn?«, fragt Adriano, zum ersten Mal interessiert.

Der Couch-Typ bearbeitet weiter sein Handy. »An den künstlichen Nägeln.«

»Sind doch normal«, insistiert der noch nicht Überzeugte.

»Die vom Amt haben alle diese Plastikdinger. Meine Beraterinnen-Tussi hat sogar lila Blümchen aufgemalt«, grinst Peter.

Eva neben mir kichert: »Meine hatte zur WM die Deutschlandflagge drauf.«

Ertappt verstecke ich meine Fingerspitzen. Es stimmt, ich gehe alle drei bis vier Wochen ins Nagelstudio, aber nicht aus pseudoästhetischen Gründen, sondern als therapeutische Intervention. Bis vor einem Jahr habe ich massiv an den Nägeln gekaut, oder, besser gesagt, an der Nagelhaut. Kaum trage ich die French Manicure, komme ich mir mit einem Finger am Mund eher blöd vor.

Wir sollten wieder zum Thema zurückkehren. »Demnach beziehen Sie alle Hartz IV?«

»Und worauf reimt sich das? Auf Bier!« Heidi Zander, inzwischen recht gut gelaunt, stellt mir ein Krombacher ohne Glas vor die Nase, schiebt dann aber, gleich einer bedachtsamen Gastwirtin, einen Korkuntersetzer unter die Flasche.

»Krieg ich auch eins?« Adrianos Frage ist mehr Befehl, die anderen beiden schließen sich an – Eva ordert ein hihihi »Vegetarisches«.

Als wäre das Servieren von Bier ihr Job, schlurft Eva wieder in die Küche, um dort weiter herumzuklimpern.

Die nächste, auffallend unrasierte Person, die den Raum betritt, hat gelb geraucht Haare und trägt einen Trainingsanzug mit der optimistisch stimmenden Aufschrift »Doublespeed«.

»Ich bin der Papa«, stellt er sich vor und reicht mir über den Tisch die Hand. Ich stehe auf und gebe ihm zögerlich meine. Seine ist warm und pappt ein wenig. Bald werde ich zur Toilette müssen, schrubben.

Er schenkt mir einen Blick, der sagt: »Gnädigste, Sie sehen bezaubernd aus.«

Statt sich zu setzen, geht er wieder aus dem Raum, und ich befürchte, er will Opa Eugen darüber informieren, was bei ihnen drüben für eine heiße Maus auf der gepolsterten Lebenswiese hockt.

»Sind Sie alle Arbeit suchend?«, frage ich noch einmal und entschuldige meine Distanzlosigkeit vor mir selbst mit dem Umstand, dass nachmittags alle zu Hause sind und nicht gerade den Eindruck machen, als ob einer von ihnen heute in der freien Wildbahn jagen oder sammeln war.

»Alle, außer Opa«, sagt Eva. Ausgerechnet.

Erstaunt frage ich: »Wo arbeitet der Opa denn?«

Adriano lacht auf. »Nirgendwo, aber der kriegt keine Stütze, sondern Schwerbehindertenrente.«

»Demnach sucht auch er keinen Job«, provoziere ich.

»Den sucht hier keiner«, bestätigt Peter, und alle keckern.

Zwei Stunden später bin ich beim dritten Bier und habe zwei Klare intus. Wenn Eva neben mir nicht schwanger wäre, würde ich rauchen wollen. So aber hält mein Über-Ich meine Triebe noch einigermaßen in Schach.

Mein Leben ist aber auch entsetzlich anstrengend, und entsprechend geräumig ist die Blase Selbstmitleid, in der ich mit Familie Zander den Abend bestreite.

Da mein Ziel die Erbeutung des Junior ist, des Hoffnungsträgers, Sonnenscheins, lehnt sich die gesamte Sippschaft gegen mich auf. Nicht etwa aggressiv oder gar bedrohlich, sondern fröhlich von der Leber weg. Ihre Taktik: Mein Verständnis parallel zu meinem Alkoholpegel wachsen zu lassen. Doch während sie im zweiten Fall durchaus Erfolge verbuchen können, stelle ich mich bezüglich meiner Empathie noch ein bisschen an.

Gerade habe ich zum x-ten Mal beteuert, dass es sich bei uns um eine wirklich prima Truppe handelt, in der einer dem anderen hilft, und auch meine Wenigkeit – »Mensch, Menno, dir, Adriano, wo du doch gar nichts kannst und hast« – eine Menge Unterstützung bieten könnte.

Und wieder kontert Opi, dass ja wohl alle aus der Familie schon bei uns und x weiteren Bildungsträgern waren. »Ein halbes Jahr saßen Eva, Heidi, Peter und Sohnemann auf zwei Räume aufgeteilt Wand an Wand«, lacht er, gänzlich zahnlos. »Da war jede Pause ein bisschen wie Heiligabend unterm Baum, isses nicht so?«

An sich täten sie uns gerne den Gefallen, aber ab und an müssten sie pausieren.

»Arbeiter haben Urlaub, und was haben wir? Sinnloses Abhocken von Zeit, wie im Knast, wenn Sie mich fragen.« Opa Eugen redet sich in Rage.

»Wir …«, er tockert mehrmals fest auf seine Trichterbrust. »Wir halten den Laden am Laufen. Wir …«, tock, tock, tock, »sind die Ressource der Republik. Kernkraftwerke, aber ohne Energie. Das war früher anders. Was haben wir geschuftet, mit unseren Händen, ohne Luft und ohne Licht und ohne …«

Mitten im Satz fängt er an zu weinen. Sein Kinn unter dem faltigen Mund zittert im Takt seiner Kurzatmigkeit.

Heidi Zander, die sich als Einzige an weiße Limo hält, erläutert die Zusammenhänge: »Mein Vater war Bergarbeiter in der Zeche Wilhelmine Curtia, die wurde 1962 geschlossen.«

»Sechzig«, röchelt Opa.

»Die Schächte wurden der Zeche Fritz-Heinrich nebenan zugewiesen und waren bis in die 80er im Betrieb. Dann arbeitete er zwei Jahre als Hilfsschlachter, aber als er vom Alkohol weg war, ging auch das nicht mehr. Seitdem ist Papa nicht mehr arbeiten gewesen.«

Mir fällt Mohammed ein, mit seinem ironisch klingenden und leider doch so wahren »Alles Schrott«. Vielleicht sollte man das für Arbeitslose auf T-Shirts drucken lassen, damit sie die auf einer Massendemo gegen das Aussortieren von Menschen tragen?

Mein Blick fällt auf »Doublespeed«, der auf seinem Sessel auch gleich anspringt.

»Bei mir war das ähnlich, Fräulein Freiwald«, berichtet er im Grundton der Aufrichtigkeit. »Ich bin Brunnenbauer, aber meine Firma ist pleitegegangen. Die von der ARGE wollten aus mir einen Tischler machen – mit Ende vierzig. Da sollte ich ins Praktikum wie ein sechzehnjähriger Schüler. Hab mir nie was zu Schulden kommen lassen, nie was geklaut oder so …«

Peter flüstert Eva ins Ohr: »Klau mal einen Brunnen.«

»Aber den Schülerscheiß, das hab ich verweigert. ›Geht nicht, Leute‹, hab ich gesagt. Gebt mir Land, und ich bohr euch ein Loch. Das ist meine Welt. Untertage, quasi, wie der Eugen. Kannst auch nicht aus einem Maulwurf einen Holzbock machen, oder? Prost!«

Wir kippen einen. Werde wohl das Taxi nehmen müssen.

»Das Geld haben sie trotzdem gekürzt«, sagt Eva. »Da durft ich nicht mal mehr zu Budni, Scheiße.«

»Wie viel bleibt Ihnen denn so im Monat?«, frage ich ins Blaue. Was auch immer mich erwartet, es wird mich runterziehen.

Heidi Zander muss nicht nachblättern: 316 Euro Arbeitslosengeld für sie, 316 Euro Arbeitslosengeld für Manfred, 211 Euro für

Adriano, hinzu kommt Geld für die Wohnung für jeden der drei, dreimal 159 Euro. Die Miete beträgt 470 Euro und 16 Cent warm, 61 Euro kostet der Strom im Monat, 70 Euro für Handy und Flatrate. Es bleiben 700 Euro für Essen, Trinken, Waschen, Kleidung, für alles andere.

»Früher hat man angerufen, wenn der Kühlschrank futsch war, und hat einen neuen gekriegt, heute muss man erst beweisen, dass man ihn nicht mehr reparieren lassen kann. Dann kriegt man 50 Euro und muss für das Geld einen billigen finden.«

Ihr Mann ist mit seinen Gedanken noch bei sich und seinem Schicksal. Er stöhnt laut auf und rutscht in eine neue Sesselposition.

»Einen Staplerschein musste ich vor drei Wochen auch noch machen, dabei kann ich in den Dingern kaum sitzen, geschweige denn arbeiten.«

Sein Weib unterstützt ihn: »Damit sie ihn endlich in Ruhe lassen, soll er sich Berufsunfähigkeit bescheinigen lassen, wegen Rücken und so.«

Manfred nickt. »Das Herz.« Er deutet auf die Seite seiner Trainingsjacke mit Aufschrift. Plötzlich bekommt »Doublespeed« eine ganz neue Bedeutung.

»Manchmal geht die Pumpe zu schnell, dann setzt es aus, dann zieht es mir bis in den Rücken. Quer durch. Als hätte mich ein Indianer erschossen.« Das Pfeilgleichnis macht für mich die Behauptung nicht nur plausibel, sondern wirklich glaubhaft.

»Lassen Sie sich bloß untersuchen«, empfehle ich mütterlich und trinke einen großen Schluck von meinem vierten oder fünften Bier.

»War schon in der Röhre, haben aber nichts gefunden.«

Jetzt überrascht mich die praktisch veranlagte Heidi mit einer klugen Diagnose: »Bist eben ein Muttersöhnchen, die haben alle Herzprobleme.«

»Lebt Ihre Mutter auch hier?« Eine Frage, die ich Sekunden später bereits bereue.

Nun guckt nämlich auch Papa Manfred wie ein ausgesetzter Hund an der Autobahn. »Genau da, wo sie sitzen, da ist sie verstorben. Wir haben sie alle gepflegt, drei lange Jahre lang.«

Heidi ergänzt kühl: »Sie war dement, bis nichts mehr ging.«

»War lieb, die Oma«, sagt Adriano nach seinem langen Schweigen leise.

Spüre ich Mitleid? Haben mich die Zanders schon im Sack? Bloß nicht mein Ziel aus den Augen verlieren. Gerade will ich mich wieder an meinen vermissten Teilnehmer wenden, da fällt mir ein, dass ich mir noch gar nicht die Hände gewaschen habe. Zu spät. Die vielen tausend Partikel Manni Zander sind längst in mich eingezogen und kleben jetzt an meinen Chromosomen.

Trotzdem stehe ich auf. »Wo isn das Bad?«

»Links ums Eck im Westflügel, hahaha.«

»Adriano ist ein Freitagskind«, erklärt Heidi Zander, als ich wieder aus dem Bad zurück bin. Was auch immer das heißt. Die zwei Verlobten haben sich inzwischen verdünnisiert. »Er hat einfach immer Pech, der Junge«, erklärt sie weiter.

Ihr Sohn wird rot, bleibt aber sitzen.

»Für eine Kochlehre sollte er ein Praktikum machen, und schon am ersten Tag wurde er gefeuert. Was war? Er sollte für die Großküche fünfzig Knoblauchzehen schälen und wusste natürlich nicht, wie das geht. Woher auch? Hat ja noch nie gekocht, der Junge. Da hat er eben fünfzig Knollen geschält, was Arbeit war, das können Sie sich vorstellen.«

Adriano sieht mich an. Sein Blick sagt: Bin ich scheißfroh, dass ich nicht Koch werden musste.

»Auch mit Mädchen hat er seine liebe Not«, plaudert Mutti weiter und gießt mir fürsorglich noch einen Klaren nach. Nebenbei hat sie ein paar Schinkenbrote geschmiert und auf den Tisch gestellt. Mich als Vegetarierin zu outen ist mir peinlich, also behaupte ich, ich hätte eine Schinkenallergie und würde von dem Fett Magenkrämpfe kriegen.

»Die Mädels hier im Block laufen alle rum wie Nutten – Bauch frei, Titten draußen, Piercings und dazu diese Hosen, wo man den Schlüpper sieht. Neee!«

Das Problem mit den Mädels scheint mehr die Mutti zu haben. Dass ihr eigenes Töchterchen auch nicht gerade gekleidet ist wie zur heiligen Kommunion, scheint sie weniger zu stören.

Ihr Söhnchen blickt geheimnisvoll schweigend nach draußen in Richtung Sonnenuntergang.

Fluchtgelüste. Ganz normal für Mamasöhnchen. Wie oft habe ich diese Konstellation erlebt, auch bei Exfreunden. Die behütende Übermutter, die jedem zeigt und auch selbst daran glaubt, dass sie sich von morgens bis abends völlig selbstlos für ihren kleinen Schatz aufreibt. Er ist ja sooo hilflos. In Wahrheit ist ihr Engagement, wie alles im Leben, ein Akt des puren Egoismus. Denn als Versorgerin der Sippe ist sie wichtig, hat sie die ultimative Macht. Deshalb darf ihr Kind nie wirklich erwachsen werden, sonst ist sie ihre Rolle los. Logisch, dass sie alles dafür gibt, den Sohn klein zu halten. Ihre Message: Nimm dich bloß in Acht, da draußen lauert die Gefahr! Quasi täglich kann ihr Sohn zum Opfer werden. Von bösen Chefs, von sexy Biestern.

Eine Opferrolle, die er nur mit größter Mühe und konsequenter Distanz wieder loswerden kann. Denn das Verrückte ist: Wer sich selbst als Opfer fühlt, wird von den anderen Menschen auch als solches behandelt.

»Diese Mädchen haben alle keinen Vater, keinen leiblichen, verstehen Sie? Die sind allesamt abgehauen, manche kennen ihren Erzeuger gar nicht. Aber er fehlt ihnen, ist klar.« Die Hausfrau nimmt sich ein Schinkenbrot und beißt herzhaft hinein. »Mit ihrem Nutten-Getue wollen sie ihn anlocken, damit er wieder zu ihnen zurückkommt.« Wieder eine unverhoffte Weisheit aus der Welt der Kittelschürzen.

»Was sind Sie eigentlich von Beruf, Frau Zander?«

Sie überlegt einen Moment, dann sagt sie »Stofftierstopferin«. Mit einer Geste fordert sie mich auf, ihr in den Nebenraum zu folgen. Dort läuft der wieder leise gestellte Fernseher für fünfzig oder mehr Plüschelefanten, die ordentlich als grauer Berg mit rosa Rüsselspitzen in einer Ecke des maximal zwanzig Quadratmeter großen Raums aufgetürmt liegen.

»Mein letzter Lohn«, sagt sie. »Wollen Sie einen?«

Da ich das Schinkenbrot schon nicht wollte, muss ich wohl einen wollen. »Gerne, ähm, ja.«

Die patente Person schlurft zügig auf den Haufen und greift mit geübtem Griff einen Dickhäuter aus der Mitte. »Der ist besonders schön.«

Ich kann keinen Unterschied erkennen.

»Macht 15 Euro 50 – Freundschaftspreis.«

»Ähm, 'türlich …« Wir gehen nach drüben, und ich finde nur einen Zwanzig-Euro-Schein. »Hach, stimmt so.«

»Ham Sie ein gutes Geschäft gemacht«, meint Opa anerkennend.

»Wie soll er heißen?«, fragt der Papa.

Ich überlege. »Adriano?«

Alle Anwesenden verziehen das Gesicht. Der mögliche Namensgeber winkt ab.

»Ne, so billig kriegen Sie mich nicht.«

In der RTL-Reihe »Endlich wieder Arbeit« unterstützt Jobcoach Jürgen Hesse die fünfköpfige Familie Betzel aus Berlin-Tempelhof bei der Arbeitssuche. Der 58-jährige Psychologe leitet in Berlin eine renommierte Beratungsfirma, seine Bibliographie beinhaltet 160 Ratgeber zum Thema Berufsfindung. Als bundesweiter Seminaranbieter berät und schult er jährlich über 12 000 Kunden in mehr als 800 Seminaren zu allen Themen rund um den Beruf, 25 Jahre leitete er als Geschäftsführer die Telefonseelsorge Berlin. Das kommt ihm jetzt zugute.

Jürgen Hesse ist aber nicht der Einzige in der Sendung, der noch Arbeit hat. Auch die herzkranke Mutter Gisela arbeitet, und zwar nachts für die Post. Vater Theos Matte ist vorne kurz und hinten lang, seine Unterarme tätowiert, seine Tränensäcke dick wie Vanillekipferl. Seit zwei Jahren ist er arbeitslos.

RTL weiß genau, wie's ihm geht: »Ungewollt arbeitslos, entwertet – ein echter Albtraum«, schreibt der Sender auf der Homepage. »Wenn Menschen arbeitslos werden, verlieren sie oft mehr als nur ihren Job: ihren Besitz, ihre Perspektiven, oft sogar ihre Lebenslust.«

»So wie Ihr Mann aussieht, kriegt der nie eine Chance«, sagt Jürgen Hesse.

»Die Haare sind ihm heilig«, sagt Theos Frau.

Tochter Cindy, 20, in deren Bewerbungsschreiben jedes dritte Wort falsch geschrieben ist, will Tierpflegerin werden. Um die 300 Mappen hat sie verschickt – alle für die Tonne.

»Eine typische Berliner Familie, die gelernt hat, mit ihrem Unglück umzugehen«, stellt Hesse fest. Doch daran will er etwas ändern. RTL: »Jürgen Hesse gibt neue Hoffnung.«

Der Jobtrainer übernimmt das Bewerbungstraining, gibt professionelle Tipps vom Anschreiben bis zum Auftreten, räumt Hindernisse aus dem Weg, versucht Engagement und Leidenschaften zu wecken, akquiriert sogar Vorstellungstermine.

Und, oh Wunder, es klappt! Tochter Cindy kriegt endlich eine Lehrstelle bei einer Tierärztin, und Papa Theo einen festen Job auf einem Pferdehof.

So stelle ich mir meine Erfolge bei der Familie Zander vor. Doch ohne Kamera und die damit verbundene PR für Arbeitgeber bleibt eine nachhaltige Vermittlung eines über fünfzigjährigen Langzeitarbeitslosen in einen ausreichend bezahlten Job nicht mehr als ein Zaubertrick der Medien.

Obwohl in Adrianos Alter noch alle Blümchen blühen und die Welt ein Markt der Möglichkeiten sein könnte, steuert er zielsicher auf eine lebenslange Hartz-IV-Karriere zu.

Es ist halb acht. »Kann ich Sie mal alleine sprechen?«

Wir gehen in den Elefanten-Streichelzoo und bleiben in der Raummitte stehen. Zu nah ans Fenster mit seiner Skyline-Aussicht darf ich mich nämlich nicht stellen, sonst bekomme ich Flatterknie.

Der junge Mann überragt mich um wenige Zentimeter. Sein T-Shirt mit einem Portrait des Kultkillers Charles Manson riecht nach billigem Weichspüler.

»Wie stellen Sie sich Ihr Leben vor?«, frage ich ihn, um eine saubere Aussprache bemüht. Möglich wäre alles – von einer Kneipe auf Mallorca bis zur Bundeswehrlaufbahn.

»Ich könnte Popstar werden.«

Popstar. Genau das fehlt mir noch in meiner Sammlung. Am

liebsten würde ich den Jungen auslachen, die Gefahr, ihn zu verletzen, erscheint mir aber zu unkalkulierbar. Wie wäre es, wenn ich mich seitlich in den Elefantenhaufen werfe und erst mal eine Runde schlafe? Vielleicht könnte mir Heidi in der Zeit die Brüste ein wenig aufpolstern?

»Darf ich Ihnen was vorspielen?« Süß, der Kleine, wie er so vor mir steht.

Er greift ins Nichts und hat flugs eine Gitarre zur Hand. Mich parkt er auf einem Bürostuhl, vor dem er sich breitbeinig aufbaut.

Kein Mensch, der das noch nicht erlebt hat, kann sich vorstellen, wie anstrengend so ein Popstar-Event in einer Sozialwohnung sein kann. Denn Adriano präsentiert sein gesamtes Repertoire: »Bridge Over Troubled Water«, »Country Roads«, »Dieser Weg«. Ergänzt von zwei, drei, vier, fünf eigenen Kompositionen, eine davon mit dem Titel »Wer tot ist, will auch leben«.

Hübsch, wie er die Gitarre zupft, seine Stimme klingt weich wie die eines homosexuellen Matrosen im Fassbinder-Film. Aus dem CD-Player könnte ich seinen Liedern lange lauschen, eine Stunde vielleicht. Aber in dieser Situation möchte ich am liebsten wie die bezaubernde Jeannie dreimal blinzeln, um dann fix in einer Rauchsäule zu verschwinden.

Kein Wunder: Während des Singens starrt mich Adriano die ganze Zeit an. Seine murmelrunden graublauen Augen hängen an mir, saugen sich fest, ziehen Bestätigung in Fetzen aus mir heraus. Ich starre zurück und antworte mit einem eingefrästen Dauergrinsen.

Adriano bearbeitet gerade passenderweise den Beatles-Hit »You say goodbye and I say hello«, als ich beschließe, meine Passivität aufzugeben.

»Hammer!«, rufe ich zwischen die Gitarrensounds, und um mich noch besser durchzusetzen, klatsche ich laut. Gleichzeitig stehe ich auf und versuche mich an ihm vorbei zur Tür zu quetschen. Er beendet seine Performance und macht mir Platz.

»Wenn du morgen kommst, schreiben wir auch Bewerbungen an Plattenfirmen. Vielleicht können wir ein Demo-Tape von dir beilegen.«

Das meine ich ernst. Parallel könnten wir uns um eine passende Ausbildungsstelle bemühen. Denn die nötige Energie ist da – bei allen Zanders. Sie müssten nur raus aus ihrem geschlossenen System. Oder aufgrund ihrer Skurrilität TV-Karriere machen wie die Ludolfs. Hätten die nicht ihren Schrottplatz, wären die DMAX-Lieblinge allesamt prädestinierte Langzeitarbeitslose.

»Alles klar«, antwortet Adriano und stellt seine Gitarre weg.

»Du kommst?«

»Glaub schon.«

»Versprochen?«

»Versprochen.«

Ich habe Adriano nie wiedergesehen.

Zwei Abende später sehe ich mir, gemütlich im Bett liegend, drei aufgezeichnete Sendungen an. Thema: Arbeitslosigkeit. Es ist das pure Pflichtgefühl, das mich treibt. Mit einer Spur schlechtem Gewissen. Schließlich habe ich noch keinen meiner Teilnehmer in einen Job vermittelt. Sicher hat jeder auf seine Weise von meinem Unterricht profitiert, und die wirklich heiße Phase der Arbeitsplatzakquise durch Praktika steht uns ja erst bevor.

Zum Warmwerden wähle ich die Focus-Reportage »Mit versteckter Kamera bei einer Arbeitsvermittlung – von Deutschlands faulen Arbeitslosen«. Eine schlechte Wahl, denn sie gibt mir gleich zum Einstieg die unmissverständliche Gewissheit, dass alle Arbeitslosen Betrüger sind.

Acht Bewerber kriegen, so will es die Dramaturgie, die Chance ihres Lebens. Endlich haben sie es zu einem Bewerbungsgespräch geschafft. Endlich kriegen sie, was sie wollen. Endlich – Arbeit.

Wie die Einsteins unter den Zuschauern bereits aus dem Titel herleiten konnten, wird es natürlich nichts mit dem Wunder. Fünf Anwärter haben keinen Bock, sagen was von Rückenschmerzen oder stellen sich einfach nur dämlich an (»Dreisatz? Hä?«). Drei kommen erst gar nicht. Die Chefs, allesamt bodenständige Handwerker mit Teddybärgesichtern, reagieren erschüttert bis ungehalten. Auch der Arbeitsvermittler ist am Ende mit den Nerven runter: »Offenbar ist es in Deutschland immer noch zu einfach, nicht zu arbeiten und trotzdem Geld zu bekommen.«

Hat er recht?, frage ich mich, bequem auf meine Liegestatt drapiert. Manche Hartz-IV-Bezieher kommen mir manchmal wirklich so vor, als ob sie stellvertretend für mangelnde Nestwärme in ihrer Kindheit jetzt Schutz und Fürsorge von Papa oder Mama Staat einfordern. Sie nölen öffentlich über zu knappe Zuwendungen, die sie seit Jahren, teilweise Jahrzehnten beziehen, wie Halbwüchsige, die sich darüber beschweren, dass ihre Eltern nicht genug zu essen eingekauft haben oder sie irgendwo haben stehen lassen, statt sie abzuholen – und wahrscheinlich war es bei einigen auch früher häufig der traurige Fall.

Später im Netz lese ich den Zuschauer-Kommentar: »Es muss hart, aber gerecht durchsiebt werden! Hat einer angeblich Beschwerden, sofort zum Vertrauensarzt! Ist einer unwillig, nicht kürzen, sondern Leistung komplett weg!!!«

Hart, aber gerecht. Wenn ich jemandem erklären sollte, wie es bei den Zanders war, könnte ich folgende Metapher wählen: Verschwitzt, mit hochgekrempelten Ärmeln versuchte ich, ein mit der Hartz-IV-Family bis unters Dach besetztes Auto einen Hang hinaufzuschieben. Leider hatte ich Pech: Alle sechs Insassen zogen die Handbremse.

Langzeitarbeitslose wie die Zanders verhungern dann eben. Keiner fragt, was los war, keiner weiß, welche wahre Existenzgrundlage so vielen Vätern und Großvätern mit dem Jobverlust entzogen wurde. Ihr Stolz, ihr Ich, ihre seelische Heimat.

Wir sehen auf die Kinder: Klapperdürre Teenager mit Protestmetall um die hohlen Augen in Bushaltestellenhäuschen, ausgeraubte Schrebergartenhütten in einer Gegend, die Jahrzehnte sicherer galt als Bullerbü und Disney Town. Schmarotzer, allesamt. Aber sie können gar nicht anders. Sie scheitern aus Liebe, aus Loyalität. Wie sollen sie in einem System funktionieren, das ihre Eltern ruinierte?

Alternativ bauen sie Luftschlösser, in denen sie mit Anti-Arbeit zu Ruhm und Geld erlangen. Popstar, Model. Toll.

Was sind wir Deutschen denn nun? Streetworker oder Mega-Darwinisten? Tatsächlich sind wir beides. Einerseits bieten wir ungelernten Kräften immer weniger Jobs und Geld, gleichzeitig schleppen wir die vom System Geschwächten, Unwilligen tagtäglich durch und lassen uns diesen Luxus auch einige Milliarden kosten.

Beschweren dürfen wir uns keinesfalls, immerhin haben wir Jahrzehnte auf das jetzt Erreichte hingestrebt: anspruchsvolle Jobs für multiqualifizierte Menschen. Primitive Tätigkeiten wie produktionelle Fertigungen oder handwerkliche Standards können wir getrost Maschinen überlassen. Folge: Die natürliche Auslese, die wir bereits aus dem Tierreich kennen, greift auch auf dem Arbeitsmarkt. Facharbeiter überleben, Hilfsarbeiter sterben aus.

So wäre es jedenfalls in der freien Wildbahn. Die gepäppelten Facharbeiter und Akademiker würden die einfachen Handwerker und Hilfsarbeiter verspeisen, und ihre Skelette würden wie Mahnmale den Wegesrand zieren. Die Alten würden sie den Jungen zeigen und warnend den Finger haben: »Werde lieber Facharbeiter«, würden sie sagen. »Sonst endest du wie dieser Knochenklumpen dort.«

Eine andere, rudimentäre gesellschaftliche Gepflogenheit, unnützes Menschenmaterial loszuwerden, wäre die überaus praktische und kostengünstige Tradition der Verbannung.

Wie heißt er doch gleich, dieser Flecken Land am Südzipfel Afrikas, auf dem die weißen Machthaber Kranke, Irre, Meuternde und auch Freiheitskämpfer abluden? Der große Knast im Meer? Ich wecke Alexander und frage ihn. Er nuschelt: »Robben-Island.«

Dorthin oder an einen vergleichbaren Ort könnte man sie bringen, und sie würden in kleinen Gruppen wieder ihrem vertrauten, primitiven Gewerbe nachgehen. Vielleicht würden sie einen neuen Multikulti-Volksstamm gründen? Häuser bauen, Schiffe bauen, Waffen basteln. Körperertüchtigung stünde bei den »Primitivos« ganz oben auf der Agenda, und schon die Babys hätten mehr Muskeln als unsere hiergebliebenen degenerierten Übermenschen. Weil sie sich ausschließlich von rohem Robbenfleisch ernährten, bestünde der Primitivo-Kiefer aus drei bis vier Zentimeter langen Reißzähnen.

Eines fernen Tages würden sie dann wiederkehren und sich rächen. Über Nacht kämen sie über unser kleines Land wie eine Heuschreckenplage. Zahlreiche Vertreter der geistigen Elite zerrten sie aus ihren satinüberzogenen Betten und plexiglasüberladenen Büros, nähmen sie als Geiseln und versklavten sie auf ihrer Insel. Weil die geschassten Übermenschen zu fett und zu langsam für die Jagd wären und viel zu blöd für Bautätigkeiten, müssten sie die Stammesmitglieder waschen und ihnen die Nägel schneiden. Feuerholz dürften sie sammeln und im Meer die Lendenfetzen ihrer neuen Besitzer waschen.

Ließen ihre Kräfte langsam nach, würden die gealterten Übermenschen genau das erleben, was die einfachen Arbeiter aktuell mitmachen müssen – sie würden aussortiert. Weil sie nicht genauso handeln wollten wie ihre früheren Vertreiber, würden die Primitivos sie nicht etwa auf Flößen auf dem weiten Meer ihrem Schicksal überlassen. Sie könnten sie einfach irgendwo auf der Insel aussetzen, denn sie würden ganz sicher bald sterben. Verhungern oder von wilden Robben tot gebissen und gefressen werden. Eine technische Formel vor sich hin murmelnd, ein Breakeven-Diagramm vor Augen. Ein letzter Elitegedanke im Angesicht der ewigen Nacht.

Mit einem eisgekühlten alkoholfreien Hefeweizen genehmige ich mir die zweite Arbeitslosen-Show. Hier fragt eine pferdegesichtige Anne Will in ihre Gästerunde: »Methode Schlecker – faire Arbeitsplätze Fehlanzeige?«

Was die Drogeriekette sich einst erlaubte, ist längst bei zahlreichen Unternehmen Usus – neue Mitarbeiter werden über eigene Zeitarbeitsfirmen beschäftigt. Die Drogeriekette stellte sich bei dem Allerweltsgebaren nur selten dämlich an: Zuerst feuerte sie hunderte Mitarbeiter, um sie dann über ihre erst kurz zuvor selbst gegründete Leiharbeitsfirma zu deutlich mieseren Konditionen wiedereinzustellen.

Florian Gerster, ehemaliger Chef der Bundesagentur für Arbeit und Bruder der großköpfigen ZDF-Nachrichtenfrau, erklärt als Präsident des Arbeitgeberverbands neuer Brief- und Zustelldienste, und damit Chef-Lobbyist für private Niedriglohn-Postdienste wie PIN und TNT, die Leiharbeit sei nötig für den »atmenden Arbeitsmarkt«. In Boom-Zeiten könnten Arbeitgeber schnell Mitarbeiter aus der Kiste holen, die sie nach Gebrauch sofort wieder in die Ecke schmeißen könnten. Er drückt sich anders aus, aber sinngemäß gibt es das wieder. »Problematisch« sei das Verhalten von Schlecker trotzdem, denn: »Ein Unternehmer, der auch in normalen Zeiten Leiharbeiter oder geringfügig Beschäftigte nimmt, statt Personal einzustellen, ist ein schlechter Unternehmer.«

Peter Mumme, Präsident des Arbeitgeberverbandes Mittelständischer Personaldienstleister (AMP) mit eigenem überaus profitablen Zeitarbeitsunternehmen, vermeidet gerne das Wort »Leiharbeiter« und sagt lieber »Mitarbeiter«. Als ein »Mitarbeiter« Gersters sitzt auch ein ehemaliger TNT-Briefträger im Studio, der zwar kein Zeitarbeiter war, sich aber bei einem Stundenlohn von 7,60 Euro auch ausgebeutet fühlte und deswegen gekündigt hatte. Die Folge: Arbeitslosigkeit.

Er erinnert mich an meinen Ältesten. Aaron ist 28 und arbeitet als Werbetexter bei einer großen Agentur. Danke, kommt mir in den Sinn. Danke dafür, dass er auch ohne Waldorf-Abitur so einen schicken Job ergattert hat. Gleichzeitig beschleicht mich Angst und Misstrauen – kann er sich in dieser schnelllebigen Branche auf Dauer behaupten? Dort werden die Leute doch schon gefeuert, wenn sie kein MacBook besitzen. Er hat eins, puh. Trotzdem.

Ich muss ihn anrufen. Sofort.

»Dir geht es doch gut, oder?«, frage ich, zugegeben suggestiv. Etwas in meiner Stimme macht ihn wohl misstrauisch. »Ja?«

»Ich frage nur so«, versuche ich zu verharmlosen. »Läuft alles bestens, was?«

»Ist bei dir denn alles klar, Mutti?« Mein Blick fällt auf die Küchenuhr. Es ist zehn nach zwölf.

Mein Sohn ist aufgrund seines vergleichsweise hohen Alters mit Abstand der einzige Mensch, der mich ungestraft »Mutti« nennen darf. Ein Privileg, das er nur allzu gerne auskostet.

»… tütütürlich, viel zu tun, wie immer. Was machst du gerade?«

»Bin aus dem Bett gesprungen, weil ich dachte, es wäre etwas ganz Furchtbares passiert, jemand wäre tot oder so, und jetzt ist mir schwindelig und übel und …«

»Ich mein im Job …«

Er gähnt. »Schreibe für Audi und habe einen Slogan für ein Astra-Plakat entwickelt.«

»Wow. Sag mal.«

»Nicht jetzt. Ich meine, du willst doch sonst nie so genau wissen, was ich mache.«

Von wegen. Schließlich war ich es, die ihn angerufen hat.

»Okay, also«, er gähnt wieder, »anlässlich des Welt-Astra-Tages: Man sieht einen Polizisten vor einer Masse Menschen, und drüber steht: ›Erst mal ein paar Bier verhaften.‹«

»Gefällt mir, kann ich das Plakat haben?«

»Bringe es dir beim nächsten Mal mit.«

Im Hintergrund höre ich die Kaffeemaschine blubbern. Ein frühes Vögelchen, mein Sohn. Hab ich's mir doch gedacht.

»Luzie erzählte, du coachst seit ein paar Wochen Arbeitslose, stimmt das?«

Jetzt muss ich gähnen, unterdrücke es aber mit Gewalt. Wie Kreative auf meinen Job reagieren, weiß ich ja bereits und habe wenig Lust, mich erneut auf Diskussionen einzulassen.

»Ja und nein, sagen wir ja. Wann kommt ihr denn mal wieder?«

»Finde ich gut und wichtig«, erklärt mein Augenstern. »Jeder Cent, der in die Unterstützung solcher Leute fließt, ist doch äußerst sinnvoll angelegt.«

Perplex stoße ich aus: »Findest du?«

»Findest du nicht?«

»Ähm, doch, klar.«

Vielleicht hat er heimlich geduscht. Er scheint plötzlich richtig in Form zu sein. Meine Füße sind kalt.

»Schau mal, das ist wie mit den Todeskandidaten in den Staaten. Eine Giftspritze kostet alles in allem mehr, als sie lebenslänglich hinter Gittern zu ernähren.«

Der Vergleich befremdet mich. »Eine perverse Aufrechnung.«

»Sicher, aber sie wird erstellt. Ähnlich ist es mit den Arbeitslosen – was es pro Jahr kostet, einen Hartz-IV-Empfänger selbst in geringstem Maß zu unterstützen, kann doch viel besser dazu verwendet werden, ihn wieder in einen Job zu bringen und so aus einem Nehmenden einen Gebenden zu machen, oder?«

Etwas stimmt an dieser Rechnung nicht, das spüre ich.

»Aber er muss doch in der Zwischenzeit trotzdem essen.«

Aaron lacht: »Was dagegen?«

Da ich immer noch müde bin und mich langsam richtig fies fühle, frage ich ihn, um ihn abzuwürgen: »Und? Welche Maßnahmen schlägst du vor?«

Ernsthaft bemüht, meine Frage umfassend zu beantworten, überlegt er kurz.

»Was halt menschlich wäre. Mindestlöhne, Fairtrade-Auflagen bei Warenimporten, Verbote von Produktionsauslagerungen, Einstellungsquoten für Leute über vierzig – da gehörst du ja auch längst dazu.«

Ich schlucke. Lautlos.

»Die Multis sollten endlich Vermögenssteuer und Erbschaftssteuer und Wasweißichwas zahlen. Viel, viel Geld, das dann in solide Projekte fließt. Ökologisch zukunftsträchtige Unternehmen mit Arbeitsplätzen, die eine würdevolle Existenz garantieren. Die Bedürfnisse der unschuldig Aussortierten endlich mal zur Chefsache machen. Dann braucht der Staat auch keine Mittel mehr in Projekte zu pumpen, bei denen die armen Joblosen sich durch halbherziges soziales Getue von vorne bis hinten verarscht fühlen. Sonst noch Fragen?«

»Du findest meine Arbeit also doch sinnlos und peinlich.«

Jetzt gähnt er wieder. »Hach, Mutti, seit deinen Ausdruckstänzen beim Schulabschlussball ist mir an dir nichts mehr peinlich.«

»Gut zu wissen, Sohny.« Ich knutsche den Hörer und lege auf.

Obwohl ich meine Augen kaum noch in eine Richtung lenken kann und meinen selig schlummernden Ehemann immer mehr beneide, schiebe ich die dritte Doku nach. Alexander hat die Kassette mit schwarzem Filz und den Worten »Joblos glücklich?« beschriftet.

Der wahre Titel lautet »Arbeitslos und ausgebeutet«, und die ZDF-Reporter sind ganz heiß darauf zu beweisen, wie ausbeuterisch sich Betriebe verhalten, wenn sie Arbeitslose als Praktikanten einstellen. Passt ja, denke ich. Ab morgen müssen meine Teilnehmer nicht nur das Internet nach Jobs durchforsten, sie müssen auch dringend versuchen, ihre Praktikumsverträge klarzumachen. Denn Praktika können »Türöffner« sein, daran glaube ich noch immer fest.

Acht Wochen lang soll der 39-jährige Stahlbetonbauer aus Berlin ein Praktikum bei einer Baufirma absolvieren. Klar wird er eingespannt, klar ersetzt er eine andere Arbeitskraft, klar gibt es keine Jobgarantie. In der heutigen Praxis kommt es immer häufiger vor, dass gerade Praktikanten von ihren Arbeitgebern »ausgenutzt« werden.

Das Arbeitsgericht Kiel hat 2008 über einen solchen Fall verhandelt: Der Kläger wurde für ein befristetes Praktikum mit einer Vergütung von 200 Euro für 38,5 Stunden in der Woche »eingestellt«, mit Aussicht auf einen Ausbildungsplatz. Da aus diesem nichts wurde, hat er die übliche Vergütung eines solchen Berufs für den Zeitraum eingeklagt. Überraschung: Das Arbeitsgericht kam zu dem Urteil, dass ein Praktikant ein Anrecht auf die volle Arbeitsvergütung hat, wenn die Arbeitsleistung des Praktikanten den Umfang seines Aufgabenbereichs deutlich übersteigt.

Dennoch lebt die Kultur der unverbindlichen Arbeitskraftersetzung fort – ganz besonders in den begehrten Berufssparten wie Werbung, Film- und Fernsehen sowie Zeitschriftenverlage.

Ausgebeutet wird auch im Berliner Regierungsviertel, so lautet das Ergebnis einer Anfrage der Grünen-Fraktion im Bundestag: In neun der 14 Ministerien erhielten Praktikanten im vergangenen Jahr grundsätzlich keine Bezahlung. Allein das Innen- und Justizministerium entlohnt Praktikanten mit 50 bis 511 Euro. In drei weiteren Ministerien wurde nur ein Teil der Praktikanten entlohnt. Sowohl das Entwicklungsministerium als auch das Familienministerium beschäftigten Praktikanten, die ihr Studium bereits abgeschlossen hatten. Im Entwicklungsministerium waren es sogar ausschließlich 144 Hochschulabsolventen, die für

mindestens drei Monate im Ministerium oder seinen nachgeord-
neten Behörden als unbezahlte Praktikanten arbeiteten. Das Familienministerium beschäftigte im Jahr 2008 rund 80 Hochschulabsolventen, die bis zu sechsmonatige Praktika zum Nullta-
rif machten. Die meisten Praktikanten, nämlich 871 respektive
539, nahmen im vergangenen Jahr das Auswärtige Amt und das
Verkehrsministerium auf – ohne Vergütung.

Für die politischen Entscheider sind Praktikanten demnach
ein Gewinn. Gibt es mehr Jobs, gibt es weniger Praktikanten. Gibt
es mehr Jobs, wollen alle mehr Geld. Gibt es mehr Jobs, gibt es
weniger Abhängigkeit. Gibt es weniger Abhängigkeit, gibt es weniger Macht für Arbeitgeber, Wirtschaft und Politik. Wäre ich Po-
litiker mit Regierungsmacht, würde ich mich fragen: Warum soll
ich daran etwas ändern?

KAPITEL 9

Ein unmoralarschiges Angebot

Der alte Mann und das Mehr

Nelly hat Käsebällchen gerollt, ungefähr ein Kilo. Mit dem Lächeln einer tapferen Farmersfrau stellt sie die pinkfarbene Plastikschüssel auf den Tisch neben dem Eingang zum EDV-Raum. Nach knallharten Verhandlungen mit meinen Kollegen dürfen wir ihn heute, morgen und Freitag nutzen, die restliche Woche nehmen ihn Elke und Robert in Beschlag.

»Könnt euch nehmen.«

»Oh … herrlich … danke …« Ausnahmslos alle finden das mit den Käsebällchen lieb, aber in den Gesichtern steht zu lesen: Bitte nicht morgens um acht! Nur der gutmütige Mohammed greift mit spitzen Fingern eine fettig-gelbe Kugel und verspeist sie demonstrativ genüsslich. »Hmmm …«

Da Nellys Stärke offensichtlich in der Versorgerrolle liegt, könnte ich mir vorstellen, dass sie ihr Praktikum in der Küche eines Gastronomiebetriebs absolviert. Erstens gibt es davon regional eine große Auswahl, zweitens werden Auszubildende für Koch und Köchin allgemein noch vergleichsweise stark gesucht.

Auf meinen Vorschlag hin wechselt Nellys Ausdruck abrupt von gütig-mütterlich zu kindlich-trotzig. Unterstützend verschränkt sie die Arme vor ihrem Roncalli-Shirt, auf das ihre zu Rastazöpfchen geflochtenen, heute grün gesträhnten Haare wie Urwaldlianen herunterbaumeln.

»Ich hab doch gesagt, ich will was mit Tieren machen.«

Da wir dieses Thema bereits mehrmals durchgekaut haben und uns einig waren, dass die wenigen Tierparks zu weit weg sind und ein wirklich mies bezahlter Job, zum Beispiel im örtlichen Tierheim, definitiv nicht in Frage kommt, übergehe ich die Bemerkung.

»Was sagt Frau Huber?«

Nelly schiebt die Unterlippe vor, die jetzt aus ihrem Gesicht ragt wie eine offene Schublade. »Die will, dass ich in den Verkauf gehe oder Kasse mache. Mach ich aber nicht.«

Ich denke über einen Kompromiss nach. »Wie wär's mit McDonald's?«

»Beschäftigen keine Praktikanten«, weiß Horst Krebs, den ich mir beim besten Willen hinter keiner Fastfood-Theke der Welt vorstellen könnte. Glücklicherweise hat er einen vielversprechenden Platz mit Übernahmeoption bei einem landwirtschaftlichen Großhandel gefunden, dessen Inhaber er jetzt nur noch schonend beibringen muss, dass er nicht mehr als zehn Kilo Futtermittelsäcke heben darf.

»Dann schauen wir wenigstens mal auf der Homepage, ob die hier in der Nähe Leute suchen, okay?«

Richtig was dagegen hat Nelly nicht, und das ist schon jede Menge wert. Wahrscheinlich kennt sie den halben Laden, weil sie dort Dauerkundin ist.

Während alle Anwesenden ihre individuellen Suchwörter bezüglich Job oder Praktikum googeln – die Cousins aus Kasachstan und Hüsnü mit Unterstützung von Mohammed und Didem –, klicke ich mich mit Nelly durch die Schnellrestaurant-Links. Immerhin stellt der Fastfoodketten-Riese noch selbst ein und hat nicht, wie so viele andere Großkonzerne, die einfachen Jobs komplett von seiner Homepage verbannt.

So konnte ein Lagerhelfer vor einigen Jahren unter dem Link »Karriere« bei der Coca-Cola GmbH bundesweit Jobs finden. Heute stehen dort nur noch die Kategorien: Führungskräfte, Fachkräfte, Absolventen, Studenten, Schüler.

Die zahlreichen Lagerleute, Leergutsortierer und Produktionshelfer werden, wie allgemein üblich, über Zeitarbeit rekrutiert.

»Gibt es etwas Schöneres, als ein Lächeln geschenkt zu bekommen? Ja, Geld damit zu verdienen! McDonald's sucht deshalb engagierte Mitarbeiter, die ihre Freude am Umgang mit Menschen zu ihrem Beruf machen möchten ...«

Nelly tippt sich mit ihren an Zigarrenstumpen erinnernden, abgekauten Fingern quer durchs McDonald's-Jobimperium. Kontaktdaten, Angaben zur Berufsausbildung, Fragen nach Vollzeit, Teilzeit, Ferienjob, dann werden alle Unterlagen hochgeladen. Es folgt Schritt drei – das virtuelle Vorstellungsgespräch.

1. Welche Aufgaben können Sie sich in Ihrer Tätigkeit bei McDonald's vorstellen?
   - ☐ a) Herstellung und Verkauf von Produkten, mit dem Ziel, den Gast zufriedenzustellen.
   - ☐ b) Ich weiß nicht.
   - ☐ c) Betreuung der Gäste, Ansprechpartner für Gästebeschwerden.
   - ☐ d) Ich mache nur das, was mir Spaß macht.
   - ☐ e) Reinigen des Gästebereichs (z. B. Tische abräumen, Boden wischen, Fenster putzen, Toiletten reinigen)

Nelly sieht mich fragend an. »a), c) und e)?«

Verblüfft starre ich zurück. »Wollen Sie Klos putzen und den Boden schrubben?«

»Nö, aber Tische abräumen würde ich schon.«

»Müssen Sie aber nicht. Wenn ich da war, musste ich mein Tablett immer in so einen Rollwagen schieben.«

Nellys Schublade klappt wieder auf. »Machen aber nicht alle.«

Ihr Nachbar Hape mischt sich ein. »Fäkaltusse geht gar nicht, Nelly.«

Ein Blick auf seinen Bildschirm verrät, dass er sich mal wieder auf Facebook vergnügt, statt sich um Jobs zu kümmern.

»Wie steht es mit Ihrem Praktikum?«, frage ich spitz.

Lässig greift er in seine Tasche und zückt zu meiner Verblüffung einen unterschriebenen und gestempelten Praktikumsvertrag. Der Name der Firma lautet: »Porn to go«.

»Was wollen Sie da machen?«

»Best boy«, antwortet er gelangweilt. Und fügt herablassend hinzu: »Wenn Sie sich darunter was vorstellen können, gnädige Frau.«

Das ist der Assistent des Beleuchters am Set. Meistens.

»Wollen wir hoffen, dass alle Beteiligten in diesem Punkt dieselben Vorstellungen haben.« Hape zuckt nur mit den Schultern, bohrt mit dem Fingernagel zwischen seinen Zähnen und wendet sich schließlich ab.

Ich sehe mich schon beim Praktikumsbesuch an einem heftig nach Chlor stinkenden Pool, umgeben von halbnackten, rasierten Stellungskriegern und haufenweise leeren Verpackungen von Anal- und Vaginalduschen auf einer Liege hocken und mit einer rundum getunten Pornoproduzentin über Hapes Jobchancen plaudern.

Nelly ist an einer Frage hängen geblieben, die ihr Kopfzerbrechen bereitet.

3. Welche der folgenden Aussagen trifft auf Sie persönlich zu?
   ☐ a) Ich bin ein engagierter und motivierter Mensch.
   ☐ b) Ich arbeite gerne alleine.
   ☐ c) Ich arbeite gerne an einem sauberen und ordentlichen Arbeitsplatz.
   ☐ d) Ich gebe gerne den Ton an.
   ☐ e) Ich mag es, Gäste zu bedienen, und arbeite auch gerne am Wochenende und nachts.

»Auf mich passt b) und d).«

Ehrlichkeit ist im Bewerbungsmarathon so mit das Letzte, was man gebrauchen kann. »Bitte nicht.«

»Klar nicht.« Nelly stopft sich zwei Käsebällchen aus einer gebunkerten Portion unterm Tisch in die Backen, was ihr noch mehr das Aussehen eines als Punk ausstaffierten Hamsters verleiht.

8. Welche Einflussmöglichkeiten haben Sie, unserem Gast ein positives Restauranterlebnis zu bieten?
   ☐ a) Ich versuche immer, meinen Arbeitsplatz und das Restaurant sauber zu halten.
   ☐ b) Ich verkaufe ausschließlich frisch zubereitete Produkte.
   ☐ c) Ich sage allen Kindern, dass sie sich ganz ruhig verhalten müssen.
   ☐ d) Der Gast muss schnell etwas zu essen bekommen, auch wenn die Produkte schon alt sind.
   ☐ e) Alle der oben aufgeführten Punkte.

Nelly knabbert an ihrem Daumen, verschiebt die Käsebällchen, positioniert sie wieder in ihren Backentaschen. Dann klickt sie genervt auf c) und schickt ihre Bewerbung in den Orbit.

Meine besondere Aufmerksamkeit gehört Fjodor Sviridov. Der zweite, nicht deutsch sprechende Kasache Michael Michajlowitsch hat bereits vor Jahren ein Praktikum in einem der örtlichen Kindergärten gemacht. Da er laut Beurteilung »ein ruhiger, angenehmer Mitarbeiter« ist (kein Wunder, mit wem soll er auch reden?), stets zuverlässig kam und sich »über die Maßen engagierte«, ist die Stadtverwaltung nur allzu gerne bereit, ihn weitere fünf Wochen als Blätterfeger, Müllaufsammler, Rasenmäher oder Gehwegkehrer einzusetzen.

Ein ähnliches Arbeitsprogramm kommt auch für Herrn Sviridov in Frage, doch auf meine Frage, ob er sich schon diesbezüglich umgehört habe, zuckt er wie so oft die Schultern und lässt seinen goldenen Eckzahn blitzen.

»Alles Schrott«, lacht Mohammed und nimmt ihn zärtlich in den Arm.

Da ich weiß, dass es für diese Zielgruppe im Netz keine Praktikumsplätze gibt, hänge ich mich ans Telefon. Mein Stress ist groß, denn bleibt einer der Teilnehmer übrig, muss ich mit ihm so lange weitersuchen, bis er seinen praktischen Dienst *irgendwo* ableisten kann – zur Not im Tierheim oder beim Abdecker. Hilft gar nichts, bleibt Einzelunterricht.

Einer Eingebung folgend wähle ich die Nummer des katholischen Pfarramtes. Der Chef persönlich nimmt ab – nicht Gott, sondern der zuständige Pfarrer Herr Dr. Greve-Schönhals. Seine Stimme klingt wie Robert de Niro auf Deutsch.

Nachdem ich erklärt habe, worum es geht, und schon damit

rechne, er würde mir aufgrund der Sprachprobleme eine freundliche Absage erteilen, antwortet er zu meiner Verblüffung: »Wann wäre sein erster Tag?« Klar kann er kommen, Gottes Sohn.

Begeistert nenne ich das Datum, mein Hoffnungsträger schlägt vor, er könne den »freiwilligen Helfer« auch gerne vorher zu Hause besuchen. Da ich schon ahne, dass der zwar etwas hilflos wirkende, aber durchweg positiv eingestellte Teilnehmer nichts dagegen einzuwenden hätte, sage ich mit Vorbehalt zu. Wir verabschieden uns, und ich wünsche ihm in meinem Überschwang ein zünftiges »Gott schütze Sie«.

Doch dann fällt Herrn Dr. Greve-Schönhals noch eine Bedingung ein.

»Ihr Arbeit suchender Teilnehmer ist doch sicher katholisch, nicht wahr?«

Mein Herz setzt aus. Ich spüre einen Angstschweißschub in den Kniekehlen. »Ähhm, sisisicher.«

»Alles bestens, dann freue ich mich.«

»Mich mich auch,« schließe ich verdattert.

Zurück im Klassenraum will ich diese Kuh sofort vom Eis holen.

»Herr Sviridov«, beginne ich vorsichtig. »Sind Sie katholisch?«

Herr Sviridov lächelt, Mohammed Yaszni übersetzt.

Ich frage erneut: »Sind Sie katholisch?«

Er zuckt mit den Schultern und wühlt einen zerknüllten Führerschein aus der rechten Gesäßtasche.

Jetzt gestikulieren wir alle: Beten, Kreuz, Kirche, Papst. Katholisch?

Herr Sviridov lächelt. Die Klasse kichert. Mir bleibt nichts anderes übrig, daher erkläre ich mit inbrünstiger Überzeugungskraft: »Herr Sviridov, Sie *sind* katholisch!«

Mohammed Yaszni übersetzt, und Herr Sviridov nickt. Spätestens ab heute hat der Papst ein neues Schäfchen gewonnen.

Nach einer viertelstündigen Pause nehme ich mir einen Stuhl und setze mich neben Björn. Nachdem er, wie ich von vorne erspähen konnte, über zwei Stunden planlos auf seiner Tastatur herumhackte, möchte ich ihm bezüglich eines Praktikums ein bisschen unter die Arme greifen.

Sechs E-Mail-Bewerbungen für Verkaufspraktika in Baumärkten, einem regionalen Werkzeughandel und zwei KFZ-Handelsunternehmen sind unterwegs. Bei ihm geht es auch nicht nur ums Blätterfegen, sondern um eine konkrete Perspektive. Im optimalen Fall einen soliden Ausbildungsplatz.

»Sie sind schon ganz schön alt«, beginne ich, zugegebenermaßen etwas plump.

Björn schnauft. Vermutlich hört er das nicht zum ersten Mal.

»Daher ist es schwer für Sie, noch einen Ausbildungsplatz zu finden.«

Kein Kommentar. Er starrt nach vorne.

»Haben Sie Ihren E-Mail-Account regelmäßig gecheckt?«

Undefinierbares Brummen. Da Björn dieselben Sachen trägt wie letzte Woche und sein Doppel- bis Dreifachkinn unregelmäßige blonde Stoppeln zieren, gehe ich davon aus, dass er zurzeit in der Schrebergartenhütte seiner Eltern lebt.

Obwohl er noch nicht wie ein Obdachloser wirkt, spürt man doch eine kontinuierliche Tendenz zum Outsider hin. Es ist leicht, sich vorzustellen, wie er schon bald mit zwei Hunden in der Fußgängerzone hockt und den Vorübergehenden auf die Einkaufstüten starrt. Eine Tendenz, die ich mit allen Mitteln verhindern möchte.

»Rufen Sie doch fix mal die aktuellen Stellenangebote auf«, schlage ich vor.

Keine Reaktion. Irritiert sehe ich ihn von der Seite an. Auf seiner Stirn haben sich kleine Schweißperlen gebildet.

»Alles okay?«, frage ich vorsichtig.

Dann geht alles sehr schnell. Mit einem Ruck und einer einzigen Handbewegung fegt er Bildschirm, Tastatur samt Maus vom Tisch. Alles landet mit einem mächtigen Schlag auf dem Boden, die Oberfläche des Displays zeigt deutliche Risse.

Björn ist aufgesprungen. »Alles okay!«, brüllt er und erscheint mir aus meiner Perspektive wie einer der Riesen im tapferen Schneiderlein. Während er seinen Rucksack schnappt, lädt er noch ein etwas gedämpfteres »Alles okay!« nach, dann drängelt er sich rabiat durch die Reihe und stürmt wie ein Berserker aus dem EDV-Raum.

Die Teilnehmer starren ihm nach. Einige Sekunden ist es still, dann sagt Hüsnü grinsend: »Bamm-Bamm nichts will arbeiten, was?«

Obwohl ich meine, alles richtig gemacht zu haben, fühle ich mich schuldig. Warum habe ich nicht gespürt, dass es in Björn brodelt? Bereits beim Formulieren der Anschreiben hatte ich einen gewissen Unwillen bemerkt. Da dieser aber mehr oder weniger schwelend bei den meisten Teilnehmern vorhanden ist, habe ich ihm nicht genug Beachtung geschenkt.

Von Anfang an machte Björn einen überforderten Eindruck, der sich in einer stillen Verweigerung niederschlug. Ich hatte seine Ablehnung im Kontext seiner Ausstrahlung eines Riesenbabys als Zeichen häuslicher Verzärtelung und einer damit verbundenen Überforderung gewertet. Wahrscheinlich lag ich mit dieser Einschätzung auch gar nicht so falsch. Den Kuchen, den er am

Tag meines ersten Masken-Auftritts in die Klasse mitgebracht hatte, stammte, so stellte sich später heraus, nicht von ihm selbst, sondern von Mama Klose.

Was auch immer dahintersteckt, der Vorfall muss gemeldet werden. Bis ich mich rühre, haben die Arikans mit Hilfe der eifrigen Frau Schubert Björns Trümmer bereits vom Boden beseitigt und wie ein kleines Mahnmal auf seiner Tischplatte aufgehäuft.

Mit einem gehetzten »Bin gleich wieder da« überlasse ich die Gruppe sich selbst.

»Schöne Scheiße«, sind Bridges erste Worte, als ich die Bürotür öffne. Erstaunt halte ich inne. Ist Björn bei ihr gewesen und hat sich über mich beschwert?

Was auch immer los ist, die Sache hat sie sichtlich mitgenommen. Ihre Augen glänzen, ihr Opagesicht wirkt eingefallen wie bei alten Leuten, die ihr Gebiss nicht eingesetzt haben.

Im Raum herrscht das alte Chaos. Gestapelte Ordner auf Schreibtisch, Boden und Stühlen, auf der Fensterbank und dem Rollschrank in der Ecke erinnern mich an meinen ersten Tag. Anders verhält es sich mit dem gusseisernen Stövchen auf dem quadratischen Tisch in der Mitte. Wenn ich Bridge sonst aufsuchte, loderte darin ein Teelicht und wärmte die darauf vor sich hin dampfende Tonkanne. Heute lodert nichts. Die einzige Gemütlichkeitsquelle ist Larry, die es sich auf einem blauen Ordner gemütlich gemacht hat und zusammengerollt durch den siebten Hundehimmel schwebt.

Bevor ich mehr sagen oder fragen kann, platzt es aus Bridge heraus: »Vera kommt nicht wieder.«

»Schade.« Mehr fällt mir dazu nicht ein. Eine mir unbekannte

Frau, die ich nicht vermisst habe, werde ich voraussichtlich nie kennenlernen. Es gibt Nachrichten, die mich schon mehr erschüttert haben.

»Sie haben mir ihren Job angeboten«, erklärt Bridge weinerlich, greift sich aus ihrer Latzhose ein hellblaues Stofftaschentuch und schnäuzt sich ausgiebig die Nase.

»Stark«, sage ich und hebe auffordernd die Augenbrauen.

»Habe abgelehnt«, fährt Bridge, die sich wieder gefangen hat, mit düsterer Miene fort. »Jetzt soll jemand von außen kommen.«

»Oh …« Verdammt, warum fallen mir nur einsilbige Kommentare ein? »We-wer denn?«

»Keine Ahnung, wer so blöd ist und sich diesen Job aufhalst. Wir können nur hoffen, dass er oder sie gut drauf ist und Verantwortung tragen kann.«

Da ich nur eine vage Vorstellung habe, welche administrativen Tätigkeiten eine Standortleitung zu erledigen hat, hoffe ich per se das Beste.

»Wird schon. Übrigens …«, jetzt muss sie noch mal tapfer sein, »einer meiner Teilnehmer hat randaliert.«

»Ach?« Das Kinn auf den Arm gestützt, mustert mich Bridge vom Schreibtisch aus wie eine Selbstmordgefährdete, die endlich Unterstützung durch einen Killer kriegt. »Schieß ruhig«, scheinen ihre Augen zu sagen. Aber ich schieße nicht.

»Ähm, es ist nur ein Bildschirm, ich kümmere mich darum«, erkläre ich beherzt. Dann füge ich kleinlaut hinzu: »Wenn du mir sagst, was ich machen muss.«

»Zahlt die Versicherung.« Bridge schlägt einen Ordner auf und blättert ziellos darin herum. »Gib der ARGE Bescheid und schreib einen kurzen Bericht.«

»Sowieso.« Hätte ich von mir aus gemacht.

»Und zieh dir nächsten Montag was Hübsches an, da kommt die Prüfungskommission.«

Was Bridge unter »hübsch« versteht, ist klar – Monteurhose und Springerstiefel.

»Welche Prüfungskommission?«

»Von der FinanzBank aus Hannover, sie wollen sich einen Eindruck von der Organisation des Standorts machen.«

Automatisch gleiten meine Augen über die bunte Ordnerflut, was Bridge natürlich bemerkt. »Die Ablage bringe ich bis dahin in Ordnung.«

»Kann ich kurz dein Telefon …?«

Sie reicht es mir. »Könntest du draußen …?«

Klar kann ich. In diesem Raum ist ja nicht mal richtig Platz für Larry.

»Frau Huber?«

»Grüaß Eahna, no? Hod der Herr Klose Eahnan Lodn a bissl aufgmischt?«

Aha, also immerhin bei ihr hat Björn angerufen.

»Was hat er Ihnen über den heutigen Vorfall berichtet?«

»A geh, awo. I verbind Eahna jezad mit Herrn Schnakenberg vom PSD, habe die Ehre!«

Sie legt auf, bevor ich fragen kann, warum sie mich weiterstellt und was ein oder eine PDS überhaupt ist. Programm- und Datenservice? Partei des Demokratischen Sozialismus? In meinem Ohr piept es mehrmals, dann erklingt eine weichgespülte Version von Beethovens »Ode an die Freude«.

»Sie sprechen mit Horst Schnakenberg, Psychologischer Dienst …«

»Ja, hallo, hier spricht Freiwald, es geht um Herrn Klose. Frau Huber hat mich zu Ihnen durchgestellt. Er ist Teilnehmer unserer Fortbildungsmaßnahme, und es gab da so einen Zwischenfall ...«

»Hat er randaliert?« Herr Schnakenberg ist offensichtlich ein schnörkelloser Profi. Kein langes Gedöns, sondern gleich rein in die bittere Materie.

»Ja, ähm, könnte man so sagen. Ein Bildschirm ging zu Bruch. Ich werde einen Bericht darüber schreiben. Wie ist Ihnen diese Sache zugetragen worden?«

»Gar nicht.« Der PSD-Mann klingt wie ein Offizier in einer Agatha-Christie-Verfilmung. »Wir haben mit Herrn Klose schon ähnliche Erfahrungen gemacht.«

Unser Bamm-Bamm – ein Schläger. Wahrscheinlich zittert die gesamte ARGE-Mannschaft vor ihm.

Tatsächlich bestätigt Herr Schnakenberg: »Meine Kolleginnen sprechen nur noch zu zweit mit dem Kunden, seit er hier bei einem Termin ein Bild von der Wand nahm und aus dem offenen Fenster warf.«

Gerne würde ich fragen, was auf dem Bild zu sehen war, denn ich habe häufig in Ämtern oder Arztpraxen dasselbe Bedürfnis.

»Wir haben bereits einen Test gemacht, doch eine nachhaltige psychische Störung, die eine Vermittelbarkeit in ein sozialversichertes Angestelltenverhältnis einschränkt, ließ sich nicht feststellen. Nur eine gewisse Neigung zu cholerischen Ausbrüchen, vielleicht. An sich ist Herr Klose harmlos.«

An sich, wie schön. Morgen könnte er mit einer Machete wiederkommen und den Überlebenden unserer Gruppe feste Sendeplätze in TV-Boulevardmagazinen sichern.

»Kennen Sie sein privates Umfeld?«, frage ich vorsichtig.

»'türlich«, antwortet Herr Schnakenberg zackig. »Darf ich Ihnen aber nicht verraten.«

»Hat er Probleme?«, bohre ich weiter, auch auf die Gefahr hin, dass mich der Jobcenter-Psychologe für übertrieben neugierig hält.

»Nur so viel: Seine pflegebedürftige Mutter nimmt viel seiner Zeit und Kraft in Anspruch.«

Pflegebedürftige Mutter? »Kann sie Kuchen backen?«

»Bitte?«

»Entschuldigung, ich meine, ist sie in der Lage, ihren Alltag noch aktiv zu gestalten?«

»Sie ist halbseitig gelähmt und kann zurzeit das Bett nicht verlassen.«

Ich schmecke wieder den Sandkuchen und sehe die Dekorblümchen vor mir. Wer auch immer den Kuchen gebacken hat, von Björns Mutter stammt er nicht. Kurz stelle ich mir vor, wie er als Norman Bates in der Kittelschürze seiner Mutter in der Küche steht und den Teig rührt, während sie bereits seit Jahren auf einem Drehstuhl im Keller als Skelett vor sich hin modert.

»Soll er weiter an der Maßnahme teilnehmen?«

»Wenn Frau Huber nichts anderes anordnet – es spricht nichts dagegen.«

Noch am Nachmittag erreicht mich ein Fax: Frau Huber möchte Herrn Klose aus der Maßnahme nehmen, weil sie ihn für eine bald startende Qualifizierungsmaßnahme als Mechatroniker bei einem anderen Bildungsträger vorgesehen hat. Der erste Schwund – weitere folgen.

Am Beispiel Björn geht mir erst auf, wie wenig ich über das Privatleben meiner Teilnehmer weiß. Sicher müssen sie mir nicht ihre Tagebücher vorlegen, doch bei der Einschätzung ihrer Ressourcen, ihrer vertikalen und horizontalen Mobilität wie auch den persönlichen Grenzen der seelischen Belastbarkeit wären einige erhellende Informationen hilfreich.

Über Ulla Schubert weiß ich zumindest durch ihren Lebenslauf, dass sie, wie Kollege Horst Krebs, einst verheiratet war, denn beide haben als Familienstand »geschieden« angegeben. Auf mein Anraten hin strichen sie die Zeile. Da dieser Punkt keine Relevanz für ein mögliches Arbeitsverhältnis hat, ist die Angabe bei den persönlichen Daten stets freiwillig.

Scheidungen können übrigens einen typischen Karriere-Break bedeuten, denn auffällig viele Langzeitarbeitslose haben diese Erfahrung, teilweise in ziemlich krasser Form, bereits gemacht. Andererseits könnte man sagen: Leute, die aus verschiedensten Gründen – von der Spielsucht bis zur depressiven Neigung – ihr Leben nicht so gut hinkriegen, haben häufig in beiden Bereichen Probleme – beruflich wie privat.

Ein weiteres Fallbeil für eine berufliche Zukunft sind Kinder. Bei einem extrem hohen Anteil gut strukturierter, ehrgeiziger und top ausgebildeter Mütter stellt die Entscheidung für eine Schwangerschaft das sichere Karriereende dar. Mehr Betreuungsangebote würden an diesem Umstand kaum was ändern, da es keine Selbstverständlichkeit ist, einen sechs Monate alten Säugling ganztags in eine Kinderkrippe zu geben und gleichzeitig bei einem stressigen Job zu gewährleisten, stets pünktlich um 16 Uhr 30 auf der Matte zu stehen, um ihn wieder abzuholen. Ganz abgesehen von einstündigen Fahrtwegen hin zum Job, ansteckenden Kinderkrankheiten, belastenden Nachtaktionen, und, und, und.

Ein gutes Beispiel für die Auswirkungen einer Mutterschaft ist neben meiner Wenigkeit Vidina Popov, unsere stets strahlende polnische Einwanderin mit russischem Vater und ukrainischer

Mutter. Nach Abschluss der Mittelschule in Sosnowitz kam sie ein Jahr als Au-pair nach Deutschland und beschloss schon bald, für immer hierzubleiben. Nicht aus Not, sondern aus purer Begeisterung für das, wie sie sagt, »wundertolle« Nachbarland.

Schon bald findet die ehrgeizige junge Frau einen Ausbildungsplatz für zehn Wochenenden an einer Schule für Medizinische Fußpflege; die rund tausend Euro für die Kurse und nötigen Instrumente verdient sie sich während der Woche als Bistro-Bedienung. Sie schneidet mit einem »Hervorragend« ab, kann noch zwei weitere Qualifikationen in kosmetischer Fußpflege vorweisen. Unmittelbar nach dem Abschluss findet sie einen Job in einem Studio, das in einem Vier-Sterne-Hotel seine Kunden versorgt.

Zunächst erhält sie einen Zeitvertrag. Sie verliebt sich, wird schwanger, trennt sich kurz nach der Geburt. Ihr Zeitvertrag läuft noch während der Schwangerschaft aus. Jetzt ist ihr Sohn Bartok drei Jahre alt, geht in den Kindergarten, doch kein Arbeitgeber möchte die Alleinerziehende anstellen.

Wenn Björn allein mit seiner Mutter lebt und im Vorstellungsgespräch von seinen Verpflichtungen erzählt, droht ihm übrigens das gleiche Schicksal. Soziales Engagement im Familienkreis führt bei der Jobsuche zu garantiertem Frust.

Die beiden Herren aus Kasachstan sind verheiratet, und wahrscheinlich haben beide bereits erwachsene Kinder, Mohammed ist Single. Und Hüsnü? Der hat sein Schicksal in permanentem Schlepptau.

Wie nicht anders zu erwarten, besorgte Didem ihrem Mann auch persönlich den Praktikumsplatz, oder besser: einen Job mit integrierter Probearbeit.

»Da gehst du hin«, verkündete sie vor einigen Tagen vor der versammelten Mannschaft und klackerte nachdrücklich mit ihrem manikürten Zeigefingernagel auf den Bildschirm. Als ich ihr über die Schulter sah, stellte sich heraus, dass sie für ihren Ehemann eine Stelle als Hundesitter ausgeguckt hatte – sechs Stunden täglich sollte Hüsnü für ein Hundehotel Vierbeiner ausführen, sie füttern und kämmen, sie bespaßen und bei übermäßigem Heimweh trösten.

»Mögen Sie Hunde?«, fragte ich ihn spontan. Hüsnü, an diesem Tag mit zitronengelbem Hemd und Nadelstreifenblazer wieder voll im Homeshoppingsender-Look, guckte mich fragend an. »Hunde?«

Na, prima, dachte ich. Er kennt das Wort nicht mal.

»Wauwau«, machte Didem, was ein weiteres Mal beweist, wie perfekt sie bereits unsere Sprache inklusive Tierlaute beherrscht.

Hüsnü hob den Zeigefinger und knurrte. Mohammed knurrte mit, und bald stimmten weitere »Vierbeiner« mit ein.

Ob er wirklich Hunde mochte, bekam ich an diesem Tag nicht raus. Den Praktikumsplatz erhielt Hüsnü, gekoppelt mit einer mehr als konkreten Chance auf einen Dreißig-Stunden-Job – Stundenlohn 5 Euro 50.

»Davon können Sie doch niemals leben«, sagte ich den beiden, als alle anderen nach Unterrichtsende bereits gegangen waren.

»Die ARGE stockt in solchen Fällen auf«, entgegnete Didem, während Hüsnü gedankenversunken eine halbtote Fruchtfliege Stück für Stück über die Pultplatte schubste. »Außerdem habe ich ab dem ersten Juli eine Stelle in der Frauenklinik. Dann muss Hüsnü sowieso zu Hause bleiben und nach den Kindern sehen.«

»Sie arbeiten als Reinigungskraft?« Die Frage rutschte mir so raus. Saubermachen ist ja schließlich keine Schande. Didem Arikans Gesicht nahm aber schlagartig die Farbe einer brennenden Hennalampe an.

»Das glaube ich nicht«, antwortete sie kühl. »Ich arbeite dort als Ärztin.«

Mit Heiko Bloom und Ulla Schubert quäle ich mich seit Tagen herum. Denn beide sind sich zu schade fürs Praktikum. Finden sich zu exklusiv für den schnöden Dienst für lau.

»Sie haben die Verträge unterschrieben«, trumpfe ich auf, nachdem ich mich zahllose weitere verlorene Stündchen mit den Aufsässigen herumgeärgert habe. »Die fünf Wochen Praktikum sind keine freiwillige Sozialarbeit im Dienste der Menschheit, kein Ehrenamt, dessen Option Sie mit dem Argument ablehnen könnten, Sie wären zu beschäftigt. Sie sind es nämlich nicht.«

»Was glauben Sie, was ich den ganzen Tag mache, Sie …« Heiko Bloom, heute im Hallhuberhemd und rotgrünschwarz karierten Sportsakko, mustert naserümpfend meinen lila Knubbelpulli. »… Frau.«

Sie Frau?

»Meine Bewerbungsaktivitäten nehmen mich voll in Beschlag.«

Ulla Schubert pflichtet ihm mütterlich bei. »Er hat wahrscheinlich mehr zu tun als Sie – und ich übrigens auch.«

Mit den meisten Teilnehmern nebenan im EDV-Raum lebe ich längst in friedvoller Rücksichtnahme, unterfüttert von maßvollem gegenseitigen Respekt. Nur bei Heiko Bloom und Ulla Schubert bleibt eine kontinuierliche positive Entwicklung aus. Mal läuft es einen Tag besser und man hofft, die Streitäxte wären begraben, doch am nächsten Tag lauert der Feind wieder frisch erholt im Hinterhalt.

Sie meinen es nicht persönlich, sage ich mir jeden Morgen auf meiner Dörfertour. Sie sind kritisch. Nein, falsch, sie fühlen sich gemaßregelt. Vielleicht ist es ihre Art, mit anderen umzugehen. Diese unsoziale Überheblichkeit haben Erfolgsmenschen ja häufig an sich. Außerdem haben sie Schlimmes mitgemacht. Ihr Stolz ist angeknackst. Sie sind verletzte Tiere. Ausgesetzt vom Arbeitsmarkt. Mallorca-Hunde. Bissig.

Manchmal erwische ich mich dabei, dass ich die Tage zähle, so als ob nach diesem Kurs kein anderer mehr folgen würde. Frei bin ich, sicher. Könnte von heute auf morgen gehen. Doch vieles an meiner Aufgabe gefällt mir, und die Vorstellung, mit meinem großen, samtschwarzen Hut als Märchenhexe wieder von einem Kindergeburtstag zum nächsten zu touren oder für ein Zeilengeld von 35 Cent über ein vierstündiges Vertriebenentreffen der Bessarabien-Deutschen in einem schlecht beheizten Dorfgemeinschaftshaus zu berichten, macht aus meinem Zufallsjob eine geradezu grandiose Chance.

»Tun Sie es doch mir zuliebe«, versuche ich es mit der Mitleidsmasche.

Die Schubertsche kichert. »Ihnen zuliebe würde ich nicht mal das Shampoo wechseln.« Sie fächelt sich auf aristokratisch anmutende Weise mit der Hand Luft zu. »Aber ich habe vielleicht was in petto.«

Jetzt, wo sie's sagt. Irgendwie wirkt die sonst wie eine Herrentorte hochgeschmierte Möchtegern-Societylady heute direkt natürlich. Die roten Haare hängen ungefönt auf ihre Schultern, das schlammbraune Leinenkostüm schmückt sie auf unspektakuläre Art weit mehr als ihre sonstigen Festzelt-Aufmachungen. Etwas weniger Selbstbräuner, und Frau Schubert könnte ohne weiteres sogar auf Kunden losgelassen werden.

»Die Anita, das ist die Freundin meiner Freundin, die eröffnet in zwei Wochen einen exklusiven Edelsteinladen. Hochwertige Halbedelsteine, um es genau zu sagen. Ringe, Ketten, Armbänder – alles handmade aus einem israelischen Kibbuz. Für diese positiv aufgeladenen Kostbarkeiten braucht sie eine erfahrene, qualifizierte Frau, die nicht nur etwas vom Feeling der Sachen versteht, sondern ihr Geschäft auch nachhaltig repräsentieren kann.«

Bei »nachhaltig repräsentieren« zuckt ihr rechtes Auge kurz hintereinander dreimal, so als wollte es mir parallel Morsesignale geben.

»Klingt prima«, motiviere ich pädagogisch wertvoll. Mein Ziel ist eine Vermittlungsquote von fünfzig Prozent. Wenn es bei dieser kurzen Zeit nur eine von dreißig wäre, würde ich es auch überleben.

Heiko Bloom hält beim Fingernägelsäubern inne. »Dich können sie sich doch gar nicht leisten.«

War das etwa doppeldeutig? Mir kommt es so vor, als ob ein leichtes Lächeln seine sacht herabhängende Unterlippe umspielt.

Da die Schubertsche grundsätzlich nie zweideutig denkt, sondern einen Hasen nur mit Kopfschuss erlegen würde, nimmt sie seinen Einwand wörtlich.

»An der Geldfrage hapert es noch. Aber ich werde die fünf Wochen ab dem 14. dafür nutzen, mir selbst einen Eindruck zu verschaffen. Ein paar hundert Euro wird sie mir sicher dafür rüberschieben.«

Meinetwegen gerne auch unterm Ladentisch. »Offiziell deklarieren wir es als Praktikum, dann haben Sie keine weiteren Scherereien.«

Frau Schubert neigt großzügig den Kopf. »Mi casa e su casa.«

»Und Sie, Herr Bloom, wären Sie so nett und würden mich Ende dieser Woche aufklären?«

Nervöses Lachen. »Gern doch, Frau ..., wenn Sie die Wahrheit über den Ursprung Ihrer Existenz in Ihrem Alter noch verkraften?«

Dumpfe Hintersinnigkeiten nerven wie Wortspiele. »Danke sehr.«

Gemeinsam gehen wir zu den anderen zurück, und ich erkläre noch einige Details zur initiativen E-Mail-Bewerbung. Im Augenwinkel sehe ich Vidina Popov hektisch mitschreiben. Da sie sich ständig Vokabeln notiert und ihr unbekannte Wörter nachschlägt, messe ich ihrem Verhalten keine Bedeutung bei. Doch sie steht auf und gibt mir den Zettel.

Darauf steht nur: »Reisverschluß«.

Amüsiert lächelnd halte ich inne und schreibe, während ich »fast richtig, Frau Popov, fast richtig« vor mich hin murmle, das Wort in korrekter Schreibweise an die Tafel. Als ich mich wieder umdrehe, erscheint mir Frau Popov noch aufgeregter. Grimassen schneidend deutet sie mit angewinkeltem Arm hektisch mit dem Zeigefinger nach vorne. Auf was deutet sie? Ich verstehe nicht.

Mein Gesicht muss ziemlich blöd ausgesehen haben, denn alle keckern, bis mich Mohammed flüsternd erlöst. »Ihr Reißverschluss ist offen.«

Ich sehe an mir herunter. Hach, tja ...

Für diesen Tag hätte ich nach meinem Geschmack bereits genug erlebt, um mich direkt ins Bett zu legen. Doch das eigentliche Abenteuer startet erst eine halbe Stunde vor Unterrichtsschluss.

Meine erfolglose Retterin ruft mich an ihren Bildschirm.

»Schaun Sie, Frau Lehrerin, ich glaub's nicht, ich hab Nachricht bekommen!«

Im Rahmen ihrer zahlreichen Jobsuchaktionen hatte sie sich auch als Hausmädchen beworben. Wie bei vielen »Noch-Arbeitslosen«, ob mit oder ohne zusätzlicher ARGE-Unterstützung, herrscht bei der jungen Polin eine wahre Panik davor, nach Ende ihrer Ein-Jahres-Frist in den »Hartz-IV-Sumpf« zu geraten.

Au-pair nach Westdeutschland gesucht – Au-pair für Einfamilienhaushalt (Haus mit Garten) gesucht. Kost und Logie bei einem Gehalt von 500 Euro monatlich bei voller Sozialversicherung. Bewerbung mit 2 bis 3 Bildern erbeten an meine E-Mail-Adresse: casals@ …*

Wirklich geprüft hatte ich die Anzeige nicht – warum auch? Bei einem positiven Feedback würde ich Vidina noch früh genug beraten können.

Und nun ist es so weit. Der letzte Satz macht mich gleich hellhörig.

»Zwei bis drei Bilder? Das ist ungewöhnlich. Was haben Sie geschickt?«

Mein Ton klingt aufgewühlter, als ich will, denn sie sieht mich erstaunt von der Seite an.

»Meine Unterlagen, wie immer. Dazu als erster Eindruck mein übliches Bewerbungsfoto …«

Mir wird komisch. »Was heißt hier ›erster Eindruck‹?«

---

* Anmerkung der Autorin: Die im Folgenden erzählte Episode samt meiner Recherche mit falschen Identitäten hat sich tatsächlich genau so abgespielt. Die Anzeigen und E-Mails sind – mit allen orthografischen Eigentümlichkeiten – so abgedruckt, wie sie vorlagen.

Sie deutet Richtung E-Mail-Account. »Er möchte, dass ich ihm noch mehr Bilder zusende, damit er sich mich besser vorstellen kann.« Skeptisch verzieht sie ihr schönes Gesicht. »Kinder hat er, glaub ich, keine. Er schreibt immer nur von sich. Wenn ich ihm maile, dass ich einen Sohn habe, wird er mich bestimmt nicht mehr einladen.«

»Abgesehen von allem anderen – Ihr Lohn wäre auch nicht überragend.«

»Wenn ich das Geld für Essen und Miete sparen und auch tagsüber mit Bartok zusammensein könnte, würde ich mit dem Kindergeld gut über die Runden kommen. Wenn der Kleine dann später zur Schule geht, will ich sowieso wieder als Fußpflegerin arbeiten.« Ihr Traumberuf, wie sie stets betont. »Ich mag Füße nämlich wirklich.«

»Meiner Einschätzung nach ist diese Mail nicht seriös.«

Ich frage in die Klasse, in der die Radarschirme längst in unsere Richtung ausgefahren sind: »Was meint ihr?«

»Der Kerl ist ein seniler Lustmolch, wenn der Glanzfotos haben will«, meint Hape trocken.

»Glanzfotos?« Entsetzt starre ich Vidina an. Langsam habe ich das Gefühl, sie verschweigt mir Wesentliches, um mich zu schonen.

Ohne mich anzusehen, redet sie Richtung Fenster. »Hach, da ist doch dabei wenig. Habe ganz gute Fotos von mir mit Schwimmanzug.«

»Die schicken Sie ihm aber nicht«, befehle ich autoritär, wie ich es hier noch niemals war. »Nicht, bevor ich weitere Recherchen unternommen habe.«

Vidina sieht mich traurig an. »Das aber ist meine erste Antwort auf Bewerbung.«

Am liebsten würde ich sie in den Arm nehmen, so süß und zerbrechlich sieht sie aus. Ein eben geborenes, frisch abgelecktes Kälbchen, das seine ersten wackeligen Schritte macht.

Die Stimme von Ulla Schubert knattert durch den Raum wie schnelle Schritte auf Kies. »Pablo Casals, geboren am 29. Dezember 1876 in El Vendrell, Spanien, gestorben am 22. Oktober 1973 in San Juan de Puerto Rico, wurde vor allem als Cellist weltberühmt, wirkte aber auch als Komponist und Dirigent.«

»Genauso zu heißen wie ein Dirigent ist noch kein Verbrechen«, wirft Horst Krebs zaghaft ein.

Vidina, dem Weinen nahe: »Er heißt aber nicht wie seine E-Mail-Adresse, sondern Curt von Prehm.« Wenn das sein echter Name ist, heiße ich Betty Boop.

Die Schubertsche zischt, ihre rot umfasste Glasfassade stracks Richtung Bildschirm: »Das Beste kommt ja noch: ›Casals war fünfundsiebzig Jahre alt, als er 1951 Marita Montanez kennenlernte, sie war vierzehn. Drei Jahre später wurde sie seine Schülerin, 1957 heiratete der Cellist die um einundsechzig Jahre Jüngere.‹«

»Keine Sorge, dem bist du zu alt«, meint Heiko Bloom und unterstreicht den Satz mit einer lässig wegwerfenden Handbewegung Richtung Vidina.

Mein Blick geht zur Uhr. Es ist nach drei.

»Bis Ende der Woche wissen wir mehr, versprochen.«

Kaum zu Hause, installiere ich meinen Laptop auf unserem Wohnzimmertisch. Das Arbeitszimmer erscheint mir für diese Recherche zu einsam. Mir ist mulmig mit leichter Tendenz zur Übelkeit.

Vidina hat die Antwort-Mail an mich weitergeleitet. Herr von Prehm schreibt:

Sehr geehrte Frau Popov, danke für Ihre Bewerbung. Ich hätte gern ein paar Bilder per E-Mail zugeschickt bekommen. Würden Sie evtl. auch über einen längeren Zeitraum tätig werden wollen, ich lebe in einem Einfamilienhaus mit Garten, übliche Arbeiten im Haushalt. Es besteht auch die Chance, später bei mir den Beruf der Hauswirtschafterin zu lernen, ein Beruf mit großer Zukunft, Sie könnten dann bei mir bleiben.
Ein Treffen für ein unverbindliches Gespräch hier oder in einem Café oder bei Ihnen ist später möglich. Vorerst bitte 3 bis 4 Bilder, auch Glanzfotos erbeten.
Mit frl. Gruß. V.v.P.

Eine Therapeutin, die ich ganz gut kenne und die auch mich ganz gut kennt, meint, es könnte sein, dass in sexueller Missbrauchsthematik die Ursache meiner zahlreichen Ängste liegt. Wenn sie mich darauf anspricht, sage ich jedes Mal:

Da gibt es nichts. Sonst könnte ich mich doch daran erinnern. Unerklärlicherweise reagiere ich aber auf Themen wie »Alter Mann & junge Mädchen« extrem empfindlich. Nicht normal extrem empfindlich, sondern noch viel mehr als andere, wenn sie extrem reagieren. Neben der klassischen Übelkeit wird mir um die Schultern und an den Beinen kalt bis eisig, Tränen steigen in mir auf.

Auch jetzt erreicht mich diese diffuse Stimmung einer verbotenen, dunkel-muffigen Sehnsucht eines Unbekannten im Greisenalter nach einem unschuldigen, für ihn unbedrohlichen Mädchenkörper.

Obwohl ich den Impuls verspüre, meinen Laptop einfach zuzuklappen, wird gleichzeitig der schlummernde Journalismus-Spürhund in mir wach, und ich weiß, ich werde erst hier aufstehen können, wenn ich alles Recherchierbare über den angeblich Adeligen herausgefunden habe.

Als Erstes google ich seine E-Mail-Adresse. Mit erschreckend großem Erfolg, denn bereits nach einer halben Stunde liegen zahlreiche ausgedruckte Blätter mit Anzeigen aus Tageszeitungen von Berlin bis Prag neben mir auf dem Tisch.

Au-Pair in die Nähe von Hamburg gesucht, Gehalt 420 Euro monatlich. Volle Sozialversicherung. Mindestalter 15 Jahre …

Für ein Einfamilienhaus im Raum Hamburg suche ich eine nette Au-Pair für ein Jahr aus den EU-Ländern, evtl. auch aus anderen Ländern. Gehalt 420 Euro monatlich. Kost und Logie. Überwiegende Arbeiten sind kochen, waschen, Gartenpflege. Bewerbungen von Au-Pair erbeten ab 15 Jahren mit Bildern unter Email …

Au-Pair, Mindestalter 15 Jahre, für den Haushalt (Einfamilienhaus mit garten) gesucht. Gehalt monatlich 500 Euro (Kost und Logie) volle Sozialversicherung. Bezahlter Heimaturlaub 4 Wochen im Jahr. Bewerbungen mit Bild erbeten …«

Eine zweite E-Mail-Adresse taucht auf, die aus den Initialen des wirklichen Namens bestehen könnte: kvma39@ …

Üblicherweise ist eine Zahl ein Hinweis auf das Alter, beziehungsweise das Geburtsjahr des Besitzers der Domain. 39 könnte bedeuten, der alte Herr, der auf diesem Weg Kontakt zu Mädchen ab 15 Jahren sucht, zählt stolze 71 Lenze.

Meine Befürchtung vergrößert sich, als ich auf ein zweites, mehrfach im Netz gespeichertes Jobangebot des vermeintlichen Arbeitgebers stoße:

Auszubildende zur Bürokauffrau in die Nähe von … gesucht.
Kost und Logie wird geboten, daher auch Bewerbungen von
auswärts erwünscht. Gepflegtes Äußeres erwünscht, spätere
Partnerschaft möglich. Bewerbungen erbeten an meine Email-
Adresse: …

Spätere Partnerschaft möglich – hier verrät sich der Mann.

In einigen Anzeigen ist auch die Adresse genannt – ein Kurort, zwanzig Kilometer von mir entfernt, Seestr. 16. Nachdem ich auch Telefon- und Handynummer herausgefunden habe, stoße ich auf ein Immobilienangebot eines 4000 Quadratmeter umfassenden »Wassergrundstücks am Kanal«, diesmal mit dem offensichtlich richtigen Namen des Unbekannten: Klaus von Marwitz.

Nebenbei ist der Vertreter der Kriegsgeneration auch seit Jahren in einem Antiquitätenmarkt im Internet aktiv. Dort sucht er nicht, sondern bietet an: *Rarität, Mein Kampf von A. Hitler, sehr gut erhalten, beide Bände in einem Band, mit Bild und Signatur!! Für 160 Euro von Privat.*

Eine Frau Inge von Marwitz engagiert sich ehrenamtlich für eine Kinderschutz-Organisation und ist im örtlichen Golfclub aktiv. Ich kann mir ihr Foto auf der Vorstandsseite des Clubs in Farbe betrachten. Vom Alter her könnte sie seine Frau oder seine Schwester sein.

Inzwischen fühle ich mich ähnlich angewidert wie damals, als ich einen Text über das Revival der Bogenjagd für den Spiegel recherchierte und mich über spezielle Internetforen in privat gefilmte Jagdszenen einloggte.

Im Internet versuche ich, mich über das Thema »Unseriöse Jobangebote« schlau zu machen, und finde einen Bericht über eine MDR-Reportage. Diese beschreibt die Erlebnisse von auf unlautere »Arbeitgeber« hereingefallene Jobopfer, wie die von Petra Kus aus Meißen:

Sie sucht Arbeit, am liebsten als Haushaltshilfe. Wegen einer Krebserkrankung verliert sie sieben Jahre zuvor ihren Job. Seither ist die 48-Jährige arbeitslos – lebt von Hartz IV. Eine Situation, »die sie sehr bedrückt.«

O-Ton Petra Kus: »Die Abhängigkeit jetzt vom Staat … das ist für mich schlimm. Da hab ich dann öfter Depressionen. Und für mich ist es wirklich das Beste, wieder unter die Menschen zu kommen und arbeiten zu gehen. Ich muss das Gefühl haben, gebraucht zu werden.«

Sie annonciert selbst, kostenlos in Anzeigenblättern. Bringt aber nichts. »Das sind alles zum größten Teil solche Angebote, wo ich als Frau sagen muss: Die kann ich leider nicht annehmen.«

Das Problem: Ein Großteil der Jobs sind unsittliche Angebote. Damit sie weiß, welchen Anruf sie besser nicht entgegennimmt, führt Petra Kus inzwischen eine »Schwarze Liste« mit rund 40 Telefonnummern. All diese Männer wollten sexuelle Dienstleistungen von ihr.

»Da ist eine Telefonnummer drunter, das ist ein angeblicher Bauunternehmer, der hat fünf Angestellte. Und der hat mir als Job angeboten, dass ich mit seinen fünf Angestellten Sex machen soll, um Geld zu verdienen.«

Ich checke noch einmal meine Mails. Vidina hat geschrieben. Sie schickt mir eine weitere Mail – Herr von Soundso hat sich wieder gemeldet.

Sehr geehrte Frau Popov,
ich habe Sie in die engere Wahl der Bewerberinnen einbezogen,
wenn auch Ihre Zeugnisnoten nicht überragend sind. Sie sollten

frei und ungebunden sowie offen für eine harmonische private
Beziehung und erfolgreiche berufliche Zukunft sein. Dass Sie
Nichtraucherin sind, unterstelle ich. Ein Test werden Sie able-
gen müssen sowie ein einwöchiges Praktikum. Da ich in mei-
nem Haus allein lebe und arbeite, sollten Sie bereit sein, hier zu
wohnen und mir auch den Haushalt zu führen ohne Verlust für
die Lehrzeit und Lernzeit in Kauf zu nehmen.
Wenn Sie dazu bereit sind, sollten Sie mir bitte Bescheid gegen
sowie noch einige Fotos (auch Glanzfotos) zusenden an meine
Adresse …

Es ist erst kurz vor halb sieben, und ich bin immer noch allein. Alexander ist mit den Mädels bei Freunden, einen Wurf junger Welpen bestaunen.

Schnell schreibe ich eine kurze Mitteilung, greife mir das Navigationsgerät und gebe die Adresse meiner Zielperson ein. Nein, ich werde nicht klingeln. Mich interessiert nur, wie so jemand wohnt. Außerdem will ich die Adresse überprüfen.

Eine knappe halbe Stunde später stehe ich vor einem weißen Siebziger-Jahre-Bungalow. Der Prototyp eines unspektakulären Heims, weder heruntergekommen noch auffällig herausgeputzt. Einzig die Alarmanalage über der Haustür gibt Betrachtern das Gefühl, hier könnte was zu holen sein. Zehn Minuten starre ich auf den Eingang und fühle mich wie ein TV-Bulle beim Observieren, dann wird mir das Warten zu langweilig.

Ich steige aus, überquere die Straße zum Nachbarhaus und klingele an der Tür. Die Nachbarin vermietet Zimmer, daher gehe ich davon aus, dass sie beim Anblick einer Fremden nicht ihre Schrotflinte holt oder vor Schreck einen Kollaps erleidet.

Im Gegenteil – die adrette Rentnerin ist überaus gesprächig.

Auf meine Frage, ob nebenan nicht vielleicht Familie Schröder lebt, erklärt sie bereitwillig: »Naaain, da wohnen schon seit zwanzig Jahren, oder sind es dreißig, da wohnen doch die Prehms.«

Nicht ein junges Ehepaar mit Kindern?

»Absolut nein, die sind schon älter und Kinder haben sie zwei – aber die sind längst erwachsen und wohnen, warten Sie, der Sohn …«

Ich bedanke mich.

Auf meiner Fahrt im Licht der bald untergehenden Sonne denke ich mir zwei Identitäten aus, die ich an meinem Rechner sofort in eine Scheinrealität umsetze.

Eine davon heißt Franziska Möller. Sie ist 15, hat die Realschule ohne Abschluss verlassen und möchte Bürokauffrau werden. Ihre einzige Berufserfahrung ist ein Praktikum als Verkaufshilfe beim Edeka im Heimatort. Ihre Hobbys sind Tanzen, Spazierengehen und Liebesromane. Als Portraitfoto wähle ich das einer blutjungen, unschuldig in die Kamera lachenden amerikanischen Schauspielerin, die hier hierzulande keiner kennt. Franzi schreibt:

Sehr geehrte Damen und Herren,
im Internet bin ich auf Ihre Anzeige aufmerksam geworden
und möchte mich bei Ihnen als Bürokauffrau bewerben. Wegen
privater Schicksalsschläge (Scheidung der Eltern) habe ich nur
den Hauptschulabschluss gemacht, bin aber sehr lernwillig, flei-
ßig und bezüglich Rechtschreibung sehr gut geschult. Ich bin
sportlich, absolut zuverlässig und sehr gepflegt.
Falls Sie es wünschen, kann ich auch gerne bei Ihnen wohnen,
um jederzeit für die von Ihnen gestellten Aufgaben da zu sein.
Falls ich für ein Vorstellungsgespräch in Frage käme, wüsste ich

*noch gerne, welche Aufgaben die Tätigkeit bei Ihnen mit sich
bringt. Freue mich schon sehr auf Ihre Antwort …*

Meine zweite erfundene Bewerberin heißt Adela und ist deutlich
lockerer drauf. Sie schreibt Herrn von und zu:

*Hallo, ich habe Ihre Anzeige im Internetportal Gigajob gelesen
und möchte mich gerne bei Ihnen als Aupair bewerben. Ich bin
15 Jahre alt und lebe bei meiner Schwester und ihrem Mann im
Dörfchen xxx. Wir stammen aus Estland, doch meine Eltern leben nicht mehr. Mit der Schule bin ich fertig, möchte nach meiner Zeit als Aupair vielleicht gerne eine Lehre als Kosmetikerin
machen.*
*Meine Freunde sagen, ich wäre ziemlich hübsch (1,62 cm,
52 Kilo, grünbraune Augen, lange dunkelblonde Haare) – leider weiß ich nicht, welche Fotos Sie gerne möchten.*
*Am liebsten würde ich mich sowieso persönlich vorstellen – bei
Ihnen zu Hause oder irgendwo anders in einem Café oder so.
Hoffentlich halten Sie mich nicht für zu aufdringlich, aber ich
würde wirklich sehr gerne bei Ihnen arbeiten. Kochen und sauber machen kann ich gut. Freue mich schon sehr auf eine Antwort!!!*

Der letzte Satz stimmt tatsächlich, und ich muss mich auch nicht
lange gedulden, denn schon am nächsten Morgen erhalte ich auf
jede Mail ein Feedback.

Die unschuldige Franziska wird noch einmal nachdrücklich
aufgefordert, zwei bis drei Fotos nachzuschieben (Glanzfotos!).

Der forschen Adela widmet Herr »von Prehm« einige Zeilen
mehr:

Hallo Adela,
Danke für die Bewerbung. Ich hätte gern ein paar Bilder per
E-Mail zugeschickt bekommen. Würden Sie evtl. auch über ei-
nen Zeitraum tätig werden wollen, ich lebe in einem Einfamili-
enhaus mit Garten, übliche Arbeiten im Haushalt. Es besteht
auch die Chance, später bei mir den Beruf der Hauswirtschaf-
terin zu lernen, ein Beruf mit großer Zukunft, Sie könnten
dann bei mir bleiben.
Ein Treffen für ein unverbindliches Gespräch hier oder in einem
Café oder bei Ihnen ist später möglich. Vorerst bitte 3 bis 4 Bil-
der, auch Glanzfotos erbeten.

Während meine Teilnehmer in kleinen Gruppen Powerpoint-Präsentationen zum Thema »Frühling« vorbereiten, suche ich die Google-Bilderflut nach passenden Schauspielerinnen durch.

Meine Lieben finden meine Aktion durchweg unterstützenswert, und Vidina muss vor der geschlossenen Mannschaft auf die polnische Flagge schwören, nie wieder mit diesem Herrn in Kontakt zu treten. Das besorge ich ja jetzt für sie.

Auf keinen Fall möchte ich anonyme Privataufnahmen von 15-jährigen Mädchen zu diesem Zweck missbrauchen. Nach viel Geklicke und Vergleichen finde ich real wirkende Filmfotos mehrerer junger Frauen, die sich vom Grundtypus so sehr ähneln, dass sie als Schnappschüsse der beiden Bewerberinnen durchgehen. Ich schicke sie per E-Mail, und Franziska schreibt dazu:

Sehr geehrter Herr von Prehm,
entschuldigen Sie bitte, dass ich nicht von selbst schon daran
dachte, Ihnen Fotos zu senden. Hier drei verschiedene:
Mein offizielles Bewerbungsbild

Etwas privater (die junge Samantha Fox)
Bei meinem Hobby, dem Tanzen (Jennifer Grey in motion)

Die 15-Jährige wird für ihren Einsatz mit einer umfassenden E-Mail belohnt, dessen Text ich unverzüglich der gespannt lauschenden Gruppe vortrage.

Sehr geehrte Frau Möller,
Dank für die Zusendung der Bilder, ich später noch auf diese eingehen werde.
Sie schrieben, Sie würden auch bei mir wohnen wollen, was natürlich auch gehen würde. Könnten Sie mir denn auch den Haushalt führen, ich lebe in meinem Haus mit Garten. Aber hierzu würde ich gern genau wissen, ob Sie frei und ungebungen sind, keinen Freund haben, usw. Hatten Sie denn schonmal einen Freund, eine richtige Beziehung? Ich frage dies ganz offen und ehrlich, ich hoffe Sie verzeihen mir dies und antworten auch ganz offen und ehrlich, weil ich nämlich auch frei und ungebunden bin, natürlich älter als Sie, es könnte sein, daß ich mich in Sie verliebe und Sie dann frage, ob Sie mit mir eine Beziehung, in der Sie sich sicher und geborgen fühlen sollen, eingehen wollen.
Ich würde mich freuen, wenn Sie mir ausführlich antworten würden, äußerste Diskretion ist zugesichert. Übrigens, Ihre Bilder sind überzeugend, eine unverbindliche weitere Aussage hierzu ist, dass ich mich vielleicht in Sie verlieben könnte, dies nur auf den äußeren Eindruck hin, der natürlich nicht allein ausschlaggebend ist, da müssen auch andere Werte und Ihre Einstellung berücksichtigt werden, es muß alles auf Gegenseitigkeit beruhen.

Ich freue mich auf eine Antwort. Wenn Sie mir nicht mehr ant-
worten wollen, ok, dann wünsche ich Ihnen für Ihren weiteren
Lebensweg alles Gute und viel Erfolg. Ihr C.v.P.

Sekundenlang herrscht Stille.

»Der könnte fast mein Vater sein.« Sagt Horst Krebs. Dann
schweigen wieder alle betreten.

»Rufen Sie die Polizei an«, meint schließlich eine blass gewor-
dene Ulla Schubert.

»Habe ich vor«, antworte ich. »Franziska wird sich jetzt wieder
zurückziehen müssen.«

»Und Adela?«, fragt Mohammed traurig, so als ob er die min-
derjährige Estin persönlich kennen würde und sich furchtbar Gedanken macht.

»Mal sehen.«

Wir packen zusammen und machen die letzte Stunde blau.

Nachmittags kann ich es nicht aushalten und prüfe unter Ade-
la1993@web.de mein Brieffach. Das Mädchen (also ich) schrieb,
es hätte seine Unterlagen erst mal nach Fotos durchkramen müssen. Das erste zeigt sie angeblich im örtlichen Freibad *(Sophie
Marceau)*, die anderen beiden hätte ihre Schwester gemacht
(Filmszenenfotos »Zärtliche Cousinen«).

Am Schluss fügte sie noch an:

*Wenn ich fragen darf: Wie leben Sie so? Sie müssen aber nicht
antworten. Bin nur ein bisschen neugierig.*

Bereitwillig antwortet der »zukünftige Arbeitgeber«:

Hallo Adela,
ich wohne in xxx. Dank für die Bilder. Wir werden uns dem-
nächst mal sehen, einen Termin werden wir absprechen, bzw.
mailen. Es wird ein wenig dauern, ich melde mich aber. Was
ich noch fragen wollte, sind Sie frei und ungebunden ? haben
Sie einen Freund ? So könnte sich evtl. eine Beziwhung entwi-
ckelen ohne dabei das Ziel einer guten Ausbildung aus den Au-
gen zu verlieren, eine Ausbildung ist unbedingt in der heutigen
Zeit wichtig, um Sie auch unabhängig von einer Beziehung
später in eine unabhängige sichere Zukunft zu bringen. Was
meinen Sie dazu, würde mich freuen, wenn wir diesbezüglich
schon ein wenig mailen könnten. Vorerst herzliche Grüße …

Zwei Dinge fallen mir auf: Erstens vertippt sich der Mann, wenn
er aufgeregt ist. Bei Franzi schrieb er »ungebungen«, bei Adela
»Beziwhung entwickelen«. Zweitens habe ich das Gefühl: Adela
ist seine Favoritin.

Da ich vorhabe, alle Unterlagen an die Polizei weiterzugeben,
maile ich unverzüglich zurück. Als Briefpapier-Vorlage wähle ich
für meine Mail kitschige Blümchen:

Lieber Herr von Prehm,
nein, ich habe keinen Freund, sonst könnte ich mich für so eine
Stelle ja gar nicht bewerben.
Wegen einer Beziehung weiß ich nicht – sind Sie denn unver-
heiratet? Und wie leben Sie denn so?
Wüsste gerne ein bisschen mehr über Sie und würde Sie dann
auch gerne persönlich treffen. Liebe Grüße, Adela

Der Fisch beißt an:

»Hallo Adela,
es kann sein, daß wir uns morgen unverbindlich sprechen/tref-
fen in der xxx-Klinik in xxx um 11.00 Uhr. Ich melde mich
aber noch morgen um 10.00 Uhr. Schauen Sie in Ihre Mails.
Treffpunkt: Haupteingang. Melde ich mich nicht, treffen/spre-
chen wir uns später. Gruß. v.P.

Um am nächsten Tag um 10.25 Uhr per Mail einen Rückzieher zu
machen:

Hallo Adela,
es klappt wahrscheinlich heute nicht mit dem unverbindlichen
Gespräch, ich melde mich wieder, wenn ich Ihnen einen Termin
anbieten kann.
Ich bin verheiratet, habe zwei erwachsene Kinder, wohnen
nicht mehr in meinem Haus. Unabhängig von Ihrer Tätigkeit
als Au-Pair und oder Auszubildende zur Hauswirtschafterin
bei mir, kann eine Beziehung nur entstehen, wenn wir beide
das auch wollen, mein Herz ist jedenfalls frei und ungebunden,
auch meine Seele kann neu verschenkt werden. Wenn ich eine
neue Beziehung eingehen würde, soll diese auf Treue und ge-
genseitige Respektierung aufgebaut sein.
Wie sehen Sie das, wären Sie denn überhaupt bereit, bei gegen-
seitiger Zuneigung überhaupt eine dauerhafte Beziehung einge-
hen zu wollen? Hatten sie denn überhaupt schon mal einen
Freund und Erfahrung in einer Beziehung?
Sollten Sie aber mir sehr gefallen, alles stimmen, könnte ich
mich vielleicht auch in Sie verlieben, wenn das dann auf

*Gegenseitigkeit fallen würde, wäre ein Beziehung auf Dauer
sehr gewünscht.*

*Würde mich freuen, wenn Sie mir gleich antworten-mailen
würden, schreiben Sie sich alles von der Seele. Es bleibt unter
uns, ich vertraue Ihnen, Sie können mir vertrauen, äußerste
Diskretion ist zugesichert. Herzliche Grüße …*

Diskretion kann ich leider nicht gewährleisten. Im Gegenteil –
ich schwärze den Fake-Arbeitgeber bei der Industrie- und Han-
delskammer an. Der zuständige Sachbearbeiter ist ein wenig
schockiert (»Was für eine Dreistigkeit! Das gibt es doch nicht!«),
bedankt sich brav (»Ihre Mühe, wirklich …«), beteuert, soweit er
könnte, würde er darauf achten, dass sich keine junge Frau mit
Ausbildungswüschen bei diesen Ausschreibungen bewirbt. Auf
sein Wort.

Ob er nicht mehr tun könnte, frage ich. Leider nein, was sollte
er denn machen?

Was weiß ich? Verklagen …

»Haben Sie denn schon die Polizei verständigt?«

Gute Idee. »Nein.«

Der Polizist auf der Wache stellt mich zu einer Kollegin durch, die
verbindet mich mit Herrn Höpfner. Er ist bei der Station des Städt-
chens offenbar der offizielle Ansprechpartner für »Sexualdelikte«.

»Sind Sie sicher, dass es sich bei dem Arbeitgeber nicht vielleicht doch um einen *richtigen* Arbeitgeber handelt?«, fragt Herr
Höpfner, den ich mir vorstelle wie Walter Sedlmayr – Halbglatze,
schwarzer Schnurrbart, hintersinnig.

»Sicher, schließlich spricht er in seiner Mail von PARTNER-
SCHAFT.«

»Vielleicht wünscht er sich eine Partnerschaft. Das ist kein Strafdelikt.«

»Aber die zwei Mädchen sind 15.«

»Welche Mädchen?«

»Na, denen er mailt. Sie sind auch nicht die Einzigen.«

Kaut er? Mir kommt das so vor. »Kann ich die Mädchen sprechen?«

»Die Mädchen gibt es nicht, ich habe Ihnen doch erklärt, dass ich sie erfunden habe, um ihm auf die Schliche …«

»Rufen Sie mich wieder an, wenn etwas Nennenswertes passiert ist, in Ordnung?«

Mit diesem Ton lockt er normal angefahrene Katzen aus Gullis.

»Das ist wieder typisch deutsche Beamtenmentalität – erst wenn das Kind im Brunnen liegt …«

Herr Höpfner schnauft aus, mehr gelangweilt als beleidigt. »Auf den puren Verdacht hin könnten wir quasi jeden festnehmen.«

Papier ist geduldig. Vielleicht hilft es, wenn er selbst einen Blick auf die Korrespondenz wirft. Als einer der wenigen Deutschen mit einem festen, krisensicheren Arbeitsplatz sollte er sich über ein wenig Arbeitsmaterial für seine Existenzberechtigung vielleicht sogar freuen.

»Darf ich Ihnen die Unterlagen mailen?«

Telefonklingeln. Hoffentlich hat es in der kleinen Station keinen geweckt.

»Faxen Sie lieber, und melden Sie sich übernächste Woche. Nächste Woche habe ich frei.«

So also wird man zur Stalkerin. Im schwarzen Overall könnte ich nachts um den weißen Bungalow schleichen und den Briefeschreiber durch die halb geöffneten Vorhänge beobachten. Ich könnte seine im Garten aufgehängte Unterwäsche mit Lakritzstangen verkleben oder dem verkorksten Casanova tote Fische unter die Fußmatte legen. Dann denkt er vielleicht, die Mafia ist hinter ihm her, und gibt auf.

Am Ende bin ich es, die aufgibt. Die schöne Adela zieht sich zurück und wird zum ewigen Mythos. Herr von Marwitz startet einen letzten Anlauf. Nach einer Woche ohne Feedback mailt er:

Hallo Adela, ich habe eben mit meinem Kollegen und Partner von unserer Steuerberaterpraxis in Hamburg gesprochen, wir sind uns einig, daß wir Ihnen evtl. anbieten, eine Ausbildung zur Bürokauffrau oder Steuerfachangestellten zu anzubieten. Ein Test bzw. ein Praktikum, um Ihre Stärken herauszubekommen, sollte vorangestellt werden.

Unabhängig davon ist natürlich auch zunächst eine Tätigkeit als Au-Pair in meinem Haus möglich, auch die Ausbildung zur Hauswirtschafterin ist möglich. Man muß sehen, was Sie für sich machbar halten.

Teilen Sie mir bitte Ihren kompletten Namen und Ihre Anschrift sowie Ihre Telefonnummer mit. Meine letzte Mail können Sie mir natürlich auch beantworten. Ich höre gern von Ihnen, herzliche Grüße, Ihr Curt von Prehm

Was bleibt, ist mehr als ein schaler Nachgeschmack. Es bleibt Vidinas Enttäuschung über eine Chance, die keine war. Es bleiben zwei Mädchen, die es nie gab, und zwei tote E-Mail-Briefkästen, und es bleibt die Hoffnung, dass der alte Mann mit seinen Träumen ewig einsam bleibt.

KAPITEL 10

Als wenn das Leben nicht schon hart genug wäre

Die neue Teilnehmerin und das tanzende Kamel

Der Dozentenraum kam mir noch nie so voll vor. Cindy und Robert (beide im pastellrosa Poloshirt – abgesprochen?) belagern je einen Schreibtisch, indem sie sich auf ihm herumlümmeln, als wäre er eine Picknickdecke.

Zwischen ihnen steht Elke hilflos im Raum. Sie war beim Haareschneiden und trägt nun fransig. Diese Nach-vorne-ins-Gesicht-kämm-Frisur, die Schere schwingende Experten gern Kundinnen mit großer Nase empfehlen: »Immer schön ins Gesicht strubbeln, dann fällt's nicht so auf.« Die Arme sieht aus, als wäre hinter ihr ein Haus explodiert.

Außerdem hat sie sich schick gemacht. Mit Kleid. Wenn es nicht wie ein Polsterschoner geschnitten wäre und fast bis zum Boden reichen würde, hätten mich die paar daraufgedruckten Pusteblumen sicher nicht gestört. Aber so …

»Freust du dich schon auf deine Neuen?«, fragt Robert sie gerade mit lauernder Häme.

»Wieso nicht?«, plärrt Elke zurück. »Ich freue mich auf *jede* neue Gruppe.«

»Wer's glaubt …« Cindy lässt eine Kaugummiblase platzen.

»Also, ich bin jedenfalls froh, dass ich hier die ersten Wochen überstanden habe und jetzt keine Neuen mehr kommen.« Ungewollt platzte der Satz aus mir heraus.

Alle drei starren mich an, dann lachen sie. Cindy kichert, Robert grinst, Elke übergibt sich fast. »Wenn du wüsstest, ähähäh, du hast auch eine warten, kihihihi …«

Robert springt ein: »Petra Bundschuh, alte Bekannte. War schon x-mal hier.«

Cindy zwinkert mir zu. »Keine Sorge, meistens ist sie krank.«

Zustimmendes Nicken von Robert, dann verzieht er schnell das Gesicht.

»Heute kommt auch noch die Prüfungskommission.«

Elkes Gesichtsfarbe wechselt von Schweinchen zu Gürteltier. »Das habe ich komplett vergessen. An meinem ersten Tag, ich meine, am ersten Tag meiner Teilnehmer, am Einführungstag.«

»Sei doch froh, wenn sie dich noch nicht kennen. Dann ist die Wahrscheinlichkeit geringer, dass sie sich über dich beschweren«, verkündet Cindy fröhlich. »Weißt du noch, Süße, in der letzten Gruppe wollte dich eine deiner Brummis anzeigen, weil du sie in den Oberschenkel gekniffen hast.«

Das Gürteltier wechselt zu Hummer. »Ist nicht wahr.«

»Ist doch wahr.« Auch Robert scheint Spaß an dem Thema gefunden zu haben. »Sie hat gezetert und gemault und Bridge ihren blauen Fleck gezeigt.«

Offensichtlich um Ablenkung bemüht, zieht Elke einen Ordner aus dem Schrank und deutet stolz auf die abgehefteten Seiten.

»In meinem Kurs habe ich einen Koch und zwei Altenpflegerinnen!«

Verdattert blickt Robert sie von oben an. »Das muss ein Versehen sein.«

»Keine Ahnung, Hauptsache, ich habe sie. Die krieg ich nämlich ruckzuck unter.«

»Köche und Altenpflegerinnen«, murmelt Robert gedankenverloren. »Ein Traum …«

Die Tür wird aufgerissen, und Bridge steht im Rahmen. Ihr Blick sagt »Hilfe!«, ihr Mund zu mir: »Kommst du mal?«

In ihrem Büro wartet bereits die Neue. Sie wirkt älter als ich und sieht in ihrer hellblauen Strickjacke aus, als ob sie gerade vom Melken kommt.

»Hallo«, sage ich. Sie sieht mich schweigend an, und ich spüre, dass sie mich mit meinen Kollegen vergleicht. Würde ich wahrscheinlich auch so machen.

»Könntet ihr gemeinsam den Profilingbogen ausfüllen?«, flötet Bridge, bereits im Hinausgehen. »Bin gleich wieder da.«

Ich stelle mich vor, die Anwesende nickt. Jetzt muss ich Fragen stellen:

»Gelernter Beruf?«

»Keiner.«

»Schulabschuss?«

»Hauptschule, aber abgebrochen.«

»Kinder?«

»Drei.«

»Alter?«

»28, 26, 24 … und 12.«

»Das sind vier.«

»Letzte ist von Lebensgefährten.«

Sie hat nur einen sichtbaren Zahn. Und der ist nicht ganz gesund.

»Führerschein?«

»Nein.«

»Arbeit suchend?«

»Ja.«

»Seit wann?«

»2001.«

»Gesundheitliche Einschränkungen?«

»Rücken.«

»Wie? Rücken?«

»Bandscheibenvorfall. Kann nicht im Sitzen arbeiten.«

»Und im Stehen?«

»Halbe Stunde höchstens, dann muss ich mich hinlegen.«

»Also nur im Liegen.« Das sollte ein Scherz sein.

Doch die neue Teilnehmerin antwortet ernst: »Aber nur auf der Seite.«

»Atteste?«

»Schon abgegeben.«

Glückwunsch, Freiwald. Mit Frau Bundschuh haben Sie das große Los gezogen.

»Welcher Beruf kommt denn überhaupt für Sie infrage?«

Sie sieht mich mit trüben Kuhaugen an. »Sagen Sie. Wenn Sie was finden, was passt, dann mach ich das.«

Subtext: Friede den Hütten.

Als wir aufstehen, um hinauf in den Klassenraum zu gehen, bemerke ich eine Bundschuh-Attitüde, die mich schon bald wahnsinnig machen sollte: Als leise Form des Protests bewegt sich die Teilnehmerin verzögert. Erhält sie eine Aufforderung, eine Anregung, die sie als Befehl versteht, reagiert sie zwar, aber provozierend langsam. Bisher wusste ich nicht, dass ich damit zu kriegen bin, aber schon in dem Moment, in dem ich an der Tür stehe und ihr beim Zeitlupe-Zusammenpacken zusehe, bekomme ich einen trockenen Mund und möchte sie am liebsten an ihren kräuselig-grauen Haaren ziehen.

Gott sei Dank, denke ich. Nur noch eine Woche bis zum Praktikum.

Im Klassenraum bleibt Petra Bundschuh vor den Tischen stehen, während ich den Anwesenden erzähle, wie sie heißt und warum sie jetzt erst mitmacht. Ulla Schubert taxiert sie wie eine von Fett verklebte Pfanne auf einem Flohmarkttisch, Nelly und Hape gucken kaum hin. Horst Krebs schaut verträumt, ja fast etwas verliebt, die Neue scheint ihn an seine Mutter oder Großmutter zu erinnern. Die zwei Kasachen lächeln freundlich, und daher bleibt Frau Bundschuhs Blick an ihnen hängen. Sie lächelt auch und winkt ein wenig, Michael Michajlowitsch (mit wieder vollständig nachgewachsener Rotzbremse) winkt schüchtern zurück.

Setzen Sie sich doch endlich, denke ich. Doch meine neue Teilnehmerin überblickt den Raum wie einst Dschingis Khan das Kaspische Meer.

»Sag mal, Junge, kennen wir uns?«, fragt sie in Richtung Hape. Wahrscheinlich hält sie auch ihn für einen Maßnahmen-Hopper. Nelly stupst ihn an. »Hey, Junge, die meint dich …«

»Sicher«, antwortet der Angesprochene reglos bis abweisend. Eine Blume ohne Duft. »Sie kennen mich aus dem Religionsunterricht. Ich bin der liebe Gott.«

Endlich setzt sie sich. Horst Krebs ist jetzt zwischen Ulla Schubert und Petra Bundschuh eingeklemmt. Hoffentlich verändert die spannungsreiche Atmosphäre nicht sein liebenswertes Wesen.

»Sind alle Praktikumsverträge angekommen?« Nicken, jaja.

»Frau Bundschuh, wie ist das bei Ihnen?«

Gelangweilt sieht sie aus dem Fenster, verzieht dann kurz das Gesicht und fasst sich an den Rücken.

»Mach ich bei meiner Schwester im Tierheim. Hat bisher immer geklappt.«

Was ich jetzt sagen müsste, wäre das, was ich inzwischen schon mehrmals gesagt habe. Verwandte und Bekannte – das ist nicht Sinn der Sache. Wenn ich bei Mutti in der Ein-Frau-Änderungsschneiderei meine fünf Wochen absitze, verändert sich an meiner beruflichen Situation gar nichts. Praktika sollen Türöffner sein. Aber ehrlich – die Tür für Frau Bundschuh hat sie selbst vor Jahren, vielleicht Jahrzehnten, zugeschlagen, abgeschlossen, zugeschweißt.

»Okay.«

»Sitzen kann ich hier auch nicht lange. Halbe Stunde, dann muss ich mich bewegen.«

»Okay.«

»Ich laufe dann hier im Raum herum.« Sie droht mir.

»Kein Problem.«

»Wenn es noch schlimmer wird, melde ich mich. Dann muss ich gehen.«

Zu leicht will ich es ihr auch nicht machen. »Denken Sie an das ärztliche Attest.«

Sie gähnt. »Liegt vor.«

Jetzt haben alle im Raum den Ping-Pong-Blick.

»Wie alt?«

»Von letztem oder vorletztem Jahr.«

»Ich will ein frisches.«

»Können Sie wollen, brauchen Sie aber nicht zu haben.«

Frau Bundschuh lächelt. Langsam kommt sie auf Touren. Rückenschmerzen stören jetzt nur. »Wenn hier jemand eine Frage hat oder wegen so einem Scheiß Ärger bekommt«, ruft sie in den Raum. »Ich kenne mich in diesem Laden aus.«

»Gut zu wissen.« Ulla Schubert scheint mit dem Schmuddel-Outfit von Frau Bundschuh versöhnt.

Die anderen springen nicht an. »Kein Stress«, knurrt der Urzeitkrebs und zieht sich innerlich wieder hinter seinen Unterwasserstein zurück.

»Wenn Sie waren schon hier, haben Sie sicher gemacht was falsch«, meint Vidina und schenkt mir einen strahlenden Blick. »Unsere Lehrerin hilft Ihnen.«

Petra Bundschuh gähnt erneut. *Ihr* Blick sagt: »Am Arsch hilft sie mir.«

Um wieder Dynamik in den Unterrichtsverlauf zu kriegen, kündige ich die bereits geplante Abendexkursion in die Räumlichkeiten der örtlichen Arbeitsagentur an. »Dort führen arbeitslose Jugendliche ein Theaterstück auf, das ihnen Jobs und Lehrstellen bescheren soll. Neben regionalen Politikgrößen kommen auch Vertreter von Zeitarbeitsfirmen und ein paar Gewerkschaftler.«

»Da guck ich doch lieber ›Wer wird Millionär?‹«, provoziert Hape, der es einfach nicht lassen kann.

»Begleiten Sie uns doch bütte«, entgegne ich schmollend und schiebe zur Unterstreichung die Unterlippe vor. Irgendwann habe ich bemerkt, dass Hape (vor allem, wenn er mit einem Rüffel rechnet) bei einer scherzhaft unterwürfigen Ansprache seine rotzige Art nicht durchhalten kann. »Außerdem ist im Anschluss so ein Schnellbewerbungsverfahren geplant, Speed Dating nennt man das. Das ist so eine Art Casting für Arbeitslose. Wer Interesse und Bedarf hat, kann sich den anwesenden Arbeitgebern im Zehn-Minuten-Takt vorstellen.«

»Klar komm ich«, erklärt Hape. Und fügt als Rädelsführer an: »Die anderen kommen auch.« Dass meine Klein-Mädchen-Attitüde seine Zusage so was von kein bisschen motivierte, sollte ich erst später merken.

Der eigentliche Effekt einer FinanzBank-Prüfung tritt nur dann ein, wenn sie unangekündigt erfolgt. An anderen Standorten kamen die Prüfer bisher einfach plötzlich in den Raum spaziert, komplimentierten den Dozenten hinaus und befragten die Teilnehmer: Ist während des Unterrichts stets Lehrpersonal anwesend? Arbeiten Sie regelmäßig mit EDV? Sind Sie zufrieden? Oder haben Sie Beschwerden? Müssen Sie häufig den Raum wechseln? Haben Sie umfangreiche Unterrichtsmaterialien erhalten? Werden Sie bei der Arbeitssuche kompetent beraten? Haben die Frauen im Raum manchmal das Gefühl, nicht gleichberechtigt unterstützt zu werden? Was sagen die Migrantinnen? Können Sie dem Unterricht gut folgen?

Wie das Datum des »spontanen« Besuchs durchsickern konnte, weiß ich nicht. Dieser Umstand hat jedoch zur Folge, dass nicht nur Elke verkleidet erscheint. Auch Bridge hat heute erstmals ihre blauen Anstreicherhosen gegen schwarze aus Cord eingetauscht. Darüber trägt sie ein rotweiß kariertes Holzfällerhemd.

An sich habe ich nichts zu befürchten, gebe ich doch eine Trainingsmaßnahme und kein von der EU gefördertes Projekt. Dennoch besteht die Gefahr, dass die emsigen Prüferlein auch meine Truppe bestaunen wollen.

Ich trage übrigens Schwarz. Macht schlank und gibt mir diesen Hauch von Zen. Entsprechend beseelt gehe ich unser heutiges Thema an: Anzeigeninterpretation.

»Wenn Sie eine Tageszeitung wie das *Hamburger Abendblatt* aufschlagen und dort die Jobangebote lesen – was fällt Ihnen auf?«

»Nix dabei«, knurrt Horst Krebs, der zu meiner großen Freude immer mehr auftaut.

»Die meisten Firmen machen nur Werbung für sich selbst«, ergänzt Mohammed. »Die wissen, dass viele Leser Arbeitslose sind, und deshalb inserieren sie Stellenanzeigen.«

»Stimmt, verdammt«, meint Nelly. »Paar Mal schon habe ich mich auf Jobs beworben und nichts gehört. Trotzdem haben die Woche für Woche ein fettes Ding nach dem anderen gebracht. ›Verkäuferin Teilzeit‹ – alles Verarsche.«

»Kann's geben«, stimme ich kleinlaut zu, als hätte ich mit Schuld an der Misere. »Passen Sie auch bitte auf, wenn Personalagenturen Leute suchen. Vor allem, wenn Anzeigen mit vielen Jobs und Optionen locken. In dem Stil: ›15 Verkäufer/innen Vollzeit und Teilzeit im Raum Hamburg gesucht‹. Die meisten fordern dann nämlich Ihren Vermittlungsgutschein, und es kann Ihnen passieren, dass Sie von der jeweiligen Firma nur so lange angestellt werden, bis die letzte Rate bezahlt ist. Immer wieder hört man von schwarzen Personalvermittler-Schafen, die mit Arbeitgebern diesbezüglich kooperieren.«

»Was ist ein Vermittlungsgutschein?«, fragt Didem.

Seit sie sich als Akademikerin outete, fühle ich mich ihr gegenüber seltsam gehemmt. Wenn ich etwas sage, schaue ich schnell zu ihr. Sie soll nicken. Oder wenigstens lächeln. Außerdem kommt sie mir schlanker vor. Und ich könnte schwören, sie ist auch ein Stück gewachsen. Welches Spezialgebiet sie wohl hat? Geburtshilfe? Brustkrankheiten? Weichteilchirurgie?

Und was würde ich tun, wenn ich unwissend in ihre heilenden

Hände geraten würde? Etwas ähnlich Grauenvolles ist mir nämlich schon passiert. Damals war ich Mitte zwanzig und jobbte in einer Disco, die erst nachts öffnete. Ein schicker Tanzschuppen, in dem auch regelmäßig zwei Porsche fahrende Frauenärzte verkehrten und Mädchen zum Schampus einluden. Bei meinem Arsch, habe ich damals von der Theke aus gedacht, welche Patientin geht freiwillig zu diesen Lackaffen in die Praxis?

Dann war mein Frauenarzt krank oder verreist oder in Rente – jedenfalls musste ich meinen nächsten Check-up auf fremdem Terrain durchführen lassen. Ich griff zum Telefonbuch, und den elendigen Rest kann sich wohl jeder denken.

Als mein Thekengast im weißen Kittel vor mir stand, plapperte ich in meiner Panik von Verhütung und neuen Methoden, Spirale, Diaphragma, was in der Art. Als er dann kurz den Behandlungsraum verließ, um aus dem Vorzimmer ein fleischfarbenes Scheidenmodell zu holen, erwog ich ernsthaft, aus dem vor mir liegenden Fenster im ersten Stock zu klettern. Aber seine Praxis befand sich mitten in der Stadt und vor dem Haus lag eine stark frequentierte Bushaltestelle. Am Ende war ich fällig, schutzlos ausgeliefert, reif für die Schlachtbank. Der Schampus-Heini untersuchte mich. Jetzt war er um ein Thekenthema reicher und ich um ein mittelschweres Trauma.

Wenigstens ist Didem eine Frau. Sonst machen den »Höhlenjob« ja meistens Kerle. Und kein Mensch weiß, warum.

»Durch einen Vermittlungsgutschein kriegen Arbeitsvermittler pro Jobsuchendem mit sozialversichertem Vertrag rund 2000 Euro ausgezahlt. Für Langzeitarbeitslose und Schwerbehinderte können sogar 2500 Euro kassiert werden.«

»Verpulverte Steuergelder«, meldet sich Heiko Bloom in einem Anzug, der mindestens die Kohle eines besagten Gutscheins gekostet hat. »Für ältere Leute wie mich wird von der Agentur oder ARGE auch noch ein Gehaltszuschuss gezahlt.«

Glaub ich nicht. »Sind Sie sicher?«

Lässig säubert sich der Abteilungsleiter ohne Abteilung mit seinem alten Porscheschlüssel die Nägel. »Hatte vor kurzem ein Vorstellungsgespräch bei einem Hamburger Kaffeeimporteur. Der suchte eine Führungskraft für sein Luxus-Outlet. Beziehungsweise seine Frau, auf die die Firma angemeldet war. Er arbeitet als Personaler bei einem Großkonzern und führte die Vorstellungsgespräche.«

»Spannend, spannend«, bemerkt Ulla Schubert gelangweilt. Die anfängliche Sympathie der beiden scheint erschöpft.

Heiko Bloom zuckt nicht mal mit der schicken Wimper. »Als ich vor ihm sitze, sagt der Typ, seine Frau würde für mich einige Monate einen Gehaltszuschuss von dreißig Prozent erhalten. Er hätte nämlich bei meiner zuständigen Agentur angerufen und gefragt.«

»Echt zum Kotzen«, sagt Hüsnü. Unsicherer Blick zu seiner Frau. »Oder nicht?«

»Haben Sie den Job bekommen?«, frage ich überflüssigerweise. Würde Herr Bloom dort arbeiten, würde er schließlich nicht hier sitzen.

»Fast«, sagt er nur und grinst.

»Zurück zum Thema«, interveniere ich, indem ich auf sechs mit Magneten am Whiteboard angepinnte Anzeigen deute. »Die hier abgebildeten Fotos zeigen die Zielgruppe des Jobangebots. Wegen der Nichtdiskriminierungsauflagen dürfen die Arbeitgeber nicht mehr schreiben: ›Suchen Mitarbeiterin unter dreißig‹, deshalb stellen sie die von ihnen gewünschten Kandidatinnen subtiler per Abbildung dar.«

Zum Beweis deute ich auf zwei Angebote desselben Unternehmens, von denen einmal ein weibliches und einmal ein männliches Augenpaar den Betrachter anstrahlen. »Dies sind Anzeigen eines großen Pharmakonzerns. Und, wie Sie sehen – einmal wird eine junge, attraktive Frau für den Vertreterjob und einmal ein Mann für die Abteilungsleitung gesucht. Von der Sorte habe ich noch drei weitere: Geht es um Führungsrollen, sehen Sie immer Männer in Anzügen agieren, und die Frauen stehen doof lächelnd daneben. Wenn überhaupt eine Frau abgebildet ist.«

Sichtbar beeindruckt betrachten die Teilnehmer eine von mir zusammengestellte Auswahl verräterischer Zeitungsausschnitte, die ich jetzt in der Klasse herumgebe.

»Das gibt's doch nicht«, ruft Ulla Schubert empört aus und hält zwei Gesuche eines Tierfutter-Konzerns hoch. »Das Angebot mit dem Puschelhündchen soll Verkäuferinnen ködern, das mit der kühlen Architektur des Standorts mögliche Vertriebsleiter.«

Mohammed lacht: »Ich würde mich eher auf die Anzeige mit dem Hund bewerben.«

Seinen kasachischen Nachbarn übersetzt er den Sachverhalt, so gut er kann. Michael Michajlowitsch schüttelt ungläubig den Kopf und hält wie zur Prüfung die Anzeige gegen das Licht.

Dann deutet er auf seinen Cousin Fjodor Sviridov und wispert gut hörbar in die Runde: »С днем рождения!«

Der Herr im Anzug winkt ab: »нехорошо!«

Doch Mohammed ist schneller: »Unser Bruder hat heute Geburtstag!«

Wieder an seinen Nachbarn gewandt: »Сколько тебе лет?«

Der ist jedoch so stark mit seiner Bescheidenheit beschäftigt, dass sich sein Cousin wieder melden muss. Mohammed übersetzt: »54 Jahre – was für ein herrliches Alter.«

Nelly stimmt an: »Heute kann es regnen, stürmen oder schnei'n, denn du strahlst ja selber wie der Sonnenschein. Heut ist dein Geburtstag, darum feiern wir, alle deine Freunde freuen sich mit dir, alle deine Freunde freuen sich mit dir.«

Fjodor strahlt, Frau Bundschuh klatscht zum Takt in ihre aufgerubbelten Hausfrauenhände.

Der ganze Kurs, ausgenommen Heiko Bloom, fällt ein:

»Wie schön, dass du geboren bist, wir hätten dich sonst sehr vermisst. Wie schön, dass wir beisammen sind, wir gratulieren dir, Geburtstagskind!«

Der Angesungene steht auf und wiegt sich mit kleinen, anmutigen Schritten und erhobenen Armen in Alexis-Sorbas-Manier hin und her.

»Unsre guten Wünsche haben ihren Grund: Bitte bleib noch lange glücklich und gesund. Dich so froh zu sehen, ist was uns gefällt, Tränen gibt es schon genug auf dieser Welt, Tränen gibt es schon genug …«

Die Klassentür wird aufgerissen, und im Rahmen steht Bridge mit zwei Männern. Der eine ist klein und dünn, der andere groß und noch dünner. Beide tragen gestreifte Hemden und ihr Haar seitengescheitelt.

»Herr Schrundt und Herr Bolek von der FinanzBank möchten auch euch mal *Hallo* sagen«, erklärt Bridge im Tonfall einer Geisel mit einer geladenen Magnum im Rücken.

»Das ist Frau Freiwald«, stellt sie mich vor. Dann wieder zu mir: »Kannst du den beiden dein Klassenbuch geben und mich kurz begleiten?« Zur Klasse: »Sie ist gleich wieder da.«

Während ich ihr in den Flur folge, fühle ich mich wie eine Mutter, die im Kreißsaal ihren frisch geborenen Säugling zwei bösen Männern überlassen muss, die »nur« ein paar kleine, angeblich unbedeutende Experimente mit ihm anstellen wollen.

»Bei euch geht es ja spaßig zu«, bemerkt Bridge mit einer faustgroßen Portion Sarkasmus in der Stimme.

»Na ja«, antworte ich. »Geht so.«

Ohne weiter auf das Thema einzugehen, fährt sie fort: »Die finden, ich bin nicht qualifiziert.«

»Was?« Da sie wie ein Führungselefant vor mir herstapft, überhole ich sie jetzt und stelle mich ihr todesmutig in den Weg. Doch als ich von unten in ihr breites, gutmütiges Gesicht blicke, setzt mein Herz aus. Sie weint.

»Oh Bridge«, schluchze jetzt auch ich und werfe ihr meine Arme um den Hals. Es fühlt sich an, als würde ich eine Standuhr umarmen. »Bridge, was bedeutet das?«

Sie will nicht darüber reden, das spüre ich jetzt. Hätte ich doch nicht gefragt. Statt einer Antwort schnäuzt sie sich geräuschvoll die Nase.

»Willst du hier vor der Tür warten oder mit ins Büro kommen?«

»Wie lange wird es dauern?«

»Zehn Minuten bis eine Stunde, schätze ich.« Bridge redet leicht durch die Nase.

»Ich komm mit dir.«

»Okay.«

Schweigend trottet sie weiter vor mir her, und ich folge ihr, als wäre ich neu in der Stadt. Stundenlang hätte ich noch so gehen können, doch nach ungefähr drei Minuten und einer Treppe sind wir schon da.

»Was bedeutet das?«, frage ich erneut, meine innere Stimme ignorierend. Bridge weiß es nicht. »Kann sein, ich darf keine

Kurse mehr geben, kann sein, ich darf gar nicht mehr hier arbeiten.«

Kann gar nicht sein, denn Bridge passt perfekt an ihren Schreibtisch. Die perfekte Symbiose, eine Minotischos im Sinn der griechischen Antike. Gerne hätte ich gesagt: Scheiß drauf, du kriegst was anderes.

Aber seit ich hier arbeite, erscheint mir ein akzeptabler Job wie ein Wink Gottes.

»Du machst das doch schon seit Jahren. Was hast du mal gelernt?«

Schwiegermutterfrage. Bridge muss lachen.

»Laufen, Sprechen und mit Messer und Gabel essen. Immerhin. Dazu habe ich noch zehn Jahre Sozialpädagogik zu bieten, aber ohne Abschluss.«

»Und wer ist hier noch betroffen?« Robert sieht wenigstens so aus, als hätte er Abitur – aber die anderen?

Bridge stellt mir einen übergeschwappten Tee vor die Nase, der den daneben auf der Untertasse liegenden Butterkeks aufweicht, so dass bald nur noch eine breiige Masse von ihm übrig ist. »Danke.«

»An diesem Standort? Alle, außer dir.«

Alle außer mir? Das kann sie nicht ernst meinen. Ich witzle blöd rum: »Hättet ihr was Anständiges gelernt …«

Bridge betrachtet mich wie einen Hund, der jetzt vielleicht eingeschläfert werden muss. »Machst du dich über uns lustig?«

»Würde ich nie …«

Sie unterbricht mich. »Blöde Vorschriften eben. Aber mal sehen. Hier ist schon einiges ziemlich heiß gekocht und dann doch eher kalt serviert worden.«

»Kann ich noch was tun?«

Bridge verzieht keine Miene. Konzentriert nippt sie an ihrem Tee. »Beten wäre gut. Wenn sich deine Teilnehmer jetzt über dich beschweren, hast auch du deine besten Stunden hier gehabt.«

»Aber die sind doch frustriert und rebellisch und gar nicht gerecht und können zum Teil nicht mal richtig Deutsch«, bricht es aus mir heraus.

»Herr Bolek kann Russisch«, beerdigt Bridge meine Hoffnung auf Sprachbarrieren.

Kaum wurde sein Name genannt, steht der Hüne in der Tür. An seinem rechten Arm hängt das aufgeschlagene Klassenbuch wie ein Handtuch.

»Was ist ein ›tanzendes Kamel‹?«

Bridge, das Beschützertier, ringt schon wieder nach Worten. Ich springe ein: »Kreativtechniken, ähm, für eine kollektive, äh …«

Herr Bolek unterbricht mich. Das treibt mir das Blut ins Gesicht.

»Sie sollen die Teilnehmer bei ihrer Jobsuche unterstützen, sie kompetent coachen und in einen aussichtsreichen Praktikumsplatz vermitteln.«

Kein Wunder, dass er Russisch kann, er sächselt wie nichts Gutes.

»Nur weil Sie Theaterwissenschaften …«

Das brauche ich mir nicht gefallen zu lassen. »Das ›tanzende Kamel‹ hat aber auch gar nichts …«

Meine Stimme überschlägt sich gerade geringfügig, als Bridge mich freundlich unterbricht. »Das ist eine gruppenspezifische Kennenlernübung, die bei uns durchaus üblich ist.«

»Mitten im Semester?« Der schlaksige Sachsen-Bänkler wedelt mit dem Ordner.

Bridge lässt sich nicht aus der Ruhe bringen. »Wir haben dynamische Anfangszeiten. Aber das müssten Sie doch am besten wissen. Oder haben Sie unser Konzept nicht gelesen?«

Jetzt wird Herr Bolek rosa, und seine tümpelgrünen Augen treten einige Millimeter hervor. »Ich habe es genehmigt«, erklärt er im Brustton eines Menschen, der bis zu diesem Zeitpunkt seines Lebens uneingeschränkt alles richtig gemacht hat.

»Auch diese Ehefrau muss raus, aber sie sagte, heute wäre sowieso ihr letzter Tag.« Da werden wir Didem und Hüsnü noch standesgemäß verabschieden müssen.

»Ich dachte, mein Kurs wäre kein FinanzBank-Projekt«, flüstere ich Bridge ins Ohr. Sie flüstert zurück: »Wir wollten dich nicht aufregen.«

Nicht aufregen? Habe ich hier das Image einer Herzkranken? Es wird Zeit, Bridge zu beweisen, wie todesmutig ich bin.

»Was sagen meine Teilnehmer?«

»Und Teilnehmerinnen«, korrigiert der sich hinter Herrn Bolek versteckende Herr Schrundt mit Fistelstimme.

Sein Kollege antwortet sichtbar unzufrieden: »Keine weiteren Beanstandungen. Bei unserer Umfrage erhielten Sie die Note 1,4.«

Das erschüttert mich mehr als die erwartete Horror-Meldung.

Wieder Herr Schrundt, diesmal streckt er sein Kinn an Herrn Boleks Hüfte vorbei. »Eine Teilnehmerin hat mir einen Zettel zugesteckt, auf dem steht: ›Ich bin ein Star, holt mich hier raus‹. Darunter hat sie ein Gesicht gemalt, aus dem Tränen spritzen.«

»Frau Bundschuh«, erklärt Bridge kalt. »Sie neigt zur Theatralik.«

»Außerdem ist sie erst seit heute dabei.« Muss doch auch gesagt werden, oder?

»Stammkundin«, ergänzt Bridge. »Ein hoffnungsloser Fall.«

Jetzt lächelt Herr Bolek, greift in seine Jackentasche und überreicht uns je einen silberfarbenen FinanzBank-Tintenroller. »Das will ich nicht gehört haben.«

»Möchten Sie auch von uns einen …?«

Bridge hat ebenfalls in ihre Schublade gegriffen und einen Strauß dunkelblauer Billig-Bildungsträger-Kunststoff-Kulis hervorgezaubert.

Während Herr Bolek abwinkt, fährt Herr Schrundt seine kleine Faust um die Ecke aus, um sich gleich den ganzen Bund zu greifen.

»Die legen wir im Konferenzzimmer aus.«

»Statt Keksen«, murmelt Bridge. Dann bricht sie den beiden beim Händeschütteln die Mittelhandknochen und verabschiedet sie schließlich an der Tür im Untergeschoss.

Auf dem Weg zur Klasse kommt mir Ulla Schubert entgegenstolziert. »Ciao, Frau Lehrerin«, sagt sie spitz. Dann deutlich netter: »Habe einen Job ergattert und bin erst mal raus aus den Bezügen.«

»Im Schmuckladen Ihrer Freundin?«

Hoffentlich ist sie freundlich zur Kundschaft und sagt nicht immer, was sie denkt. Nach dem Motto: »Wenn Sie eine so schmale Kette kaufen, verschwindet sie garantiert sofort in Ihrer Halsfalte.«

»Ach, iwo!« Empört winkt sie ab. »Die Typen unten haben mich entdeckt.«

Jungs? Unten? Wer treibt sich im Raucherhof herum?

»Was für ein Job ist das denn?«

Die Schubertsche, heute in einem violetten Wildlederkostüm

und roten Lacksandalen, fährt sich in Divenpose durch den frisch gewellten Lockenbob.

»Hundefutter, wenn Sie es genau wissen wollen. Ich bin die Züchterin von acht Beaglewelpen, die mit mir im Rudel über eine Bergwiese jagen.«

»Glückwunsch.« Mehr fällt mir nicht ein.

»Die Spots werden ab Oktober gesendet, vier Monate lang, bevorzugt auf Pro Sieben und Kabel Eins.«

Langsam dämmert es mir. »Sie sind jetzt Modell, oder was?«

Bewusst spreche ich den Begriff deutsch aus, ganz im Stil der Damen und Herren, die bereits zu Zeiten der unbemannten Raumfahrt das Licht der Welt erblickten.

Ulla Schubert lächelt bescheiden: »Ich bin ein Star, holt mich hier raus.«

»Ach, Sie waren das?«

Sie antwortet mit echter Empörung: »Na, wer denn sonst?«

Um weitere drei Teilnehmer dezimiert besuchen wir das Theaterevent »Job Checking« im Café Hildegard auf dem Campus. Vorab: Für mich ist Kleinkunst ziemliche Quälerei. Loriot-Sketche, Krimi-Adaptionen und das hier im Norden allzu beliebte Dialekt-Theater – es ist ja lieb gemeint und die Leute, hey, allen Respekt, aber jedes Mal, wenn ich im Raum sitze und der erste Darsteller auf die Bühne stolpert, fürchte ich, das da vorne, das, was da passiert, das hört nie mehr auf.

Andy Warhol hat früher mal (da war ich zwei) einen über achtstündigen Schwarzweiß-Stummfilm über das Empire State Building gedreht. Experten bezeichnen den Film als »unansehbar«. Und was machte Warhol? Er sperrte das Premieren-Publikum im Kino ein. Denn, so sagte er, die Absicht seines Films bestünde darin, beim »Verstreichen der Zeit« zusehen zu können. Exakt genauso fühle ich mich oft und vor allem im Theater. Ganz allein, ausgegrenzt und eingesperrt mit einer kaum merklich verstreichenden Zeit.

An diesem Abend verstreicht die Zeit vergleichsweise schnell. Die Präsentation dauert nur eine Stunde. Fünfzehn Jobsuchende spielen Szenen, kurze Sequenzen. Typmäßig ist alles dabei, was meine Mutter sich unter »jungen Leuten am Rande der Gesellschaft« vorstellt. Da gibt es die obligatorisch blondierte Übergewichtige mit dem Hassblick, die sich als großes Talent erweist. Eine hünenhafte Dunkelhaarige mit einer ebenfalls berückenden Coolness. Zwei Jungs aus der Türkei, ein Gitarrenspieler mit schulterlangen Haaren, ein paar blasse Mädels.

Aufgeregte und ziemlich angestrengte Laiendarsteller. Aber egal, denkt man. Sie sind da, sie machen mit. Sie haben die Sache durchgezogen. Hoffentlich bringt es ihnen das, was sie sich erhoffen. Einen Ausbildungsplatz, einen Job. Denn darum geht es ja.

Die Inhalte spiegeln wider, was in den Köpfen der Regie führenden Theaterpädagogen das Leben dieser Zielgruppe bewegt: Konsumterror, Liebeskummer, Verzweiflung. Schön schlicht sollen die Akteure das scheinbar rüberbringen, damit es auf jeden Fall authentisch wirkt. Entsprechend krass geht es auf der Präsentationsfläche zu: Handys werden auf dem Boden zertrümmert, es wird gerauft, gestritten, ambitioniert geschwiegen.

Alle Plätze des sonst eher schlecht laufenden Café Hildegard sind besetzt, voll mit Verwandten, politischen Repräsentanten und Arbeitgebern, die allesamt hoffen, im obligatorischen Premierenbericht der Regionalpresse genannt zu werden.

Im Anschluss an die Darstellung gibt es warme Dankesworte von Geldgebern wie der ARGE und der FinanzBank – an die Darsteller, die Organisatoren und letztes Endes an ARGE und FinanzBank, weil sie dieses »innovative Bewerbungsforum« mit Steuergeldern möglich machten. Selbstverständlich schließen sich unverblümte Appelle an Arbeitgeber an, die Akteure doch bitte, bitte bei der Ausbildungsstellenvergabe zu berücksichtigen.

Da aber allen klar ist, dass eine charmante Spielweise keineswegs eine Fünf und mehrere Vieren im Abgangszeugnis der neunten Klasse Hauptschule ausgleichen kann, versuchen die Redner zumindest, den schönen Schein zu wahren.

Als der moderierende Theaterpädagoge mit Spitzbart pro forma ins Publikum fragt: »Gibt es von dieser Seite noch Anregungen vor der Pause?«, hoffen alle, wie immer, dies sei nicht der Fall. »Im Vorraum warten kühles Bier, Würstchen, Cola, Snacks.«

Die kollektive Abwehr missachtend, schnellt ein Arm nach oben. Ein Zuschauer möchte Wesentliches loswerden. Mein Blick nach rechts bestätigt: Es ist Hape.

»Diese Seelenstripshow hätten wir uns schenken können.« Betretenes Schweigen. Er steht auf – auch das noch. »Ich heiße Hark Peer Studtmann und befinde mich in einer vergleichbaren Beschäftigungstherapie. Diese Frau …«, er deutet auf mich, »… ist meine …«, er deutet auf die Gruppe, »… unsere Animateurin. Langweilig ist es nicht immer, aber freiwillig ist wohl keiner hier.«

Die blonde Übergewichtige, die eben noch auf der Bühne stand, ruft von der Seite aus: »Nee, da hat er recht …«

Hape schenkt ihr ein entspanntes Lächeln. »Bringen wird das alles nichts, weil diese Personen …«, er deutet auf einige Anwesende in Anzügen, die er als mögliche Arbeitgeber einschätzt, »… gar kein Interesse daran haben, uns Jugendlichen Ausbildungsplätze anzubieten.« Wie ein erfahrener Demagoge wechselt er geschickt die Ansprache ins Persönliche. »Sie kriegen doch fürs selbe Geld fertig Ausgelernte, nicht wahr? Warum sollten Sie sich die Mühe machen, junge Menschen zu fördern, die ohne Sie auf der Straße landen?«

Statt sich wieder zu setzen, drängelt er sich an mir vorbei und positioniert sich frontal vor dem nach wie vor gebannt lauschenden Publikum.

»In besagten Maßnahmen werden wir in Berufe gezwungen, die uns nicht interessieren und auch nicht zu uns passen. Nelly hier …« Er deutet auf Nelly, die vor Scham wie hypnotisiert auf den toupierten Hinterkopf der Frau vor ihr starrt. »Wissen Sie, was Nelly werden will?«

Rhetorische Pause. »Was mit Tieren.«

Ich stöhne leise, weil ich genau weiß, was dann kommt.

»So, und jetzt raten Sie mal, wo die Nelly ihr Praktikum macht – in einem Tierpark oder Zoo oder auf einem Pferdehof? Nein, Leute! In einer Metzgerei.« Er schaut mich an. »Da sind ja auch Tiere.«

Hape kommt zum Ende. Das merkt man daran, dass er mit seinen Augen den Ausgang sucht und so seinen Abgang vorbereitet. »Leute, seht nach Frankreich, geht auf die Straße. Der bürgerliche Ungehorsam ist eure einzige Chance. Haut auf die Kacke, statt weiter herumzuhocken. Und lasst die Daddelei – ich weiß, wovon ich rede. Die macht die Birne weich. Schönen Abend noch und viel Erfolg.«

Den letzten Satz spricht er bewusst vielschichtig aus, sodass man ihn als Floskel, als ironische Bemerkung, aber gleichzeitig auch als Auftrag zum Aufbruch verstehen könnte. Dann verschwindet er.

»Er hat recht«, flüstert neben mir die Brünette mit extrem aufwendig lackierten Zehennägeln ihrer Nachbarin auf der anderen

Seite zu. »Ich verstehe auch nicht, warum die Arbeitslosen nicht auf die Straße gehen, das sind doch so viele.«

Ihre Freundin zuckt mit den Schultern und checkt die E-Mails auf ihrem stumm geschalteten Smartphone.

Die mit ihrem Spitzbart-Kollegen für das Event zuständige Theaterpädagogin mit buntem Rock und Nagelscherenhaarschnitt ergreift jetzt das Wort und ruft scherzhaft in die Menge: »Bevor Sie alle protestieren, gönnen Sie sich ein kleines Bierchen.« Von außen hört man noch einmal Hapes Stimme: »Opium fürs Volk!«

Die Leidgeprüfte fährt erschöpft fort: »Auf den Schreck rauche ich eine vor der Tür. Wer mitkommen will? Hier wird umgebaut, und in fünfzehn Minuten geht es weiter.«

So wie Warhols Film nicht ansehbar ist, ist der von mir bestellte Rotwein nicht trinkbar. So stehe ich mit dem Glas in der Hand etwas verloren herum, als mich eine kleine, federnde Person mit hellgrünen, schmerzhaft stechenden Augen anspricht: »Sie sans, net wahr?«

Frau Huber. Ich bin viel zu überrascht, denn mir hätte klar sein müssen, dass wir uns hier begegnen würden. »Wie gfallts Eahna?«

»Oh«, nick, nick. »Doch, sehr gut.«

Frau Huber ist keine Freundin vieler Worte. Sie kommt zum Punkt.

»Der Herr Studtmann, des is a Sparifankerl, a elendigs. Den werd i mir zur Brust nehma, glauben'S mer's. Ab heut is der raus bei Eahna, ham'S mi verstandn?«

»Sicher, Frau Huber, aber schad is scho, gell?« A bisserl passe ich mich an. Mal sehen, ob sie's merkt.

Aber die Agentursfrau steuert mit ihrem Hefeweizen bereits

an mir vorbei Richtung Würstchenstand. »A Knacker werd i mir noch gnemigen. Habe die Ehre.«

»Passt scho!«

Wieder einer weniger. Mir soll's recht sein. Hape wird seinen Weg gehen, da bin ich sicher. Aber ich vermisse die Abtrünnigen allesamt jetzt schon.

Da wird es Zeit, dass ich mich um die noch Anwesenden kümmere. Frau Bundschuh habe ich nach Hause geschickt, ihr Sohn holt sie ab. Schulze & Schultze haben sich in Fahrgemeinschaft mit Mohammed ebenfalls verabschiedet. Bleiben noch Nelly, Vidina und Heiko Bloom. Mit Letztgenanntem habe ich abgesprochen, dass er sich beim Speed Casting mit mir zusammen im Hintergrund hält – schließlich geht es primär um Ausbildungsplätze.

Für Vidina eine zweite, für Nelly vielleicht ihre letzte Chance.

Quer durch den Aufführungsraum stehen sich jetzt je zwei Stühle gegenüber. Auf der einen Seite sind schon zwölf der zwanzig Arbeitgeberplätze von Personen besetzt, die ausnahmslos keinen Anzug tragen.

Während sich der Raum füllt, füllen sich auch die bereitstehenden Stühle.

»Wer im ersten Durchgang nicht drankommt, wird eine Runde später berücksichtigt«, verkündet die Frau im bunten Rock.

Sehe ich richtig? Heiko Bloom sitzt doch mit am Tisch, und zwar auf der Arbeitgeberseite. Was ist das wieder für ein Ding von ihm?

»Zehn Minuten hat ab jetzt jeder Zeit, dann wird nach jeweils rechts der Stuhl gewechselt.« Der Spitzbart hält demonstrativ eine Stoppuhr hoch, dann geht es los. In wenigen Sekunden rollt sich ein angenehmer Klangteppich im Raum aus.

Ich sehe in angeregt plaudernde Gesichter. Heiko Bloom guckt ein bisschen kritisch, das Mädel ihm gegenüber legt sich mit viel Gestik ordentlich ins Zeug. Von hinten entdecke ich einen karierten Rücken, der mir ebenfalls bekannt erscheint. Horst Krebs – mein Gott, den habe ich ja ganz vergessen. Er unterhält sich scheinbar äußerst angeregt mit einer älteren Frau, ich meine, einer Frau in meinem Alter. Zwischen den jungen, bunt gefärbten, perfekt frisierten Hinterköpfen blinkt sein grauer Zottelschopf heraus wie ein Edelweiß zwischen dunkel blühenden Orchideen.

Als der erste Stuhlwechsel ansteht, bleibt Horst Krebs sitzen. Die Frau ihm gegenüber bedeutet dem nächstfolgenden Kandidaten, er solle sie überspringen.

Scheinbar ist da etwas ganz Großes im Gange. Hoffentlich denken die beiden nicht, dies wäre eine Single-Parade. Aber was spricht dagegen? Unser Urzeitkrebs kann jede Aufheiterung gebrauchen.

Tatsächlich stehen sie jetzt auf und gehen, munter weiter plaudernd, nach draußen. Die so entstandene Lücke schließt gleich ein Folge-Paar.

Nach dem nächsten Wechsel sitzt Vidina Heiko Bloom gegenüber. Leider kann ich ihr Gesicht nicht sehen.

Die Nelly-Pendants wirken alle gleich abgeschreckt. Ob es an ihrem frisch gestochenen Totenkopfpiercing an der Augenbraue liegt? Oder dem Knopf unterhalb ihrer Lippe? Schwer zu sagen. Wenn sie nervös ist, spielt sie immer mit der Zunge daran herum und drückt den Steg von innen nach außen.

Was redet sie bloß? Ich schleiche mich von hinten an und setze mich auf einen frei gewordenen Stuhl in ihrer unmittelbaren Nähe.

»Damals hat mich meine Mutter vor die Tür gesetzt«, erzählt

sie gerade. »Ich war erst vierzehn und sollte allein für mich sorgen.«

Der mögliche Chef im dunkelblauen Rollkragenpullover nickt empathisch, fixiert sie aber gleichzeitig wie eine mit Metallstücken geladene Zeitbombe.

Von wegen, Zirkusfamilien halten zusammen. Es kommt noch besser.

»Weil ich nicht wusste, wo ich hingehen sollte«, ihre Stimme wird weinerlich, »legte ich mich hinter unseren Transporter. Ich wollte nur ein bisschen schlafen, es war ja schon dunkel. Da fuhr mir mein 16-jähriger Bruder aus Versehen über den Fuß.«

Daher das Hinken. Uns hat Nelly noch nichts darüber erzählt.

»Seitdem hinke ich«, sagt Nelly. »Und nachts habe ich immer noch Schmerzen.«

»Das tut mir leid«, sagt der Arbeitgeber und guckt hilflos hinüber zum Spitzbart.

Nelly kramt in ihrer Jacke. »Circus Bienlein«, sagt sie und gibt ihm eine am Computer gestaltete Pappkarte. »Die Schrift ist ein bisschen verwischt.«

»Macht nichts.« Da ihr Gesprächspartner keine Möglichkeit hat, die Karte schnell einzustecken, behält er sie in der Hand und wedelt sich damit gedankenverloren Luft zu. Kein Wunder, es riecht hier inzwischen wie auf dem Hamburger Fischmarkt.

»Weeechsel!«, trompetet der Rock.

»Ob das viel gebracht hat, weiß ich nicht«, meint Vidina im Anschluss. »Zwei angebliche Firmeninhaber wollten meine Nummer, weil sie sich noch mal mit mir treffen wollten. Als ich dann sagte, dass ich schon Mutter bin, hatten sie plötzlich kein Interesse mehr.«

294

»Ich habe wohl einen Arbeitsvertrag.« Horst Krebs ist von der Seite an unsere kleine Gruppe herangetreten. »Viola und ich sind uns recht schnell einig geworden.«

»Viola?«, fragt Heiko Bloom spitz. »Das ging ja wirklich verdammt schnell …«

»Sie müssen ganz still sein«, unterbreche ich ihn. »Sie saßen auf der falschen Seite.«

Er macht auf überrascht: »Ach, deshalb habe ich keine Ausbildungsstelle bekommen.«

Ich wende mich wieder an den Glückspilz Krebs. »Herzlichen Glückwunsch. Und in welchem Bereich sollen Sie arbeiten?«

»Sie hat von ihrem verstorbenen Mann eine kleine Marmeladenfabrik übernommen. Eigentlich wollte sie sich hier einen Lehrling aussuchen, der ihr unter die Arme greift. Hape hat sie darauf gebracht, sich einen ›Ausgelernten‹ zu leisten. Jetzt bin ich da Hausmeister, Vorarbeiter, Mann für alles Mögliche.«

»Spätere Heirat nicht ausgeschlossen«, feixt der Bloom.

»Nur kein Neid«, kontert der Krebs. Und zum ersten Mal sehe ich ihn richtig lachen.

KAPITEL 11

Was nicht passt, wird auch nicht passend gemacht
Besichtigung der Praktikanten

Am Morgen meiner Praktikumsbesuche frühstücke ich im trauten Kreis meiner Lieben. Alle haben frei, außer mir. Selbst Aaron hat sich einige Tage Urlaub genommen und besucht uns aus der Metropole in unserem Heim auf dem Land.

»Wie viele Unternehmen musst du heute abklappern?« Draußen brennt bereits die Sonne bei 28 Grad. Das Mitleid meines Gatten hält sich entsprechend in Grenzen.

»Insgesamt …«, ich rechne durch, »… sechs, nein, fünf Unternehmen.«

»Das geht doch«, sagt Leona brötchenkauend. Ihre gepackte Schwimmbadtasche steht schon an der Tür.

»Du gehst nur kurz vorbei und sagst ›Hallo!‹, aber deine Teilnehmer müssen dort den ganzen Tag schuften.« Luzie gefällt sich wieder in der Rolle der Klassenkämpferin.

»Wenn sie das gut machen, verbessern sie ihre Chance auf eine Festanstellung.«

»Das stimmt aber nicht, Mutti«, springt mein Sohn seiner Schwester bei. »In Werbeagenturen wie auch in den Verlagsredaktionen, das müsstest du wissen, besetzen sie einige Stellen mit

Jahrespraktikanten, die volle Arbeit leisten, aber höchstens ein paar hundert Euro pro Monat verdienen.«

Deutlich kleinlauter beharre ich: »Aber sie bekommen danach wenigstens ein gutes Zeugnis.«

Luzie nickt. »Glückwunsch. Das können sie dann mit den vielen anderen in ihre Bewerbungsmappe heften.«

»Immerhin habe ich durch ein Praktikum eine Lehrstelle als Koch bekommen.«

Wer am Tisch hat das gesagt? Alexander?

Vor Schreck verschlucke ich mich. »Du bist Koch?«

»Nein, Schätzchen, ich bin dein Ehemann. Die Lehre, übrigens im besten Hotel am Ort, habe ich wegen mieser Behandlung nach sechs Monaten abgebrochen.«

»Ach, so einer bist du«, sagt Leona. »Ein Abbrecher.«

»Er hat es inzwischen ja geschafft«, verteidigt Luzie ihren Vater. »Arbeitslosigkeit droht zwar jedem, und wer weiß, vielleicht könnte Papa eine solide Koch-Lehre für seine spätere Zukunft noch gebrauchen ...«

»Wie läuft es bei dir?«, lenke ich ab, indem ich Aaron eine der typischen Mutterfragen stelle.

»Hervorragend«, antwortet er schnell. Eine Spur *zu* schnell. Ich hake noch einmal nach. »Du arbeitest doch noch in dieser tollen Werbeagentur mit diesen tollen Kunden?«

Mein Söhnchen antwortet ausweichend: »Ja und nein.«

Jetzt wird es ernst. Ich lege meinen Brötchenrest auf den Teller.

»›Ja‹ ist klar, aber ›Nein‹?«

Aaron trinkt einen großen Schluck Pfefferminztee. Alle am Tisch starren ihn an.

»Mein Gott, Familie, stellt euch nicht so an – ich bin freigestellt.«

»Gekündigt.« Alexander nennt das Kind beim Namen.

»Ja und nein.« Wenn er damit nicht aufhört. »Ich möchte mich als Werbetexter selbständig machen. Das passt zu mir, das kann ich auch. Mein Antrag auf Überbrückungsgeld liegt schon ausgefüllt auf dem Schreibtisch.«

Wer unter einem Jahr arbeitslos ist und noch Anrecht auf 90 Tage Arbeitslosengeld hat, kann bei der Agentur einen solchen Antrag stellen. Er erhält dann neun Monate sein Arbeitslosengeld plus Zuschlag für die Kranken- und Rentenversicherung. Er muss einen Businessplan von wenigen Seiten einreichen und kann im Anschluss so viel dazuverdienen, wie er will. Erfolgskontrollen werden auch keine durchgeführt.

Unterm Strich schätze ich, ist höchstens jede dreißigste bis fünfzigste in dieser Form geförderte Selbständigkeit nachhaltig erfolgreich.

»Über XING habe ich bereits meinen ersten Auftrag bekommen«, berichtet mein bald arbeitsloser Sohn. Das beruhigt mich nun wieder. Außerdem ist er kein Verlierer. Er war zwar auf der Waldorfschule, und er ist ein Individualist reinsten Wassers. Aber er ist auch ein Beißer. Er weiß, was er will, und er geht immer den schwierigeren Weg. Gut so.

Ein Foto in seinem von mir angelegten Kinderalbum zeigt ihn in der dritten Grundschulklasse bei einem Workshop mit dem Motto »Außerirdische«. Alle tragen blaue Müllsäcke – er auch. Und alle haben weiß angemalte Gesichter – bis auf Aaron in der zweiten Reihe. Er mochte das nicht, er fand das albern. Clownsschminke? Ohne ihn! Das zog er durch. Wenn das keine optimalen Voraussetzungen für eine Karriere als selbständiger Werbetexter sind …

»Schönen Tag noch«, sage ich beim Rausgehen.

»Sei nett zu deinen Leibeigenen«, ruft Luzie mir scherzhaft nach.

Von wegen Leibeigene. Meine erste Station fordert bereits alles. Es ist ein Entsorgungsunternehmen. Heiko Bloom versucht sich hier als Troubleshooter im Büro. Das wurde nämlich, laut ihm, »völlig chaotisch geführt.« Innerhalb der ersten drei Wochen hat er »die Ärmel hochgekrempelt« und »Klarschiff gemacht«, berichtete er an den einmal wöchentlich stattfindenden Schulungstagen.

»Wenn Sie Fragen haben, rufen Sie mich nicht unter meiner Festnetznummer an«, forderte er mich bei unserem letzten Treffen auf. »Meine Frau weiß nämlich nicht, dass ich zurzeit Arbeit suchend bin.«

Zurzeit. Vor drei Monaten hätte ich eine solche Aussage noch für einen Scherz gehalten, doch inzwischen weiß ich, dass hier alles möglich ist.

»Sagen Sie etwa jeden Morgen: ›Mach's gut, Liebling, ich fahre jetzt ins Geschäft, heute Abend sehen wir uns wieder?‹«

Mich traf sein wütender Blick. »So ähnlich, aber das geht Sie nichts an, Frau …«

»Und abends sagen Sie: ›Huh, bin ich fertig vom vielen Filialleiten …‹«

»Wie ich schon sagte …« Seine Stimme wurde lauter.

»Hat Ihre Frau denn keinen Einblick in Ihre Finanzen?« Ich konnte es einfach nicht fassen.

»Hat sie nicht.« Der letzte Satz war mehr ein Bellen.

Bevor ich den heimlich Arbeitslosen an seiner Wirkungsstätte besichtigen kann, muss ich den Hof mit geschätzten fünfhundert bis tausend gefüllten gelben Säcken überqueren. Scheinbar warten diese Güter noch auf ihre professionelle Abfertigung.

Ein Schäferhund-Mix erschwert mir den Weg zum Gebäude. Seine Taktik: Heiser kläffend galoppiert er auf mich zu, fletscht beim Bellen die gelben Zähne, bremst kurz vor meinen Waden ab. Dann trollt er sich mit eingezogenem Schwanz in Richtung seiner Hundehütte, um von dort aus sofort den nächsten Angriff zu starten.

Dieses absurde Wachhund-Verhalten wiederholt er, bis ich meinen Weg über die lieblos hingepfefferten Waschbetonplatten bis zum Verwaltungsgebäude zurückgelegt habe. Kaum habe ich es betreten, höre ich eine mir bekannte Stimme durch den Flur rufen: »Frau …, kommen Sie her. Was Sie hier abgeheftet haben, stimmt hinten und vorne nicht.«

»Bin sofort da, Herr Bloom«, antwortet Frau … mit angstvoller Stimme. Sekunden später eilt die Mitte-50-Jährige mit gehetztem Blick an mir vorbei durch eine offen stehende Tür rechts am Gangende. Dort höre ich es rumpeln.

»Den, den und den – alle checken, Frau …«

»Aber es könnte sein, ich müsste Überstunden machen.«

Heiko Blooms Stimme kennt kein Mitleid. »Hauptsache, die Unterlagen stimmen. Da geben Sie mir doch sicher recht.«

»Selbstverständlich, Herr Bloom. Und vielen Dank für Ihre Mühe.«

Auf ihrem Rückweg schleppt Frau … drei übervolle Ordner an mir vorbei. Mich streift ein kurzer Blick, doch die Arme scheint durch ihr Unglück so befangen zu sein, dass sie mir keine weitere Aufmerksamkeit schenkt.

Leise betrete ich den Raum. Als Heiko Bloom mich bemerkt, zuckt er zusammen. Kein Wunder, habe ich ihn doch gerade beim Üben von Grimassen vor einem Minispiegel über einem Waschbecken in der Zimmerecke entdeckt. Er trägt einen stahlgrauen Kittel, seine ungeschnittenen Nackenhaare liegen wirr auf dem Kragen. Der Raum wirkt wie das Büro eines pleitegegangenen Selfmade-Unternehmers – chaotisch, improvisiert ausgestattet, halb ausgeräumt.

»Sind Sie sicher, dass es diese Firma noch gibt?«, frage ich, zugegeben provokativ.

»Dank meiner Person gibt es sie noch«, antwortet mein Teilnehmer gewohnt bloomig. Seine Arroganz ist sein Panzer, das weiß ich längst. Ohne sie wäre er tot oder verrückt. Arbeitslosigkeit ist so gar nicht seine Sache. Und das Schlimmste daran ist: Dieser Zustand wird ihm sicher noch einige Zeit erhalten bleiben.

»Kann ich dann mal Ihren Chef sprechen?« Nervös wedele ich mit dem Praktikumsbogen. Auf ihm muss ich nicht nur einen Namen und die Kurzbeurteilung des Praktikanten eintragen, ich muss ihn auch stempeln lassen.

Allein die Suche nach einem dafür tauglichen Utensil könnte in den aufgerissenen Schubladen und halb gepackten Umzugskartons Stunden dauern.

»Mein Chef ist im Urlaub.« Heiko Bloom zuckt mit keiner Wimper.

»Und wer soll Ihre Praktikumstätigkeit beurteilen?«

Heiko Bloom zögert nicht: »Frau …!«

Wenige Sekunden später steht die Mitarbeiterin im Raum.

»Was kann ich für Sie tun?«

»Sie sind doch die Assistentin der beiden Geschäftsführer, nicht wahr?«

Frau … lächelt geschmeichelt. »Steht in meinem Arbeitsvertrag.«

»Dann dürfen Sie sicher auch stellvertretend zweitrangige Unterlagen unterzeichnen.«

Die Angesprochene zeigt ihr Habe-ich-doch-immer-gemacht-Gesicht. »Kein Problem.«

Aus welchem Grund sollte ich mich darüber hinaus engagieren? Ich reiche ihr den Wisch. Sie unterschreibt und organisiert aus ihrem Raum sogar einen Stempel.

»Passen Sie auf Bubi auf«, empfiehlt sie mir zum Abschied. Sie meint den Hund.

»Wir kennen uns bereits«, erkläre ich selbstbewusst.

Das »Wenn Sie meinen?« der fleißigen Angestellten klingt mir noch in den Ohren, als ich den Hof erneut überquere. Doch Bubi beobachtet mich nur kritisch aus der Entfernung. Er scheint zu spüren, dass es hier nicht mehr viel zu verteidigen gibt.

Vidina und Mohammed absolvieren ihre fünf Wochen in derselben Einrichtung – einem von fünf neu gebauten Seniorenheimen am Stadtrand. Während Mohammed sich als Demenzhelfer-Praktikant versucht, bietet Vidina den Bewohnern ein eigens für diesen Rahmen konzipiertes Fußpflegeprogramm. Mit den Details (ich vermute Duftkerzen oder Meersalzpeeling) will sie mich bei meinem Besuch überraschen.

Schon von weitem sehe ich Mohammed mit zwei Herren in altmodischen Trainingsanzügen an einem weiß lackierten Bistrotischchen im Garten sitzen. Wie viel mag er wiegen – 120 Kilo? Beim Näherkommen erkenne ich: Die drei spielen Memory – mit nur ganz wenigen Kärtchen.

»Na, wo steckt der böse Wolf?«, fragt Mohammed, seine Mitspieler mollig warm anlächelnd.

Ein Rundgesichtiger, der aussieht wie ein Oberst in einer Agatha-Christie-Verfilmung, deckt eine Karte auf: »Schneewittchen.«

»Richtig super. Und jetzt Sie.« Mohammed wartet einen Moment, dann führt er die knochige Hand des zweiten Mitspielers zum Spielbrett und lässt ihm dort die Zeit, sich eine Karte auszusuchen.

»Der Turm – schön, schön!« Die zwei Herren freuen sich, der Oberst wackelt mit dem Kopf. Mohammed deutet auf mich, ich winke.

Winken hilft immer, denn einerseits zeigt man seinen Gegenübern eine verletzliche Seite – die Handinnenfläche. Das ist sympathisch. Man ergibt sich freiwillig, wie ein Hund, der sich auf den Rücken legt. Aber eben nur ein bisschen. Gleichzeitig zeigt es Abwehr, bedeutet »Stopp«, nicht näher kommen. Für mich *die* perfekte Geste.

Mohammed hat sich inzwischen aus dem Klappstuhl geschält.

»Entschuldigen Sie bitte, ich möchte jetzt ein Päuschen machen, meine Lehrerin ist da.«

»Lehrerin!« Die Herren starren mich an, als wäre ich Königin Beatrix.

»Hach Gott«, sage ich mit einer wegwerfenden Handbewegung.

»Die hat aber eine kleine Brust«, sagt der Dünne.

Spinnt der? Spontan will ich widersprechen …

»Kommen Sie«, Mohammed steht auf und hakt mich unter. »Wir gucken nach der kleinen Vicina.«

Veni, vidi, vici – was mich jetzt von unserer smarten Vidina erwartet, sprengt meine Vorstellungskräfte: In einem abgedunkelten, rötlich beleuchteten Behandlungsraum kniet die Polin in einem Bauchtänzerinnen-Kostüm auf einem kirschroten Samtkissen vor einer Kundin mit tiefschwarz gefärbter Hochsteckfrisur und feilt ihr die Fußnägel. Aus einem Transistorradio auf der

Fensterbank dudeln peruanische Panflötenklänge. Als ob das nicht Multikulti genug wäre, hält die schätzungsweise 80-Jährige eine Tarotkarte in den Händen, die sie mit ihren hellgrauen Vogelaugen eingehend betrachtet. Sie ist so versunken in das, was sie sieht, dass sie uns nicht zu bemerken scheint.

»Ein Boot mit vielen großen Messern. Ein Mann rudert. Eine Mutter sitzt darauf mit ihrem Kind. Ich habe Angst, wieder weggebracht zu werden.«

»Sie brauchen keine Angst zu haben«, beruhigt Vidina sie, während sie zur Hornhautfeile greift. »Die Karte bedeutet: Aufbruch zu neuen Ufern, Veränderung, Gewohnheiten aufgeben. In schwierigen Zeiten den engen Zusammenhalt mit Menschen spüren, allmähliche Überwindung alter Ängste und Sorgen, eine besondere Stimmung. Möchten Sie Ihre Zehen auch lackiert haben?«

»Oh, bitte, ja«, haucht die Kundin jetzt begeistert. »Orange, wenn Sie das haben.«

Vidina kramt in einer mit Rosen bedruckten Kiste. »Pastellweiß habe ich, Frau Schumann. Das macht Sie jünger und verleiht positive Kräfte.«

Ich stupse Mohammed an. Die Frau sieht auf, Vidina dreht sich um. »Alles gut, Frau Lehrerin«, flüstert sie in unsere Richtung.

Wir verkrümeln uns wieder nach draußen.

»Viel Glück«, sage ich, weil ich weitermuss. »Sie scheinen hier richtig zu sein.«

»Vielleicht«, antwortet mein Lieblingsteilnehmer. »Die Personalfrau hat mir schon eine 400-Euro-Stelle angeboten. Auch Vidina hat Chancen, länger dazubleiben – allerdings auf selbständiger Basis.«

»Das könnte sie schaffen.« Tatsächlich glaube ich fest daran.

»Wenn sie es nicht schafft, wer sonst?«

»Sie schaffen es auch, Herr Yaszni«, sage ich, so aufmunternd, wie ich es eben kann. »Schlaue, warmherzige Leute wie Sie werden in Deutschland dringend gebraucht. Und im sozialen Bereich sowieso. Wussten Sie, dass dort nur 17 Prozent Männer arbeiten?«

»Hätte gedacht, es sind noch weniger«, antwortet Mohammed. »Aber für mich ist es keine wirkliche Perspektive. Für eine Ausbildung bin ich zu alt, und mit einem 400-Euro-Job bleibe ich arbeitslos gemeldet. Die lassen mich dann nicht in Ruhe und versuchen die ganze Zeit weiter, mich als Bauhelfer oder Abbrucharbeiter an Zeitarbeitsfirmen zu vermitteln.«

Sieben Millionen Deutsche arbeiten in Minijobs, unter ihnen rund 1,3 Millionen als sogenannte »Aufstocker«. Einer Untersuchung zufolge haben diese Geringverdiener von Juli 2009 bis Juni 2010 an zusätzlicher Hartz-IV-Unterstützung 7,5 Milliarden Euro vom Staat bekommen.

»Alles Schrott«, sage ich und boxe ihn auf den Oberarm. Das sollte ein Witz sein. Ein Running Gag. Aber zum Lachen ist keinem von uns beiden zumute.

Als ich im Städtischen Käthe-Kruse-Kindergarten ankomme, ist Michael Michajlowitsch gerade mit dem Auswechseln sämtlicher Glühbirnen auf Energiesparmodus beschäftigt.

»Hello«, begrüßt er mich weltmännisch und kommt extra von der Leiter geklettert, um mir seine trocken-warme Pranke zu reichen.

»Wir kennen ihn ja schon, den Herrn Mickalwitsch«, strahlt die flugs herbeigeeilte Leiterin Frau Schmitz-Björnson. Sie findet nur lobende Worte – trotzdem stört es mich, dass sie unter der Leiter des wacker weiterackernden Praktikanten über ihn redet, als wäre er eine sehr gut funktionierende Glühbirnen-Wechselmaschine.

»Er wäre der perfekte Mitarbeiter«, schließt sie mit mütterlichem Blick nach oben. »Leider hat die Gemeinde keine Stelle zu besetzen.«

Ähnliches vernehme ich im kirchlichen Gemeindehaus. Auch Pastor Greve-Schönhals lobt Fjodor Sviridov über den heiligen grünen Klee. »So einen gewissenhaften und aufmerksamen Mitarbeiter wünsche ich mir unter meinen Festangestellten.« Trotzdem wird auch für den fleißigen Kasachen keine Stelle geschaffen.

Die öffentlichen Träger wie auch die Kirche profitieren vom Dilemma der vielen Arbeitsuchenden. Reihenweise werden Praktikanten und Ein-Euro-Jobber eingesetzt. Wer frühmorgens in seiner Stadt einen engagiert harkenden, grabenden oder pflanzenden Grünflächenpfleger entdeckt, sollte ruhig anhalten und ihn fragen, ob er einen festen Arbeitsvertrag besitzt. Wahrscheinliche Antwort: »Nö, nur ein befristetes geringfügiges Beschäftigungsverhältnis.«

Offiziell präsentiertes christliches Gedankengut ist sowieso kein Garant für soziale Gerechtigkeit. Eine Nachbarin wurde nach neun Jahren bei einem deutschen Traditionsunternehmen, das sich öffentlich seiner »christlichen Ethik« rühmt, unter fadenscheinigen Gründen gekündigt. Auf übelste Weise wurde sie von einer Minute zur anderen von drei Vorgesetzten in die Mangel genommen und vor die Tür gesetzt. Der Grund: Sie hatte einer Kundin einen Ersatzkassenbon ausgeschrieben, weil diese Schuhe umtauschen wollte. Genau dieses Paar war bei der Inventur nicht mehr auffindbar. Dass ein Grund für eine Kündigung gesucht wurde, belegt das Schicksal einer weiteren Kollegin – sie wurde aus noch banaleren Gründen wenige Wochen vor ihrem zehnjährigen Jubiläum entfernt. Der wahre Grund ist offensichtlich: Bei der bundesweiten Unternehmenskette steht jedem Angestellten nach zehn Jahren eine Betriebsrente zu.

Als ich Bridge eines Morgens vom Schicksal meiner Nachbarin berichte, hat auch sie ein erschreckendes Beispiel parat: eine neu fürs Bewerbungstraining angemeldete Teilnehmerin der Arbeitsagentur. Seit 1986 arbeitete sie für ein und denselben Lebensmittelmarkt. Sie lernte dort, wurde fest angestellt, übernahm zeitweise die stellvertretende Marktleitung. Sie wuppte die kaufmännische Organisation, führte verschiedene Abteilungen, verkaufte, beriet, kassierte. Sie ging für diesen Laden, der inzwischen dreimal den Namen wechselte, wortwörtlich durchs Feuer. Auch ihren Ehemann lernte sie dort kennen.

Nach 25 Jahren wurde sie nun entfernt. Wie ein Mitesser ausgedrückt. Der Grund: Sie hatte sich morgens für 90 Cent einen Kakao genommen und ihn noch nicht bezahlt. Ein übliches Prozedere, da der zuständige Backwaren-Verkäufer erst eine halbe Stunde später kam. Nur an diesem Tag war der Revisor da – ihr sofortiges Ende.

»Ich habe meine Freunde, meine Familie, mein Zuhause verloren«, sagte die arme Frau, so Bridge. »Aber sie drohten mir mit Strafanzeige, deshalb habe ich meine fristlose Kündigung akzeptiert.« Bevor sie am selben Morgen für immer ging, bezahlte sie noch ihre 90 Cent.

Weil sie im Praktikum ständig mit Fleisch und Wurst hantiert, braucht Nelly ein Gesundheitszeugnis. Die Bescheinigung wird vom örtlichen Gesundheitsamt ausgestellt und kostet rund 20 Euro.

Früher war die Ausstellung des Gesundheitszeugnisses an eine amtsärztliche Untersuchung gebunden. Seit 2001 nicht mehr. Seitdem werden alle Arbeitenden, die mit Lebensmitteln hantieren, die sie anfassen, kneten, in die Pfanne schmeißen, verpacken, alle diese Hände, von denen wir Kunden gerne verbindlich wüssten, dass sie nicht unter ansteckenden Krankheiten, Pilzinfektionen oder sonst was Ekligem leiden, alle diese Leute werden nicht mehr amtsärztlich untersucht. Beim Gesundheitsamt reduziert sich aktuell der ach so wichtige Beleg auf eine Belehrung nach dem Gesetz zur Verhütung und Bekämpfung von Infektionskrankheiten beim Menschen sowie eine kurze Unterweisung, welche Hygienemaßnahmen während der Arbeit einzuhalten sind, welche Krankheiten und Symptome es geben kann und wie man erkennt, dass man an Pest oder Hepatitis A erkrankt ist. Das war's. Doch es kommt noch dicker: Wer einmal das Prozedere über sich ergehen ließ, gilt sein restliches Leben lang als gesund.

Der Gesetzgeber sagt: »*Wer in seinem Beruf bei der Arbeit in Berührung mit offenen Lebensmitteln kommt, braucht von Amts wegen das Gesundheitszeugnis. Fast jeder in der Gastronomie Tätige sowie Bäcker, Fleischer, Konditoren oder Mitarbeiter und Helfer in diesen Bereichen erfüllen diese Voraussetzungen und müssen im Besitz eines gültigen Gesundheitszeugnisses sein. Das Gesundheitszeugnis kann grundsätzlich nur durch eine persönliche Vorstellung beantragt werden, bei welcher man sich mit dem Personalausweis ausweisen muss. Die Belehrung nach dem Infektionsschutzgesetz ist nicht einmalig, sondern muss jedes Jahr erneut erfolgen. Die erste Belehrung muss grundsätzlich durch das Ge-*

sundheitsamt oder ersatzweise einen gleichgestellten Arzt erfolgen, jede weitere Belehrung kann durch den Arbeitgeber vorgenommen werden.«

Vom Arbeitgeber, na super. Völlig überflüssig also, Nellys Gesundheitszeugnis.

Aber sie hatte am letzten Schultag sowieso einen Blick, als würde sie selbst bald zerstückelt an Messinghaken von der Metzgereidecke baumeln.

Umso gespannter bin ich, wie sie jetzt klarkommt.

Auf der Einfahrt der Metzgerei Weber riecht es nach Blut, Fett und einer Prise Sperma. Als Vegetarierin würde ich es hier nur mit Nasenklammer oder Atemmaske aushalten.

»Werden hier Tiere geschlachtet?«, frage ich den rotwangigen Besitzer des Traditionsunternehmens, der mich in seiner rot gesprenkelten Plastikschürze bereits erwartet. Er ist jünger, als ich dachte. Mitte dreißig, höchstens vierzig. Doch er wirkt so ernst, als würde er Kummer und Sorgen ganzer Schlachter-Dynastien auf seinen Schultern tragen.

Er reicht mir die Hand. Hilfe! Sie ist hart und gleichzeitig kalt und feucht. Wie ein getrockneter Schwamm, der lange draußen lag. Ein mit Tierblut getränkter Schwamm. Ich denke nur noch ein Wort: Sagrotan.

»Kommt vor«, sagt er. »Schweine, Ferkel, Rinder und Kälber schlachten wir ab und an selbst, auch Geflügel. Wild wird von den Jägern geliefert, Pferde fahren wir zum Schlachthof. Die schreien so. Wir kaufen aber auch Fleisch von umliegenden Höfen an.«

Die schreien so. Meine Knie werden weich. Hoffentlich muss ich mir das nicht kurz vor meinem Tod noch einmal komplett ansehen.

»Wie läuft's mit Frau Bienlein?«

Wir, das heißt ich hinter ihm, passieren den Eingang zum leeren Verkaufsraum. Ein lachendes Ferkel auf einem Pappaufsteller weist den Weg. In seinem Hintern steckt ein Messer.

»Biene!«, brüllt der Mann in Richtung Kühlräume. Ich befürchte das Schlimmste.

»Sie können sie gleich mitnehmen.«

Damit habe ich nicht gerechnet.

»Was ist passiert?« In meinem Kopf laufen Sekunden-Video-Clips: Nelly schläft, Nelly klaut, Nelly beschimpft Stammkunden …

Metzgermeister Weber baut sich breitbeinig vor mir auf und verschränkt die Arme vor der breiten Brust.

»Wir suchen eine Auszubildende, auf die wir uns tausendprozentig verlassen können. Kein Stress, keine Unberechenbarkeiten, nix Fremdes. Fräulein Scherer …« Er zeigt hinter sich über den Tresen, wo eine blasse Gestalt vor einer Wurstwand steht. Sie ist mir beim Eintreten gar nicht aufgefallen. »Fräulein Scherer ist seit 15 Jahren bei uns. Sehr zufrieden sind wir, sehr zufrieden. Wahrscheinlich stellen wir jetzt auch ihre Schwester ein. Guter Stall. Da wissen wir wenigstens, woran wir sind. Bieeene!«

Mein Blick fällt zufällig auf meinen Wagen im Hof. Nelly sitzt bereits auf dem Beifahrersitz und scheint auf ihrem Handy herumzudrücken.

»Danke«, verabschiede ich mich wohlerzogen.

Die Antwort: »Rufen Sie nicht wieder an.«

»Was war los?«, frage ich Nelly auf der Rückfahrt. Sie weint leise vor sich hin.

»Hat er Sie angefasst?«

Lautes Schnäuzen. »Wo?«

Was weiß ich. »Sexuell, Nelly. Hat er sich an Sie rangemacht?«

Ihr Blick drückt Ekel und Entsetzen aus und gleichzeitig unbändige Wut. »Das hätte er mal probieren sollen. Dann hätte ich ihm mit dem da …« Sie deutet auf ihr Knie. »… die Eier zerquetscht.«

»Raus mit der Sprache, ich muss den Grund für den Praktikumsabbruch in meinem Bericht nennen.«

Statt einer Antwort zieht Nelly einen braunen Klumpen aus ihrer Handtasche. In meinem Wagen riecht es plötzlich nach Grillplatz. Nelly prüft das Fleischstück kurz, entfernt einen Fussel und beißt dann mit enormem Appetit hinein.

»Fragen Sie den Chef, ich habe mich immer voll korrekt verhalten.«

Trotz dessen Empfehlung, mich nie mehr melden zu sollen, greife ich entschlossen zum Handy. Der Inhaber ist »zu Tisch«, und Fräulein Scherer drückt sich in seinem Namen anstrengend freundlich aus: »Frau Bienlein hat sich einfach gar nicht an die Essenspausen gehalten. Eine Kundin beschwerte sich, weil sie kaute, und das bei der Bedienung.« Die Arme atmet schwer. »Und sie war aufsässig. Hat sich gesetzt, auf den Hocker hinter der Theke. So ein junges Mädchen. Gelächelt hat sie nie, auch die Kundschaft nicht an, keine Liebe zum Beruf, wenn Sie verstehen, was ich meine …«

Ich verstehe und drücke sie grußlos weg.

KAPITEL 12

Lebbe geht weider

Nach dem Spiel ist vor dem Spiel

Der letzte Maßnahmentag. Nicht zu fassen. Wie ein Provinzmädchen auf seinem ersten Trip in die Großstadt sauge ich die Eindrücke des Morgens auf: bedeckter Himmel, der Typ mit dem Hund – rauchend, sich die Straße entlangschleppend, mindestens drei Minuten hinter der Zeit. Die Schulmädchen haben Sommerferien, schade.

Im Dozentenraum erwartet mich Bridge bereits. »Was schleppst du da an?«

»Ein Blech selbst gebackenen Apfelkuchen mit Vanillezucker und Mandeln.«

»So kann man die Arbeitslosenzahlen auch dezimieren – man vergiftet einfach die Teilnehmer, die am Ende übrig bleiben.« Bridge kichert, dass die Brust wippt. »War ein Scherz, Frau Schuhbeck. Der Kuchen sieht tatsächlich essbar aus.«

»Ein großes Stück reserviere ich für Sie, liebe Vorgesetzte«, zirpe ich. »Für unsere Party habe ich auch etwas zu trinken mitgebracht.«

Aus meiner großen Tasche lugt die Spitze eines stattlichen Haufens Capri-Sonne-Tütchen.

»Wie Kindergeburtstag ohne Kind«, lästert jetzt auch der am Schreibtisch sitzende Robert.

»Komm ruhig auch, Süßer«, sage ich und bereue es gleich wieder. Wer weiß, ob man sich nicht wieder begegnet.

Als könnte sie Gedanken lesen, schaltet sich Bridge ein. »Die Maßnahme lief prima, und bis auf ein paar ganz harte Fälle hast du deine Leute zufriedenstellend weitervermitteln können. Für den nächsten Kurs bist du bereits als Lehrkraft neben Elke vorgesehen.«

Neben Elke? Bin ich das? Mein Blick muss meine Gefühle ausgedrückt haben. Bridge ködert mich mit schnödem Mammon.

»Du bekommst zwei Euro mehr die Stunde, und ihr seid ja nie gleichzeitig im Unterricht. Außerdem sind das nur Agenturkunden aus dem kaufmännischen Bereich. Kurzzeitarbeitslose. Die haben mindestens Mittlere Reife und sind unheimlich interessiert an allem ...«

Ich lege ihr meine Hand auf den Arm. »Schon gut, ich habe ja eh nichts anderes zu tun.«

Dass mir der Unterricht auch Spaß machte, verschweige ich, damit Bridge mir nicht wieder meine Lohnerhöhung streicht.

Bridge antwortet mit einem Walrossschnaufen. »Da bin ich froh drüber. Das Klassenbuch mit der Teilnehmerliste geb ich dir nachher.«

Didem und Hüsnü sind da, auch Björn ist extra gekommen. Ulla Schubert trägt einen telefonbuchdicken Lidschatten in der Trendfarbe Curry, Heiko Bloom einen Schlips mit rosa Elefanten. Schulze & Schultze haben ihr Haar auf dem Herrenklo feucht gebändigt und mit akkuraten Kammstrichen versehen. Nur Petra Bundschuh ist unpässlich – sie plagt ein Hexenschuss.

»Von Hape soll ich euch herzlich grüßen«, ruft eine Plätzchen verteilende Nelly. »Er wohnt jetzt auf dem Kiez mit zwei Nutten.«

Alle haben zusammengelegt, und Horst Krebs überreicht mir vor Mohammeds schnurrender Videokamera im Namen der Gruppe feierlich einen Gutschein.

Romantik, wunderbare Aussicht und eine leidenschaftliche Atmosphäre warten auf Ihren Besuch. Mit den Farben des Regenbogens und einer unvergleichlichen Fahrt am wolkenlosen Himmel wird Sie der Heißluftballon ohne Frage in seinen Bann ziehen. Lassen Sie sich von der tollen Aussicht verzaubern, und erleben Sie einen phantastischen Tag hoch über dem Alltag ...

»Eine Ballonfahrt?«, meine Stimme zittert. »Das ist ja, wie soll ich sagen ...«

Heiko Bloom, von seiner eigenen Großzügigkeit sichtlich berührt: »Mein Bruder hat Beziehungen, da haben wir es billiger gekriegt.«

Schreck, oh, Schreck, was soll ich tun? Das wird das erste Mal sein, dass der Betreiber erlebt, wie ein Passagier die ganze Fahrt über laut betend am Korbboden kauert.

»Tausend Dank«, sage ich und freue mich wirklich. »Das ist echt nett von Ihnen.«

Hüsnü hat noch einen Topf lila Blümchen mitgebracht. Er nimmt seinen Strohhut ab und sagt mit einer leichten Verbeugung: »Schwiegermütterchen.«

Als Bridge mir später auf dem Flur die neue Teilnehmerliste gibt, steht dort mit fünfzehn weiteren der Name »Vera Twesten«.

»Ist das ein Versehen?«

»Leider nein«, antwortet Bridge im Weitergehen. »Auch ich hatte früher das Vergnügen.«

Verblüfft starre ich sie von hinten an. »Du warst hier Teilnehmerin?«

»Vor drei Jahren, mit Cindy in einer Gruppe.«

Ebenfalls verknackt, die Armen. »Schwere Zeit, kann ich mir vorstellen.«

»Nö, gar nicht.«

Im Ernst? Eisern hake ich nach: »Hat es euch was gebracht?«

Bridge bleibt stehen und deutet auf ein Plakat des Bildungsträgers an der Wand. Darauf lacht der erhobene Daumen mit einer Sprechblase: Berufliche Neuorientierung – eine Chance für alle!

Grinsend hebt auch sie den Daumen: »Einen hundertprozentig krisensicheren Job.«

*Die in diesem Buch geschilderten Vorkommnisse und Rahmenbe-
dingungen sind von der Realität meiner Kollegen und mir geprägt
und inspiriert. Wegen der Wahrung der Persönlichkeitsrechte sind
die darin vorkommenden Personen und Geschehnisse verfremdet,
bzw. werden so komplex dargestellt, dass kein Wiedererkennungseffekt möglich wäre.*

Danken möchte ich:

meinen Teilnehmern, Kollegen und Vorgesetzten für gute, sinnvolle Jahre,

Alexander für die Erstlesung inklusive aufbauender und kritischer Anmerkungen,

meiner Cousine Regina Rücker für die Zweitlesung inklusive aufbauender und kritischer Anmerkungen,

Susanne Frömel, ohne die dieses Buch vielleicht nie zustande gekommen wäre,

Dr. Michaela Röll von der Agentur Eggers & Landwehr für ihre
professionelle wie sympathische Beratung und Unterstützung,

den Beteiligten des Riemann Verlags für Kompetenz, Engagement und Verständnis bezüglich Dickköpfigkeit,

meiner Lektorin Susanne Aeckerle für ihren subtilen Humor und
konzentrierten Feinschliff,

Aaron, Luzie und Leona für alles und Alexander sowieso.

Ganz anders leben

ISBN 978-3-570-50123-8

Einfach leben, unabhängig werden. Das wünschen sich viele Menschen.
Einen Sommer lang hat Jan Grossarth, Redakteur der F.A.Z.,
Aussteiger besucht und ihren Alltag geteilt. Bewundernd und verwundert beschreibt er seine Reise von Vorpommern bis Norditalien.
Sie führt in ein streng geregeltes Öko-Dorf, zu einem freien Waldmenschen, zu Jesuiten und einem Informatiker, der sich von Abfällen
ernährt. Jenseits der bürgerlichen Welt scheint manches sonderbar –
nicht zuletzt die bürgerliche Welt selbst.

Mehr Informationen unter  www.riemann-verlag.de

Kultbuch für die Stillen

ISBN 978-3-570-50084-2

Wir leben heute in einer lauten Welt, in der extravertierte Menschen
den Ton angeben. Introvertiert-Sein wird daher als Nachteil,
wenn nicht gar als pathologisch empfunden. Zu Unrecht, sagt Susan
Cain. Ohne Introvertierte hätten wir heute keine Relativitätstheorie,
keinen „Harry Potter", keine Klavierstücke Chopins, und auch
die Suchmaschine „google" wäre nie entwickelt worden.
„Still" kritisiert das gesellschaftliche Ungleichgewicht zugunsten der
„Lauten" und die einseitig „extravertierte Ethik", baut aber auch eine
Brücke zwischen den Welten.

Mehr Informationen unter  www.riemann-verlag.de